検証 アベノミクス「新三本の矢」

成長戦略による
構造改革への期待と課題

福田慎一 編

ABENOMICS' "THREE NEW ARROWS"
Agendas for Growth Strategies
and Structural Reforms
Shin-ichi Fukuda, Editor
University of Tokyo Press, 2018
ISBN978-4-13-040284-2

はしがき

本書は、一般財団法人日本経済研究所の特別研究「社会の未来を考える」の一環として行われたシリーズ「アベノミクス『新三本の矢』」の研究成果をまとめたものである。「下村プロジェクト」とよばれる特別研究は、日本経済研究所の元会長である下村治博士の誕生１００年を記念して始まった事業で、これまでもシリーズとして日本経済や世界経済のさまざまな課題を数多く取り扱ってきた。編者も、２０１２年から２０１３年にかけてシリーズ「下村プロジェクト――日本経済の未来に向けて」に、また２０１４年から２０１５年にかけてシリーズ「検証・アベノミクス」にそれぞれ参画してきた。今回のシリーズは、これら２つのシリーズの成果を踏まえると同時に、「新三本の矢」というアベノミクスの新たな局面を正面から取り扱うことで、日本経済が直面する最重要課題を考察することを目指して企画された。

今日の日本経済は、「失われた20年」と称された長期停滞がこれまで続いてきただけでなく、中長期的にも急速な少子高齢化の進行や財政赤字の拡大など、他の先進国に類を見ない深刻な状況が懸念されている。そうしたなか、直面する困難な課題にいかに取り組んでいくかは、研究者のみならず多くの人々の大きな関心事となっている。しかし、これまでのアカデミックな研究は専門的な議論が中心で、一般の読者には近づきがたいと思われてしまう傾向が少なくなかった。他方、経済誌における一般向けの解説記事は、短時間で読める「読みやすさ」を追求する傾向が強く、その結果、背後にある理論的な根拠やデータの分析が必ずしも十分に示されていない例も多かった。

本書では、一方で一般の読者でも理解できる「読みやすさ」を重視しつつ、他方で理論的な根拠やデータの裏付けを説明することで、読者自身に日本経済が直面する課題を考えていただく素材を提供することを心掛けた。やや欲張ったアプローチであるため、その内容は寝転がりながら気軽に読めるほどの安易さはないかもしれない。しかし、本書には、辞書や専門書を片手に読みこなさなければならないほど難しい記述はほとんどない。経済学の予備知識がない読者であっても、最先端の研究者の見方をスムーズに理解してもらえる内容に仕上がったと自負している。近年、アカデミックの世界においても、多くの研究者が日本経済の現状に危機感を抱き、さまざまな意欲的研究が行われている。これらの研究を、社会科学に一定の理解と関心を有する方々だけでなく、一般の読者にも理解していただくことは極めて重要と考える。そのための貢献を本書で少しでもすることができれば、その目的はおおむね達成できたと考えられる。

日本経済研究所の特別研究が名を冠する下村博士の研究活動を振り返ったときに特徴的なことは、理論面での支柱をなす著作がある一方、大部分は時々の政策課題に関して経済誌上に発表した論文であり、そこでさまざまな論者との厳しい論争が展開されたことである。本書も、各章で展開される議論が唯一の正答ではないことは十分に理解しつつも、あえて論争が続いているテーマを取り扱うことで、これからの日本経済について、自分の頭できちんと考えたいと望んでいる読者層に対して、思考の枠組み、材料、手掛かりを発信したいという思いで執筆されている。

日本経済では、2012年12月に始まった景気拡大局面が、2017年9月には高度成長期の「いざなぎ景気」を超え、2018年初めには戦後最大の長さとなる見込みである。雇用関連では有効求人倍率が44年ぶりの高水準となるなど、人手不足は一段と深刻を増している。企業部門でも収益の大幅な改善が顕著で、回復が遅れ気味であったGDP（国内総生産）は、物価変動の影響を除いた実質ベースで8四半期連続のプラス成長となった。しかし、これら力強い経済指標のみに注目して、日本経済が好循環にあると判断するのはかなり短絡的である。なぜなら、今日の日本経済には、依然として力強さに欠ける指標が数多く存在するからである。経済の真の実力を理解する上では、これら「不都合な真実」から目を背けるべきではない。しかし、アベノミクスにおいて、政府が不都合な真実に向き合う真摯な姿勢はこれまでのところ十分なものとはいえなかった。政府にしてみれば都合のよい経済指標を並べて、その成果を強調したがる気持ちはわからないわけではない。しかし、力強い指標があるからと言って、日本経済の現状は決して楽観できるものではない。本書の各章も、このような危機感を共有して執筆されている。

本書の各章における内容は、日本経済研究所の研究会で報告されたのち、『日経研月報』の2016年10月号から2017年5月号にかけて連載されたものがベースとなっている。ただ、本書を刊行するにあたっては、すべての章において全面的な加筆・修正を行い、より読み応えのある一冊の書籍に仕上がることを目指した。その際、数多くの方々から、さまざまな機会を通じて有益なコメントをいただいた。スペースの都合上すべての方のお名前を挙げて謝辞を申し上げることはできないが、この場を借りてお礼を申し上げたい。

最後に、日本経済研究所の特別研究シリーズとして今回の研究の機会を与えていただいた、理事長・荒木幹夫氏、前事務局長・久保田和雅氏、現事務局長・曽根嘉太郎氏、常務理事・大西達也氏をはじめとする一般財団法人日本経済研究所の方々には心から感謝申し上げたい。また、東京大学出版会の大矢宗樹氏には本書を出版に際してさまざまなご尽力をいただいた。この場を借りて厚く御礼を申し上げたい。

2018年5月

福田慎一

目次

第Ⅰ部　第1の矢――強い経済

第Ⅱ部　第2の矢――子育て支援

第III部　第3の矢――安心の社会保障

序章 新たなステージのアベノミクス

福田 慎一

一 はじめに

安倍政権の経済政策「アベノミクス」は、低迷する日本経済を活性化し、デフレ経済から脱却することでわが国の持続的な成長の実現を目指したものである。「失われた20年」といわれるように、20年以上にわたってデフレ懸念が払しょくされない日本の状況は異常であった。低迷する経済をいかに活性化するかは、わが国の大きな政策課題である。

アベノミクスは、当初、大胆な金融緩和、機動的な財政出動、民間投資を喚起する成長戦略から成る「三本の矢」(旧三本の矢)によって、さまざまな経済指標を大きく改善させた。アベノミクス開始以降、労働市場では人手不足が顕在化し、各種の雇用関連指標が大幅に改善した。また、企業セクターでも、収益の大幅な増加は顕著で、株価は大きく上昇した。財・サービス市場における需給逼迫度を示す「GDPギャップ（需給ギャップ）」もプラスに転じ、数字上は日本経済で長い間続いてきた需要不足がほぼ解消されつつあることが示唆されている。

しかし、その一方で、今日の日本経済には、依然として力強さに欠ける指標が数多く存在する。たとえば、労働市場では、人手不足にも拘わらず、賃金の伸びは依然として勢いを欠き、物価変動の影響を除いた実質賃金は逆に下落することが少なくない。その結果、個人消費は現役世代を中心に依然として伸び悩んでおり、消費者物価は日銀が目標とする2％のインフレ率からは程遠いのが実情だ。企業部門においても、設備投資は足元では増加傾向がみられるものの十分ではなく、資金余剰は高止まりして、現預金残高が積みあがっている。多くの家計や企業セクターで、「景気が本格的に回復しているという実感がない」という声は依然として根強い。

内閣府が毎月実施している「景気ウォッチャー調査」は、地域の景気に関連の深い動きを観察できる立場にある人々へのアンケート調査で、地域ごとの景気動向を的確かつ迅速に把握する上で有益な基礎資料である。その調査結果をみると、アベノミクスの下でも、景気回復の実感が人々に十分に浸透しているとはいい難い状況が続いている。「景気ウォッチャー調査」における景気の現状判断（方向性）を示すDI（ディフュージョン・インデックス）は、人手不足を反映して雇用関連は改善の目安となる50を大きく超えているものの、家計動向関連や企業動向関連のDIは、GDPのプラス成長

(1) 家計動向関連

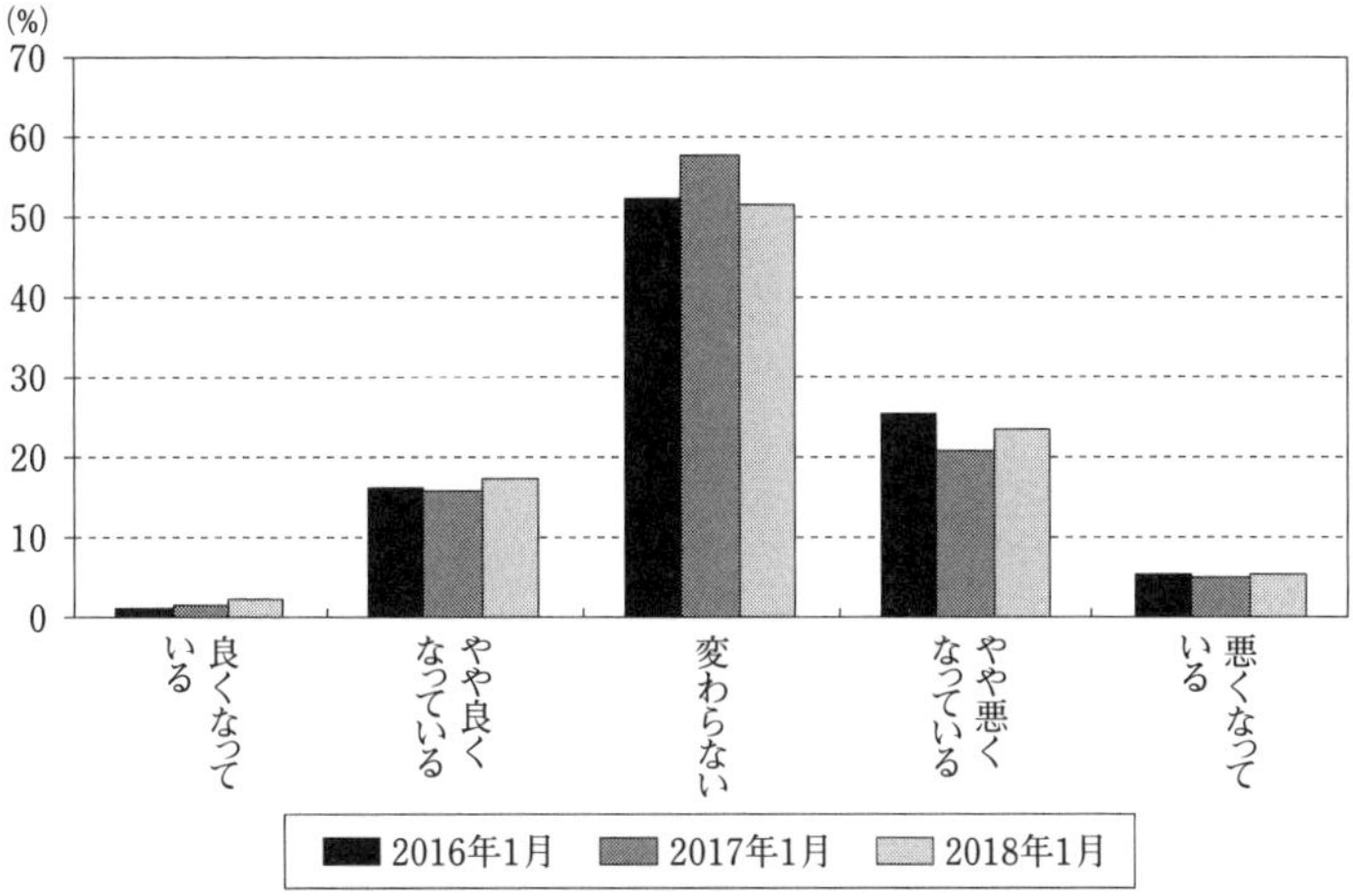

(2) 企業動向関連

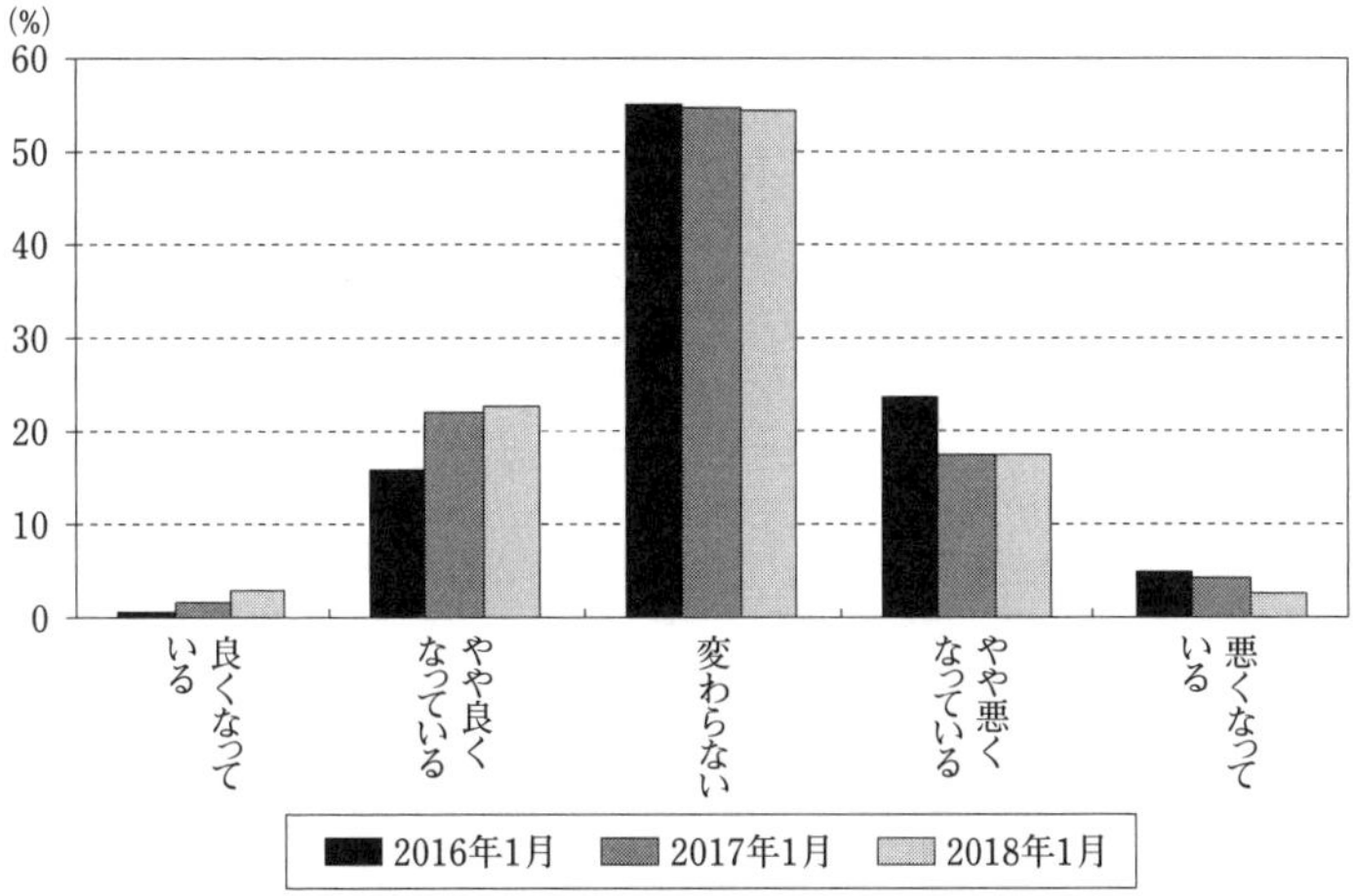

図序－1　景気の現状判断（方向性）

出所）内閣府「景気ウォッチャー調査」.

が続く中でも50前後で推移し、明確な改善の兆候はみられない。回答の内訳をみても、家計と企業いずれにおいても、ほとんどの月で景気の現状判断（方向性）を「変わらない」とする回答が半数以上を占めており、景気が「良くなっている」とする回答は全体のわずか1％から3％にとどまる傾向が続いている（図序－1）。各種の経済指標が数字の上では改善をみせても、人々の実感に近い「景気ウォッチャー調査」では、本格的に景気が回復しているとは受け取られていないのが実情である。

より大きな問題は、少子高齢化や財政赤字など、中長期的な課題が何ら解決されないままであることだ。日本に限らず、ほとんどの先進国は、構造的な問題を抱えていることは事実である。しかし、わが国の少子高齢化や政府債務の累積は、他に類をみないスピードで進行しており、それがもたらす構造的な問題は極めて深刻である。好循環の実感を多くの人々が共有するには、日本経済が抱えることの構造問題を解決し、人々の将来不安を取り去ることが不可欠である。そしてそのためには、民間の力を最大限に引き出し、人材や技術に裏付けられた新たなフロンティアを作り出す「成長戦略」が重要となる。しかし、「旧三本の矢」の3つめの柱である成長戦略では、構造改革の具体的な道筋が必ずしも明確でなく、政府にはより大胆に日本経済の構造改革を行う姿勢が強く求められていた。

そうしたなかで、安倍晋三首相は、2015年9月の記者会見で「アベノミクスは第2ステージに移る」と宣言し、経済成長の推進力として新たな「三本の矢」（以下、「新三本の矢」とよぶ）を発表した。「新三本の矢」は、（1）希望を生み出す強い経済（⇒2020年の名目GDPを600兆円に）、（2）夢を紡ぐ子育て支援（⇒合計特殊出生率を1・8に回復）、（3）安心につながる社会保障

（⇒介護離職ゼロに）、の3項目からなる。会見では、少子高齢化に歯止めをかけ、50年後も人口1億人を維持し、家庭・職場・地域で誰もが活躍できる「一億総活躍社会」を目指すとし、「長年手つかずだった日本社会の構造的課題である少子高齢化の問題に真正面から挑戦したい」との意気込みが示された。また、２０１７年９月の記者会見では、「名目ＧＤＰ６００兆円」の実現に向けた「生産性革命」と「人づくり革命」を〃アベノミクス最大の勝負〃と位置付け、そのための経済政策パッケージが２０１７年12月に取りまとめられた。

本書では、このように新たなステージに入ったアベノミクスを、「新三本の矢」を中心に多角的に考察することを通じて検証することを目的とする。「新三本の矢」で掲げられた3つの柱に関しては、当初、それらがいずれも的（目標）であってそれを実現するための矢（手段）が必ずしも明確でないという批判がなされることは少なくなかった。これを受けて、その後、「生産性革命」では、企業の収益性向上・投資促進や、ＩｏＴ、ビッグデータ、人工知能、ロボットを活用したイノベーションなどが、また人づくり革命では、幼児教育の無償化、待機児童の解消、高等教育の無償化、介護人材の処遇改善などがそれぞれ政策パッケージとして示された。しかし、的（目標）の実現に向けた具体的な矢（手段）の成果が明らかになるのはこれからといえる。このため、本書を通じて、今日の日本における成長戦略が抱える課題をあらためて整理しておくことは意義深いといえる。

二　わが国の「失われた20年」

日本の経済成長率は、1980年代まで先進主要国の中でも際立って高いものであった。しかし、1990年代初頭にバブルが崩壊すると、成長の鈍化が顕著となり、好循環の流れは一変した（図序-2）。1990年代以降の成長率は、1980年代までとは対照的に、先進国主要国の中でも際立って低い水準まで落ち込み、日本経済は「失われた20年」と称される長期にわたる停滞を経験することとなった（その原因に関しては、福田（2015）を参照）。特に、米国のリーマン・ショックを端緒に2008年秋以降に世界同時不況が発生すると、日本経済は深刻な打撃を受け、その後の回復も諸外国と比べて遅れが際立つものであった。潜在成長力を高め、長期停滞から脱却することは、日本経済にとっていまや最大の課題である。

長期停滞といっても、今日の日本経済が示す症状は大不況や恐慌の症状とは全く性質を異にするものである。「失われた20年」において、戦前期の恐慌下で起こったような大量の失業者は発生していないし、市場メカニズムが完全に機能不全に陥ったということもなかった。その一方で、数字上では経済が回復している場合でも、背後に多くの構造問題が複雑に絡み合っていることで、好循環が多くの人々に実感されてこなかった。このため、今日の日本経済では、それが抱える構造問題を丁寧に解

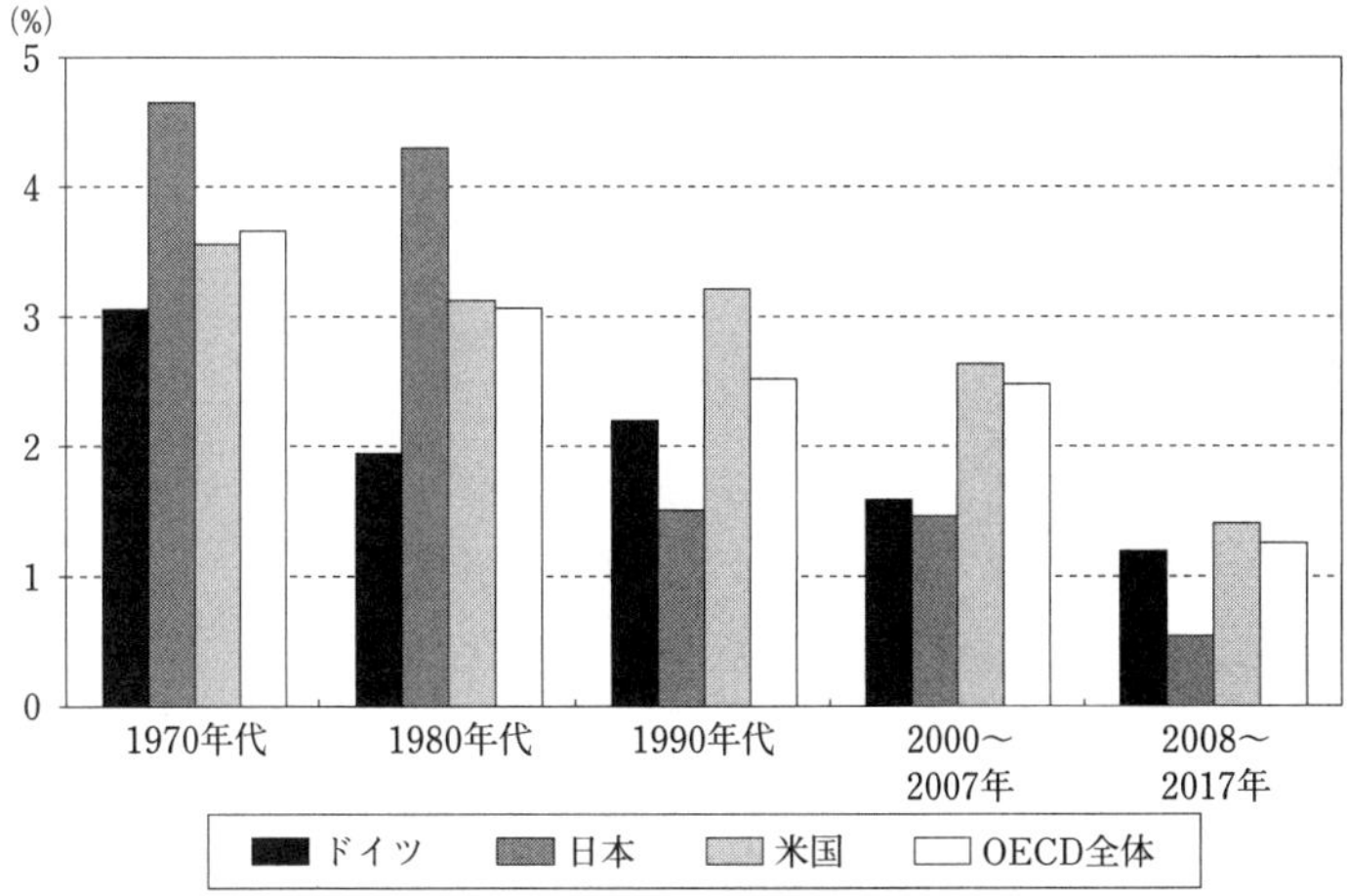

図序－2　主要国の経済成長率

出所）OECD, Main Economic Indicators.

き明かし、その一つ一つを根気よく検証していくことが必要になる（２０００年代の長期停滞については、福田（２０１８）を参照）。

本書でも、そのような視点に立って、いま日本にとって必要な構造改革とはどのようなものかを論じていく。もちろん、今日の日本経済が構造的に抱える病巣は、宮崎（１９９２）が１９９０年代初頭に「複合不況」と呼んだものよりもさらに多種多様な問題から生まれており、その根は複雑で深いものである。しかも、構造改革を行う上でも、その原因がピンポイントではわからない慢性疾患のような側面があることが問題の解決を難しくしている。初期の慢性疾患では、誰がみてもわかる深刻な症状が出ているわけではなく、医者に診てもらってもどこも悪いところがないといわれることすらある。しかし、何となく体のだるさが続き、処方された薬を飲んでもそれが一向に改善されない。過去四半世紀余りの日本経済は、そのような慢性疾患と共通の症状を持っていたといえる。

低迷する日本経済をどのように立て直していくべきか。慢性疾患を直すのが難しく、根気よく取り組むことが必要であるのと同様に、日本経済に対する処方箋をすぐに導き出すことは決して容易ではない。ただ、慢性化しつつある停滞をニュー・ノーマル（新常態）として受け入れ、それからの脱却は不可能とあきらめてしまうのはまだ早い。生産性を高める政策は、全員に分配できるパイの大きさを拡大するものであり、望ましさに疑いの余地はない。「新三本の矢」は、長年その必要性が指摘されながら抜本的な改革が先送りされてきた日本経済の構造問題にメスを入れる姿勢を示したものとして期待が大きい。

もっとも、総論では成長戦略に賛成する人々も、各論になると反対の声が上がり、これまではなかなか成長戦略が実行に移されることはなかった。現在の経済の仕組みを大きく変える政策は、その仕組みに頼って生活している人々から強い反対を受けやすい。一方で便益は広く薄く生じることが多いので、推進の声はあまり大きくならない。「新三本の矢」においても、政策を進めるには既得権益を押し切る強い政治的リーダーシップが必要となる。

成長戦略では、将来を見据えた具体策をどう効果的に打ち出すかが大きな問題であり、「新三本の矢」に関する今後の焦点もそこにある。とりわけ、わが国では、急速に進行する少子高齢化と巨額に累積した財政赤字が、他の先進国以上に成長の大きな足かせとなる可能性が高い。限られた資源の中で、これら最も深刻な構造問題にターゲットを絞った成長戦略が求められているといえる。ただし、打ち出された具体策は、実現可能なものであることも必要である。日本経済の現状を打破するにはある程度ハードルを設定することも場合によっては必要だが、その目標が高すぎて到底実現不可能なものであれば、具体策も色あせかねない。「新三本の矢」では、2020年の名目GDPを600兆円に、合計特殊出生率を1・8に、介護離職をゼロに、という3つの目標が掲げられているが、いずれも実現するには高いハードルがあるといわざるを得ない。以下では、本書を通じた議論のキックオフとして、これらの点を中心に課題を概観していくことにする。

三　第1本目の矢――強い経済

「新三本の矢」の第1の柱が、「希望を生み出す強い経済」である。そこでは、名目GDP（国内総生産）を2020年までに600兆円に増やす目標が掲げられた。図序-3が示すように、日本の名目GDPを旧基準（平成17年（2005年）基準）で測った場合、1990年半ば以降は約500兆円前後にとどまり、20年以上にわたってほとんど上昇してこなかった。その結果、600兆円の目標が設定された2015年当時は、2016年度以降、名目GDPが毎年3％程度の成長をしても、2020年度に600兆円の名目GDPを実現するのは難しい状況であった。

2016年に実施された平成23年（2011年）基準改定によって、R&D資本化など新たにいく

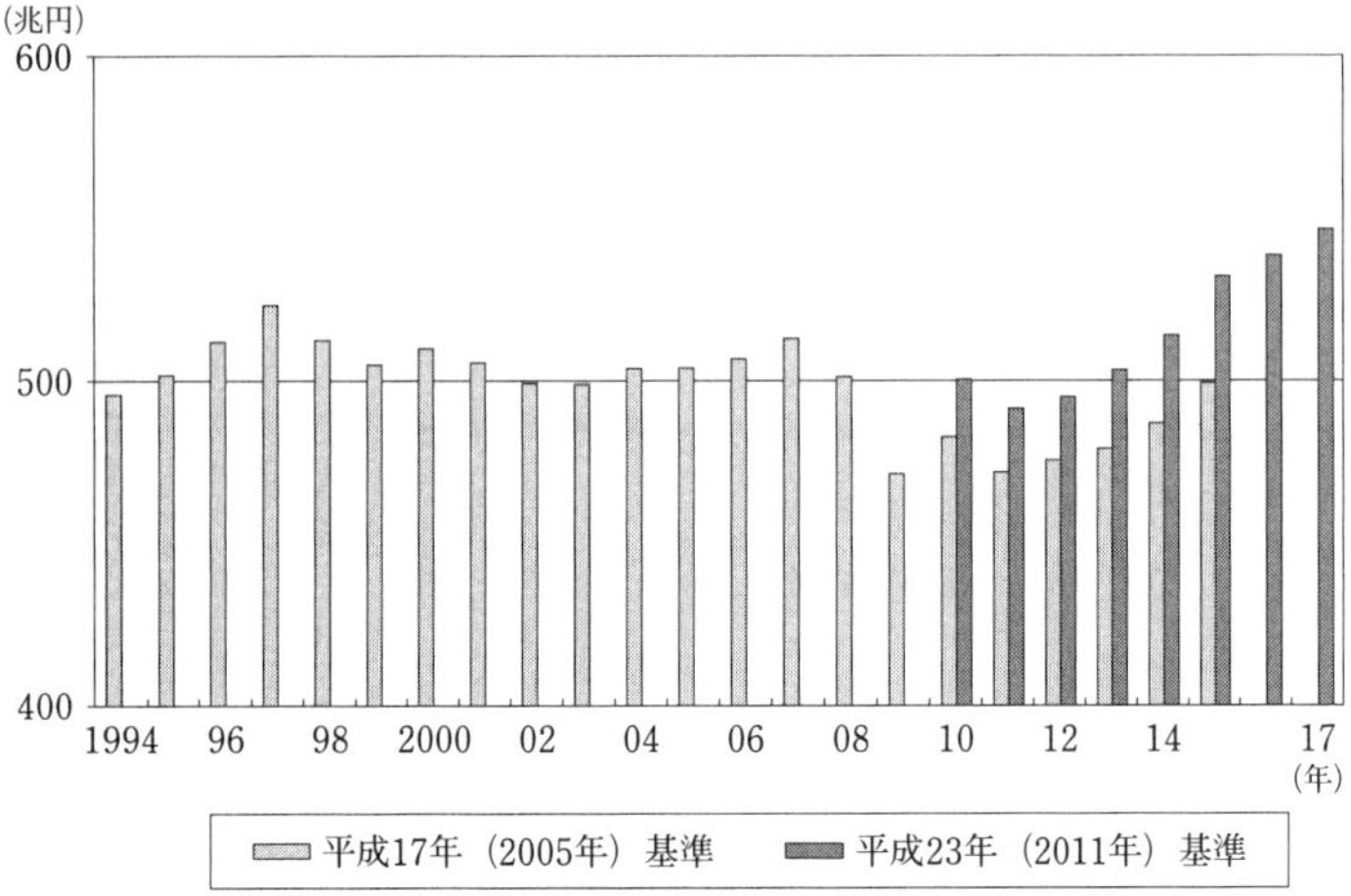

図序－3　わが国の名目 GDP（国内総生産）の推移

出所）内閣府「国民経済計算（GDP 統計）」.

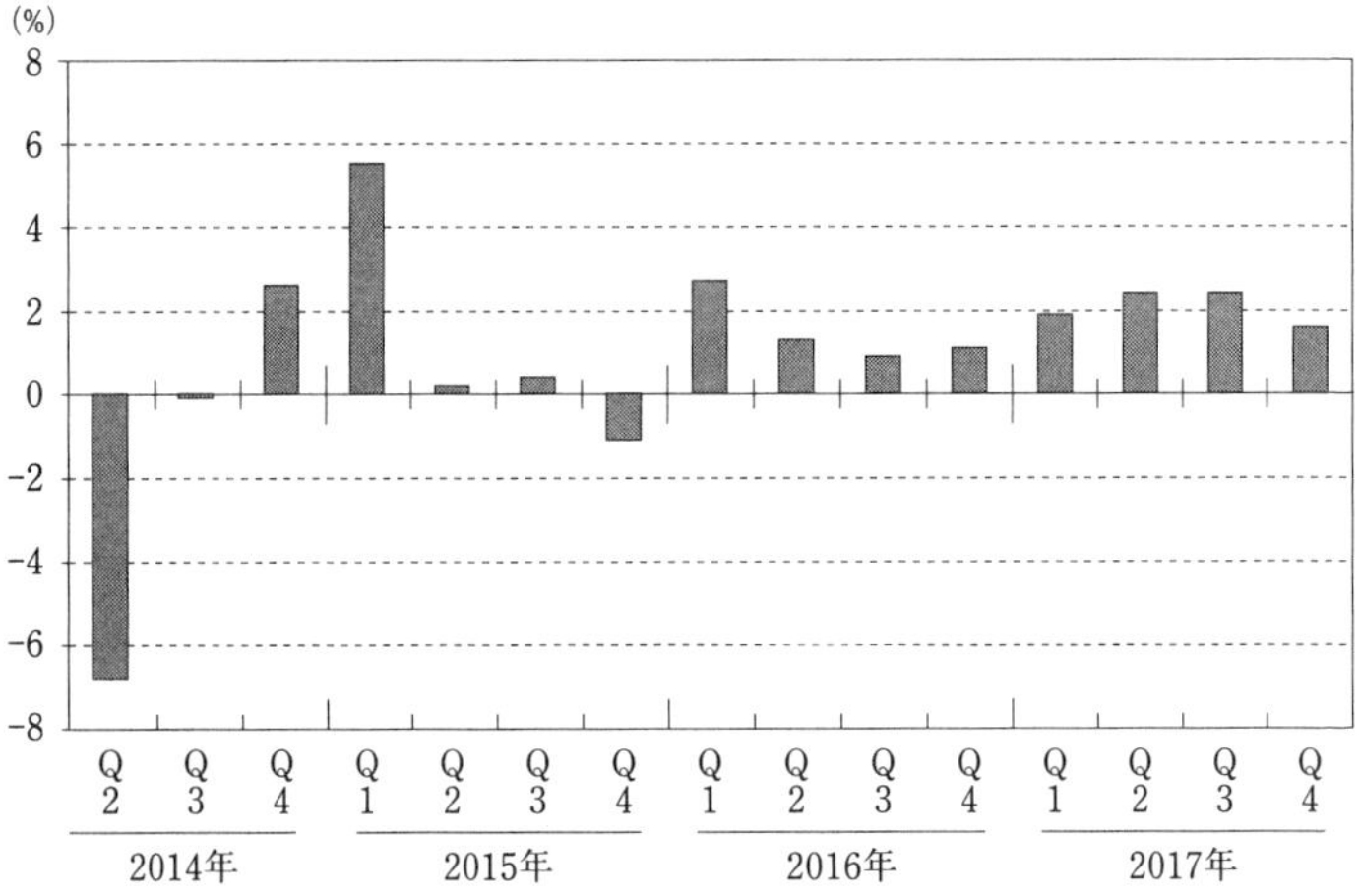

図序－4　2014 年度以降の四半期実質 GDP の成長率（年率）

出所）内閣府「国民経済計算（GDP 統計）」.

つかの項目がＧＤＰに加えられたため、日本の名目ＧＤＰは大幅に上方改定された。たとえば、２０１５年の名目ＧＤＰは、旧基準では約４９９兆円であったが、新基準では約５３２兆円と、約33兆円も増加した。これによって、新基準では、２０１８年以降、名目ＧＤＰが着実に毎年３％以上の成長をしていけば、２０２０年にはおおよそ６００兆円の名目ＧＤＰを実現することが可能となっている。しかし、基準改定による名目ＧＤＰの大幅な増加は、単なる数字の付け替えに過ぎず、実体経済が強くなったから生まれたものではない。

また、仮にこの数字のマジックを受け入れたとしても、目標達成には２０１８年以降の３年間で50兆円以上を増やす必要があり、そのハードルは決して低いものではない。政府は、「民需主導の好循環を確立することにより、実質２％、名目３％程度を上回る経済成長を目指し、６００兆円経済を実現する」と強調する。ＧＤＰを賃金・物価の上昇や交易条件の改善等によって名目値を、また供給面の強化やそれに見合う需要増によって実質値をそれぞれ増やすことが目標となる。

このうち、名目値の増加は、毎年１％超のＧＤＰデフレーターの上昇が必要となる。しかし、日本経済では、賃金や物価の上昇圧力は依然として力強さを欠き、その実現性はかなり不確実である。実際、ＧＤＰデフレーターは、２０１４年と２０１５年はそれぞれ１・７％と２・１％と目標を大きく超えて上昇したが、２０１６年と２０１７年は逆にそれぞれ０・３％とマイナス０・２％と目標を大きく下回った。政府は、「新興国の経済動向等を反映し原油等の価格上昇による交易条件の悪化が止まるとともに、産業・企業の新陳代謝が進み、新興国との価格競争から脱すること等により、交易条件が改善し、ＧＤＰデフレーター上昇率は今後１％を上回る」と見込んでいたが、デフレ脱却は決して容易ではない。

より大きな問題は、実質２％の潜在成長率をどのように実現するかである。政府は、実質経済成長率については、イノベーションと働き方改革による生産性の向上と労働力の確保など供給面の強化により、従来１％以下とされる潜在成長率を２％程度に向上できるとした。女性や高齢者、障がい者らの雇用拡大や地方創生を本格化して生産性革命を大胆に進めることも改革の柱である。ただ、かつて一進一退であった実質ＧＤＰが２０１６年第１四半期以降上昇基調となったとはいえ、成長率が２％を超える四半期は現状でもそれほど多くない（図序－４）。内閣府が推計した潜在成長率も、２０１５年と２０１６年がいずれも１・０％、２０１７年が１・１％と目標値を大きく下回っているのが実情である。

潜在成長率の低迷に関しては、わが国は、他の先進諸国に比してより深刻である。その最大の理由は、わが国では他の先進国とは異なり、これから労働人口が大きく減少することが見込まれているからである。成長会計の理論が示すように、

潜在成長率＝技術進歩率＋α・労働人口成長率＋（１－α）・資本増加率

（ただし、αは労働分配率）

という関係が成立する。このため、労働人口成長率がマイナスのわが国が、労働人口成長率がプラスの米国のような潜在成長率を実現するには、他の先進諸国を大きく上回る技術進歩を達成することが必要となる。

論者によっては、そのような技術進歩が可能と考えるものもある（たとえば、吉川洋（２０１６））。ただ、日本の労働生産性は、近年やや回復傾向にはあるものの、主要先進国の中では低位であり、ＯＥＣＤ加盟国の平均に及ばない。特に、わが国の時間当たりの労働生産性の低さは、先進国で際立っている。政府が推進する「働き方改革」は、個々の労働者の事情に応じ、多様な働き方を選択できる社会を実現することで、時間当たりの労働生産性を向上させることを目的の一つとしたものといえる。また、これまでの成長戦略でも、産業の新陳代謝の促進、ベンチャー参入の加速、規制改革、人材資源の活用、科学技術の振興などを通じた生産性の向上が謳われてきた。しかし、これらの成長戦略が仮に有効であったとしても、成果が現れるには相当の時間が必要で、２０２０年までに２％を超える潜在成長率を実現する上での効果は限定的であるといえる。

四　第2本目の矢——子育て支援

「新三本の矢」の第2の柱が、「夢を紡ぐ子育て支援」である。そこでは、1人の女性が一生に産む

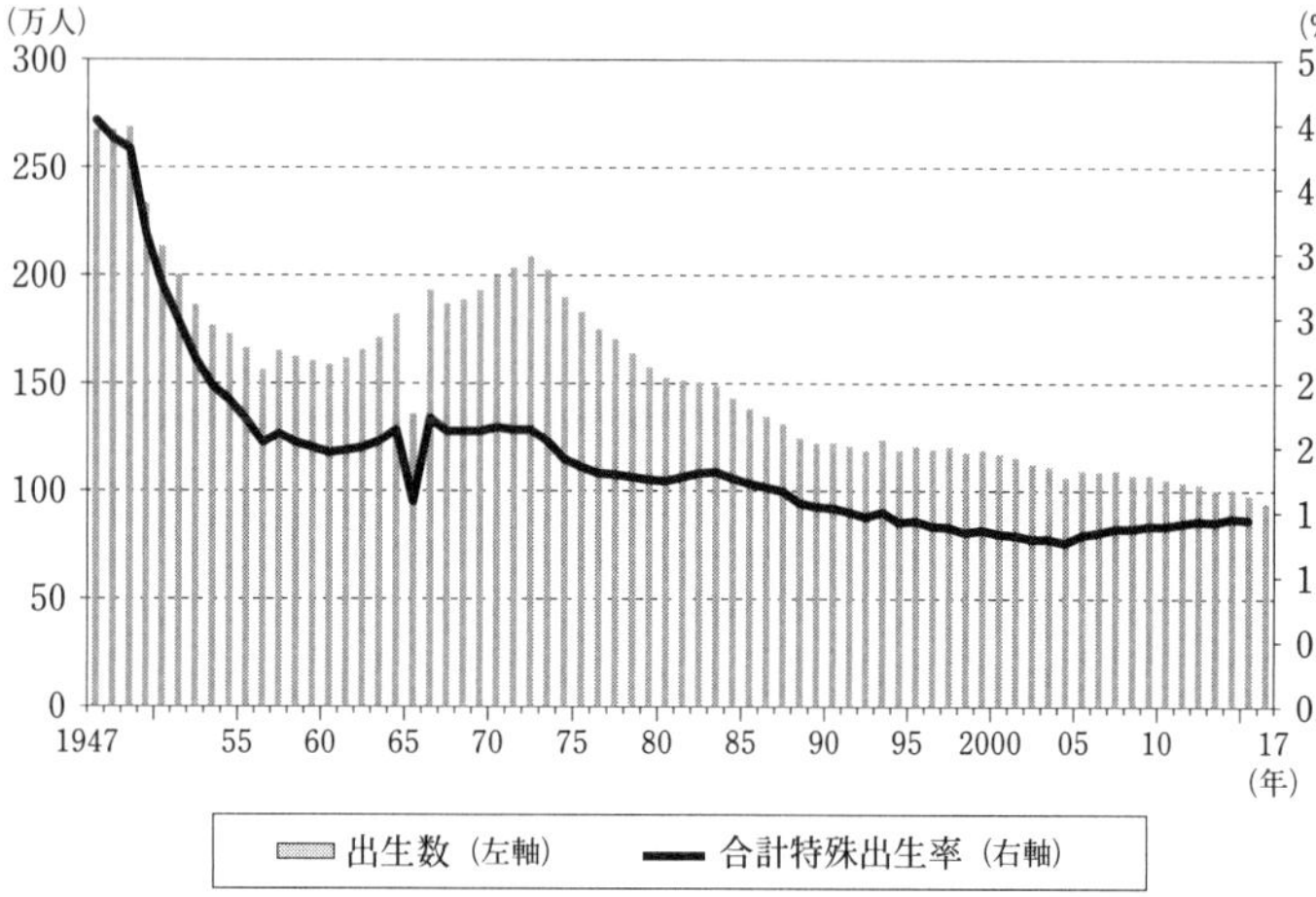

図序－5　出生数及び合計特殊出生率の年次推移

出所）厚生労働省「人口動態統計」.

子供の数に相当する「合計特殊出生率」（15～49歳までの女性の年齢別出生率を平均したもの）を1・8に回復させることが謳われている。今後わが国では、少子高齢化のスピードが先進国の中で突出していることが、成長の大きな足かせとなることが予想される。2050年の人口ピラミッドは、65歳以上の高齢者が総人口の4割近くに達し、生産年齢人口1人当たり高齢者1・3人を支えなければならなくなることを示す（国立社会保障・人口問題研究所「日本の将来推計人口」）。減り続ける労働人口と増え続ける社会保障費をこのままにして、日本経済が持続的な成長を実現できるとは到底考えられない。人口の急速な減少は、供給サイドから潜在成長率を低下させるだけでなく、国内市場の縮小を通じて総需要を抑える恐れがある。第2の柱「夢を紡ぐ子育て支援」は、2015年に1・45であった合計特殊出生率を1・8まで回復させる目標を掲げることで、このような高齢化の進展と労働人口の急速な減少に歯止めをかけようというものだ。

図序-5が示すように、わが国では、終戦直後の第1次ベビーブームの頃には合計特殊出生率は4・5以上の高い値を示した。その後出生率は大きく減少したものの、1970年代半ばまでは、丙午の1966年前後を例外として、人口が減らないための2・0をほぼ維持してきた。このため、労働力増加率が人口増加率よりも高くなる「人口ボーナス」が長期間持続し、経済成長を後押ししてきた。しかし、1970年代後半以降、合計特殊出生率は減少が続き、1993年には1・5を、また2003年には1・3を、それぞれ割り込んでしまった。その結果、今後は、高齢人口が急増する一方、生産年齢人口が減少することが財政や経済成長の重荷となる「人口オーナス」の時代が到来する。

内閣府（2014）が指摘するように、若者の人口流出が続く地方圏では、大都市圏に先駆けて人口減少と高齢化が深刻化する恐れがある。特に、近年では、若い女性の大都市圏への流出が増えた結果、出生率が高い地方で、出産可能な年齢が減少し、高齢化が進行している。ただ、より大きな問題は、これまで地方圏から若者の流入が続いてきた東京など大都市圏でも、やがては少子高齢化問題が深刻となることである。これは、若者が流入する東京など大都市圏では、出生率が非常に低いことが主因である。2020年代には東京圏も、高齢者が人口の26・1％、後期高齢者も13・5％と本格的な高齢化社会を迎えることが予測されている。少子高齢化対策は、わが国の成長戦略の中でも最も優先度が高いものの一つであるといえる。

長期間にわたって進行する人口動態の変化を、短期的に是正することは容易でない。しかし、海外では、出生率を急回復させた事例がないわけではない。たとえば、フランス、スウェーデン、英国では、1990年代までトレンド的な低下が続いていた合計特殊出生率を、政策的なサポートで約2に回復した実績がある。日本の少子化問題対策は、これら国々の経験から学んだ面が多い。

政府は、子育てにかかる経済的負担を軽くするための幼児教育の無償化や結婚支援や不妊治療支援に積極的に取り組む姿勢を示している。希望どおりの結婚・出産・子育てを実現するという観点から、若者の雇用安定や処遇改善による経済的基盤の強化に関する議論も始まっている。なかでも、待機児童（子育て中の保護者が保育所または学童保育施設に入所申請をしているにもかかわらず、入所できない状態にある児童）の解消は、喫緊の課題として取り組みが進んでいる。しかし、仮にこれらの取り組みがすべて達成できたとしても、合計特殊出生率1・8の実現は、依然として極めて高いハードルであるのが実情だ。

より深刻な問題は、わが国ではすでに高齢化が始まっており、もはや子供を産むことが困難な年齢（45歳以上）の女性人口が女性の総人口の50％を超えていることである。このため、仮に合計特殊出生率が1・8を超えたとしても、急速な少子高齢化の流れを食い止めることはもはや難しくなっている。実際、2012年以降、合計特殊出生率は緩やかに回復しつつあるが、出生数は2015年を除いて逆に減少し続けた。その一方で、少子高齢化問題に関して最も有効な対策と考えられる外国人労働者の受け入れに関しては、ほとんど実質的な議論が進んでいないのが実情である。政府は、「50年後も人口1億人を維持する国家としての意思を明確にしたい」と意気込むが、その実現へのシナリオはいばらの道である。

五　第3本目の矢――安心の社会保障

「新三本の矢」の第3の柱が、「安心につながる社会保障」である。そこでは、親などの介護のために離職せざるを得なくなる人をなくす「介護離職ゼロ」が目標として掲げられている。少子高齢化が急速に進展することが見込まれるわが国では、女性や高齢者を労働力として有効活用することがこれまで以上に必要になってきている。その実現に向けて、家族らが介護を理由に退職せざるを得ない「介護離職」は大きな足かせになりかねない。

「介護と仕事を両立しにくい」として、家族の介護・看護を理由とした離職・転職者は決して少なくない。総務省統計局「就業構造基本調査」によれば、2011年10月～2012年9月の1年間の介護離職者は10・1万人にも達していた。介護離職ゼロという目標は、今後も増え続ける老人介護への需要を社会全体で支えることで、働く意欲がある女性や高齢者への就業機会を増やそうとするものといえる。介護の問題は、年金や医療の問題とともに、これからのわが国の社会保障関連の問題で是非とも解決しなければならない大きなテーマといえる。

介護離職ゼロに向けてこれまで政府が示してきた具体策として、「高齢者の利用ニーズに対応した

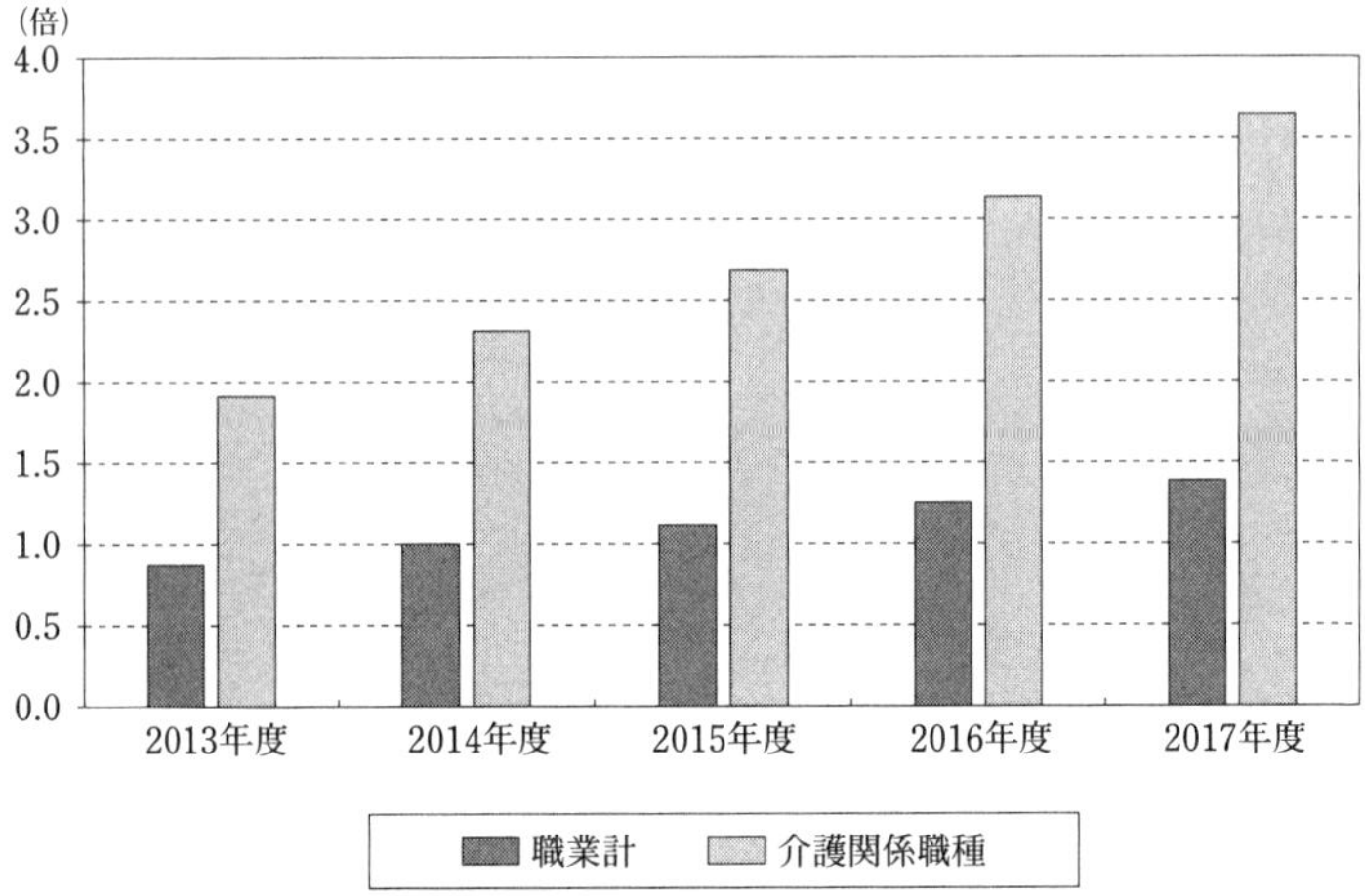

図序－６　職業別有効求人倍率（パートタイムを含む常用）の推移

注）介護関係職種：「福祉施設指導専門員」，「その他の社会福祉の専門的職業」，「家政婦（夫），家事手伝」，「介護サービスの職業」の合計．
出所）厚生労働省「一般職業紹介状況」．

介護サービス基盤の確保」に向けて、特別養護老人ホーム（特養）やサービス付き高齢者向け住宅（サ高住）といった介護サービスの受け皿の拡充がある。２０１５年度補正予算や２０１６年度予算でも、「介護基盤の整備加速化事業」や「サ高住の整備」に対する財源を手厚く配分している。しかし、現場では〝箱物〟としての介護サービスの受け皿の拡充よりも、介護職員の人手不足がはるかに深刻であるとの指摘は多い。求職者１人当たり何件の求人があるかを示す有効求人倍率をみても、２０１７年度の全職種の平均的な有効求人倍率（パートタイムを含む常用）が１・38倍なのに対して、介護分野の有効求人倍率は３・64倍と、その高さは突出している（図序－６）。全国各地で「人材が足りず職員の採用もおぼつかない」という介護事業者の声は少なくない。

厚生労働省が2015年6月にまとめた介護人材に関する需給推計では、2025年度に253・0万人の介護人材の需要が予想されるのに対し、供給の見込みは215・2万人で、37・7万人の不足が生じることが見込まれている。特に、2000年度末に約256万人であった要介護（要支援）認定者数は、2018年1月末には640万人に達している（厚生労働省「介護保険事業状況報告」）。今後もその数は増え続けるのは確実で、人材不足がこれまで以上に深刻化するのは避けられない状況である。そうしたなかで、「介護離職ゼロ」対策により、特養やサ高住などをより一層増やせば、人材不足はますます深刻になるとの懸念もある。実際、建てたはいいが職員を十分採用できず人員配置基準を満たせないため、一部の居室しか稼働できない特養もあることが報告されている。

もちろん、政府も「介護人材の育成・確保・生産性向上」を目標に掲げて、再就職準備金貸付制度の創設や、離職した介護人材の届け出システムの構築などを打ち出すなど、人材不足解消に向けた取り組みは行っている。また、介護報酬改定で「介護職員処遇改善加算」を積み増し、介護職員の給料の引き上げを行ってきた。しかし、残念ながら、これらの取り組みは、これまでのところ介護人材の人手不足の解消にはほとんど結びついていない。

これは、引き上げられたとはいえ、介護人材の賃金が他の対人サービス産業と比較して依然として低いことも一因かもしれない。また、介護事業は、価格が政府によって規制されており、市場の価格調整メカニズムが働かない分野である。このため、ニーズが特に高い介護人材に対して、重点的に賃金の引き上げを行うことが難しいことも影響しているかもしれない。しかし、より大きな問題は、介護職員は離職率が高い傾向があり、その結果、その勤続年数も短くなりがちなことである。介護職員が職場に定着し、安心して働き続けられるような環境整備を図ることが急務である。

介護を担う良質な人材を確保するには、介護職員の処遇改善は一つの望ましい方向であり、介護職の育成方針の確立、キャリアパスの構築、キャリアパスと賃金体系の連動などに取り組む動きを活発化させることは有用であろう。ただ、現行の仕組みや規制体系の下では、介護職員ができる仕事内容は限られており、描けるキャリアパスにはおのずと限界がある。介護事業をめぐるさまざまな規制を緩和して介護職員ができる仕事の範囲を拡大させるなど、その仕組みを大きく変えなければ、介護職の定着率の悪化や採用の停滞が続き、事業存続が危うくなる可能性すらある。

「介護離職ゼロ」を実現する上で立ちはだかる大きな問題は、介護事業を支えるための政府の財源が限られていることである。わが国では、巨額に膨らんだ財政赤字が、少子高齢化と並んで深刻である。なかでも、少子高齢化の進展に伴って、社会保障関係費は着実に上昇を続けており、財政赤字拡大の大きな要因となっている。今後も社会保障の給付が経済成長を上回って増大すると予想される中、将来にわたって持続可能な財政収支を維持していくには、限られた財源の中で介護事業対策に取り組まなければならないという高いハードルが横たわる。

六　「新三本の矢」の課題

アベノミクスでまず謳った「旧三本の矢」（大胆な金融緩和、機動的な財政出動、民間投資を喚起する成長戦略）は、大胆な政策のレジームチェンジによって、金融市場、なかでも外国人投資家を強気にし、株価を大きく押し上げた。雇用環境は改善し、輸出企業を中心に企業業績は好転した（Fukuda 2015）。しかし、その効果は期待先行のマーケットが支えた面が強く、生産性の上昇を伴う実体経済の本格的な回復はその後の成長戦略に託された面が強かったといえる。そうしたなかで、新たなステージに入ったアベノミクスの「新三本の矢」は、わが国が中長期的な課題に取り組む試みとして重要であり、そこで掲げられた3つの柱（希望を生み出す強い経済、夢を紡ぐ子育て支援、安心につながる社会保障）は、日本経済が閉塞感を打破し、持続的成長を実現する上で中核的な役割を担うべきものといえる。

もちろん、構造改革が求められる唯一の経済政策ではない。「旧三本の矢」で謳われた大胆な金融緩和や機動的な財政出動も、ときには必要となることはあるであろう。しかし、財政赤字の累積による国債残高という点では、日本が先進主要国の中では突出している。また、異次元の金融政策の長期化で、日銀が購入できる国債残高は限界に近づいている。このため、金融政策と財政政策いずれも既に拡大しきったわが国では、残された政策オプションは限られているのが実情だ。そう考えると、構造改革の推進が、金融政策や財政政策に代わる第3の処方箋としてその役割を増しているといえる。

構造改革は、供給サイドの改革として日本の潜在成長力を高める役割が期待されるだけでなく、需要不足を補うという観点からも重要である。わが国では、家計と企業いずれの部門においても将来の成長見通しに対して悲観論が強く、それが現在の総需要の低迷につながっているという側面が強い。実効性のある構造改革を推進し、将来の日本市場への悲観論をいち早く払しょくすることが国内消費や設備投資を増やすことにもつながり、需要不足による長期停滞から抜け出す上でも最も有効な処方箋になる。その際、わが国では、他の主要国と比較した場合、急速に進行する少子高齢化や人口減少と、累積した財政赤字がとりわけ深刻で、それが長期停滞への懸念を高めているという視点は重要である。少子高齢化と財政健全化に正面から向き合って日本経済の構造を改革して行くことが急務である。大きな痛みを伴う規制緩和や構造改革も例外としない毅然とした姿勢が、わが国の長期停滞を回避するためには求められているといえる。

本書の以下の章では、このような観点からアベノミクスの「新三本の矢」が抱える課題を多角的に考察する。日本経済の潜在成長力を高めるには、これら課題を一つ一つ克服していくことが重要となる。かつて下村治博士は、ポスト高度成長の日本経済のあり方を考えた骨太の経済政策論を展開した（下村　１９７６）。アベノミクスの「新三本の矢」の是非を考える上でも、さまざまな意見を戦わせながら、いかなる政策が必要なのかの議論を一層深めていくことが求められているといえる。

参考文献

Fukuda, S (2015), "Abenomics: Why was it so Successful in Changing Market Expectations?" *Journal of the Japanese and International Economies*, Vol. 37, pp. 1–20.

下村治（１９７６）『ゼロ成長脱出の条件』東洋経済新報社。

内閣府（２０１４）『地域の未来ワーキング・グループ報告書――個性を活かした地域戦略と地域再生のための集約・活性化』平成26年10月。

福田慎一（２０１４）「アベノミクスは何をもたらしたか」『日経研月報』第４３５号（２０１４年9月号）、18－25頁。

福田慎一（２０１５）『「失われた20年」を超えて』ＮＴＴ出版。

福田慎一（２０１８）『21世紀の長期停滞論――日本の「実感なき景気回復」を探る』平凡社新書。

宮崎義一（１９９２）『複合不況――ポスト・バブルの処方箋を求めて』中公新書。

吉川洋（２０１６）『人口と日本経済――長寿、イノベーション、経済成長』中公新書。

第 I 部

第1の矢——強い経済

第1章　設備投資活性化の条件を探る

——企業の保守的投資財務行動の変革

中村　純一

一　はじめに

本章では、第2ステージのアベノミクスが掲げる「新三本の矢」のうち、設備投資を中心とする企業部門の活性化に向けた課題を検討する。

アベノミクスの第1ステージでは、大胆な金融緩和が主役となり、株高や円安などの追い風を受けた企業収益は過去最高水準を更新し、一部業種では人手不足が問題となるほど雇用情勢も改善した。しかし、その後に期待された「企業収益増が設備投資増加に」という好循環は、未だ十分なものではない。またその帰結として、企業部門の貯蓄超過ないし資金余剰（内部資金マイナス設備投資）は高

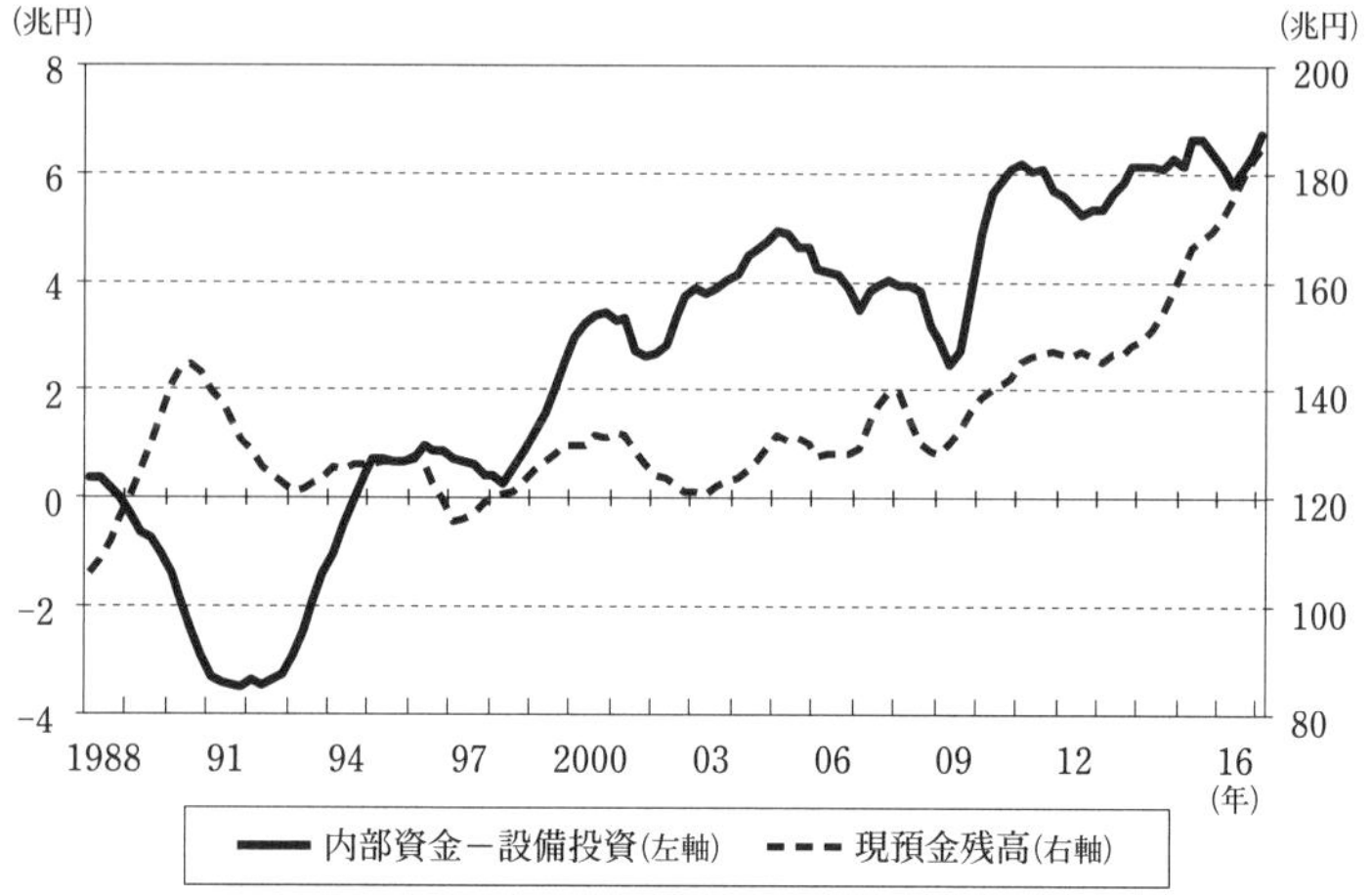

図1－1　法人企業の貯蓄超過額と現預金残高（後方4期移動平均値）

注）内部資金は簡便法（経常利益×0.5＋減価償却費）により算出.
出所）財務省「法人企業統計季報」.

止まりし、現預金の積み上がりが続いている（図1－1）。

こうした日本企業の現状に、「現預金を過剰に貯め込んでいるのではないか」「もっと積極的に投資すべきではないか」という批判は依然として根強い。「新三本の矢」の第1の矢「希望を生み出す強い経済」において、「企業が保有する現預金等を活用した経済の好循環の拡大」、「企業収益が確実に投資等へのキャッシュアウトに結びつく取組の推進による投資の増加」を目指すとしているのには、このような背景がある。

もちろん、投資機会の問題と切り離して、投資額の伸び悩みや貯蓄超過ばかりをクローズアップすることは生産的でない。投資判断は、それが生み出す将来のリターンに基づいて行われるべきものであり、足下の企業収益と常にリンクするわけではないからである。企業経営者の間には、国内投資に前向きになりにくい理由として、人口減少や財政・社会保障問題を抱えた日本経済の将来に対する懸念を指摘する声が多い。さらに、ＡＩ、ＩｏＴ、ブロックチェーンなどＩＴ技術が劇的な進化を遂げつつある中、シェア・エコノミーやＰ２Ｐビジネスが急拡大するなど、将来の経営環境はますます予想しにくいものとなっている。

設備投資が目標額を達成しても、投資内容が非効率なものであれば、持続的な経済成長にとってはかえって有害でしかない。投資の増加に対して政策的に関与する意義があるとすれば、投資機会は存在するのに他の要因によって投資が抑制されている、あるいは政策によって投資機会そのものを拡大する余地がある、ということでなければならない。「矢」ではなく「的」に過ぎない、と揶揄されることの多い「新三本の矢」であるが、これから有効な「矢」を次々とつがえていくためにも、過去の日本企業の投資財務行動やその帰結から学ぶべき点は多いはずである。

本章では、キャッシュアウトによる投資は望ましい結果をもたらすのか、世界金融危機（リーマンショック）の前後で日本企業の投資財務行動は変化したのか、企業統治が現預金貯め込みの原因なのか、といった「新三本の矢」と関係の深い論点に関する分析結果を紹介し、設備投資の活性化に向けた鍵を探ることとしたい。

二　いざなみ景気下の投資行動の特徴
——保守的すぎたのか

1　報われなかった大型投資

不良債権問題が峠を越し、２００２年から回復局面に入った日本経済は、中国を牽引役とする世界経済拡大や円安の追い風を受けて、輸出を大きく伸ばした。今振り返れば、いざなみ景気下の約６年間（２００２年１月〜08年２月）は、日本企業にとってかなり良好な経営環境に恵まれた時期であったと言えるだろう。実際、国内設備投資も企業収益にやや遅れる形で大幅に増加し、ピークの２００７年にはバブル期に迫る水準に達した。それでも、投資の伸びが企業収益の伸びに追いつかなかったため（図１－２）、内部資金とのバランスで見ると依然として貯蓄超過の状態は続いた。

このため、この時期の日本企業の経営に関しては、財務体質の改善・強化を優先し、良く言えば手堅いものであったが、世界経済の拡大という順風下の戦略としては積極性が不足していた、という見方が一般的である。さらに言えばその結果、よりダイナミックにリスクをとってイノベーションを創出し、売上や利益を飛躍的に伸ばした外国企業との競争に立ち後れたのではないか、という指摘も少

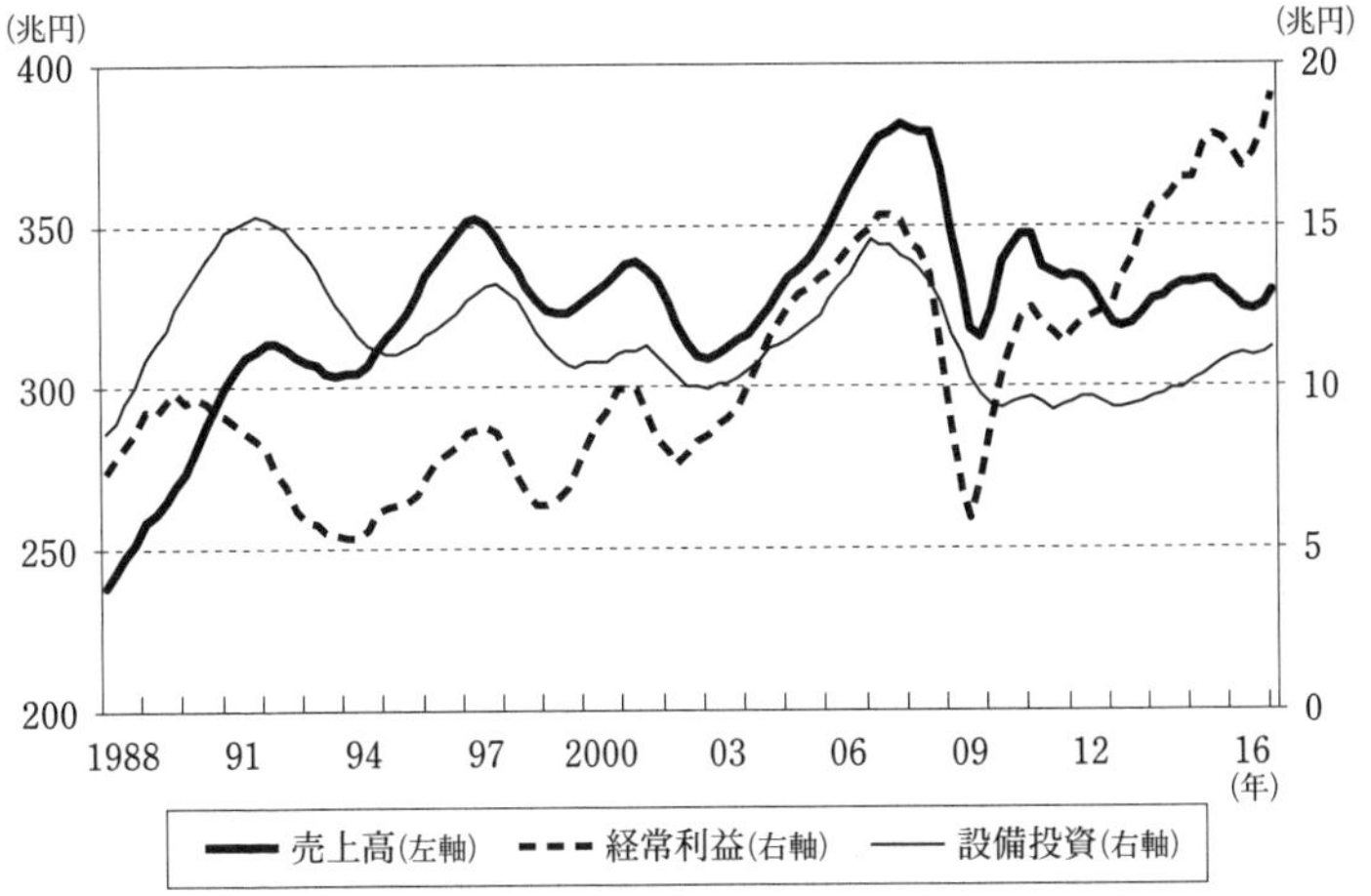

図１－２　法人企業の売上高，経常利益，設備投資（後方４期移動平均値）

出所）財務省「法人企業統計季報」.

なくない。アベノミクスの企業統治改革が、日本企業にリスクテークを促すという観点を強調しているのも、こうした認識が背後にある。

もっとも、「国内回帰」を期待する声に呼応するように大型投資を実施した優良企業の一部が、その後の経済環境の激変や技術進歩に対応できずに過剰設備を抱える結果となり、企業の存亡にかかわる事態に至ったことは記憶に新しい。今後、設備投資の活性化を潜在成長率の底上げに着実に結びつけていくためにも、この時期に大型投資を実施した企業の、その後のパフォーマンスを統計的に検証しておくことは有益だろう。

以下の分析で使用するのは、東証一部二部に上場する製造業、建設業、卸売・小売業（総合商社を除く）、不動産業、サービス業に属する約2千社の財務データである。全体の傾向をつかむため、エネルギー、運輸、通信など、規制が多く特殊事情の影響を受けやすい業種は除外した。これらの企業の国内設備投資額（土地を含む有形固定資産の新規取得額）を、年度ごとに大きい順に並べ、上位５％の企業群（約１００社）に注目する。この約１００社は、各年度の設備投資を牽引した企業と位置付けられる。ちなみに上位５％の企業群の設備投資額が全社合計に占める割合は、長期的に上昇傾向にあり、最近では6割以上に達する年が多く、上位企業への集中化が進展している（図１－３）。

それでは、設備投資の直近のピークで、リーマンショックの前年である２００７年度に上位５％に入る設備投資を行った企業群の、その後の業績（ROA: Return On Assets, 総資産利益率）はどのように変化しただろうか。図１－４はその結果を、設備投資の下位95％の企業群と比較してみたものであるが（グループ内の分布の偏りが大きいため平均値ではなく中央値を表示している）、投資を行った２００７年度までは上位５％グループのＲＯＡが下位95％グループのそれを上回っていたことが確認できる。しかし翌２００８年度には両者の関係が逆転し、２０１３年度までその状態は持続した。

簡単な分析ではあるが、以上の観察から次の2点が指摘できる。第1に、大型投資が裏目に出て優良企業が一挙に経営危機に転落するといった事例は人々の印象に強く残っているが、それが一般的な傾向を表しているわけでは必ずしもないということである。第2に、しかしながら、大型投資というリスクをとったわりには、それに見合うリターンの向上にはつながらなかったということである(1)。

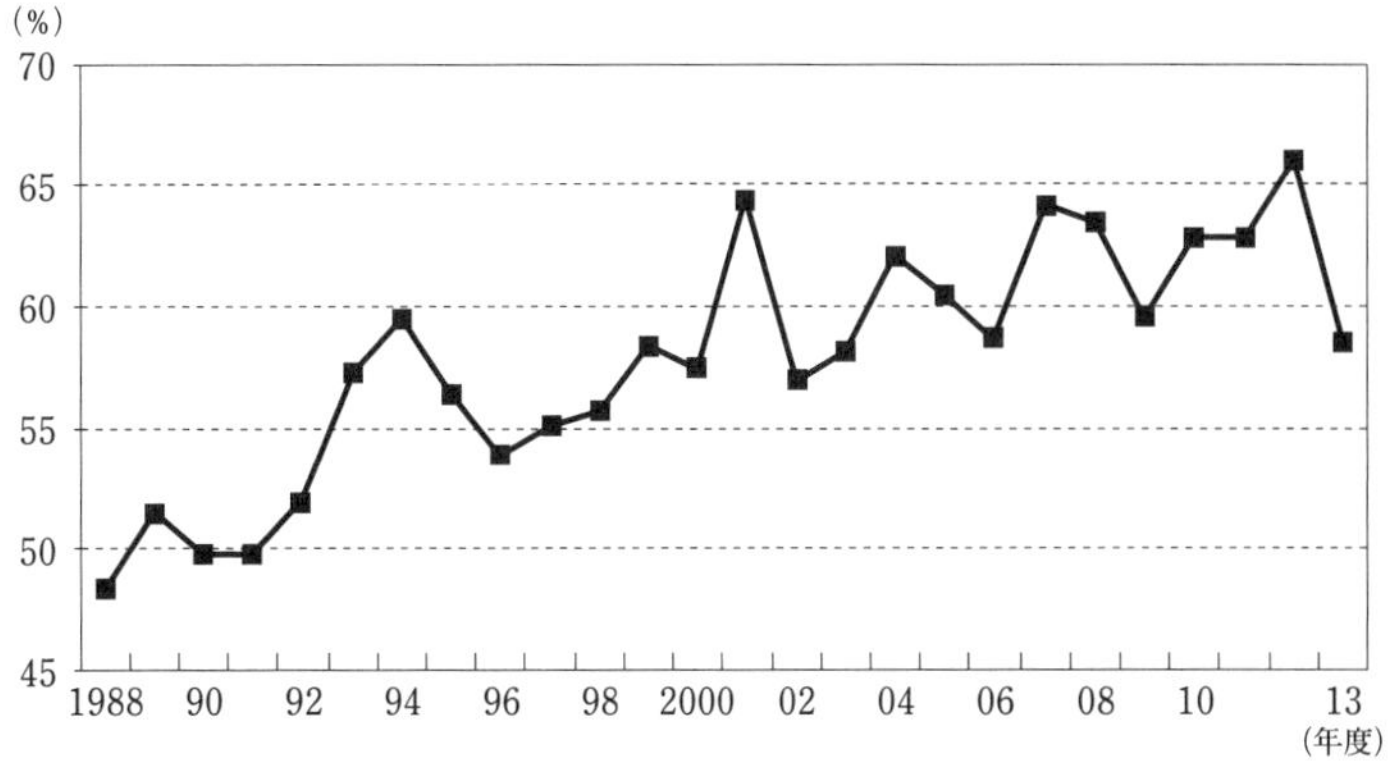

図1－3　設備投資の上位5%企業群が占めるシェア

出所）日本政策投資銀行財務データバンク．東証一部二部に上場する，製造業，建設業，卸売・小売業（総合商社を除く），不動産業，サービス業に属する企業を対象に集計．

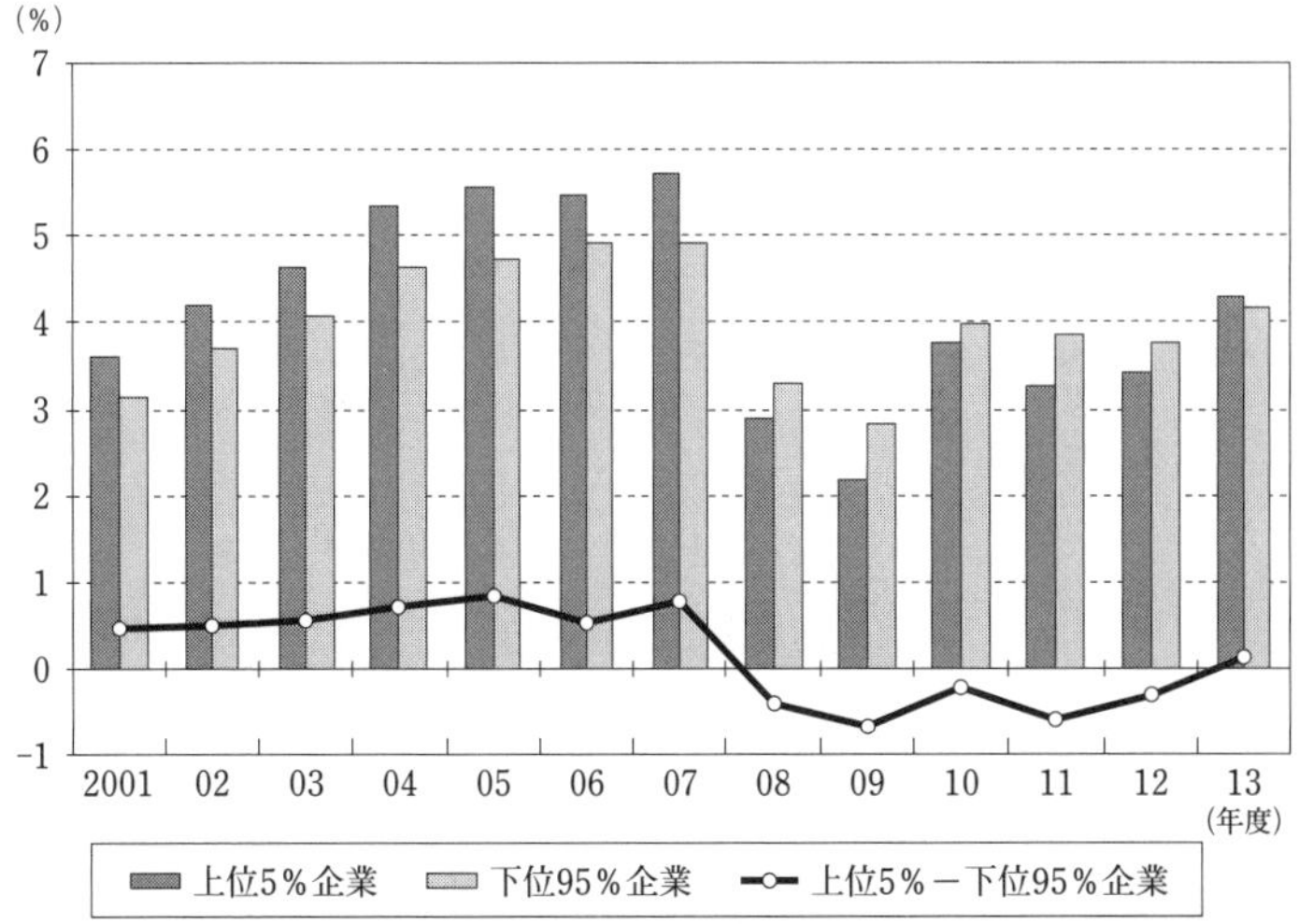

図1－4　2007年度の投資額上位5%企業群と下位95%企業群の業績推移（ROAの中央値）

出所）日本政策投資銀行財務データバンク．東証一部二部に上場する，製造業，建設業，卸売・小売業（総合商社を除く），不動産業，サービス業に属する企業を対象に集計．

2　内部資金主導の投資増に潜む問題

そこで、少し視点を変えて、各年の内部資金の大きさが上位5％に入る企業群の投資額の推移を、下位95％の企業群の推移と比べてみよう（図1－5）。ここでは動きの違いを際立たせるために、両グループで軸の取り方を変えているが、指摘したいのは2005～08年度に内部資金の潤沢な企業群の設備投資が大きく伸びたという事実である。また、フローの変数である内部資金の代わりに、期初の現預金残高の上位5％の企業群とそれ以外の投資額の推移を比べてみても、内部資金の場合ほど顕著ではないものの、同様の傾向が見て取れる。

すなわち、いざなみ景気後半期には、現在アベノミクスの改革が企業に求めている方向性を先取りするかのごとく、潤沢な内部資金あるいは手許流動性を活用して積極的な投資に踏み切る動きが見られた。しかし経済学的には、資金制約に直面していない企業が内部資金に感応的な投資行動をとることについて、企業統治が不十分なことに伴う様々な問題点が指摘されている。

一つは、Jensen（1986）が指摘したフリー・キャッシュフロー問題、もしくは経営者による帝国建設（empire building）のモラルハザードである。同論文によれば、株主が分散化して監視の圧力が弱い現代の上場大企業の経営者は、潤沢な内部資金を自らの私的利益を満たすための投資、例えば必要以上に豪華な社屋や非効率なペット・プロジェクトに浪費してしまう傾向がある。しかし、バブ

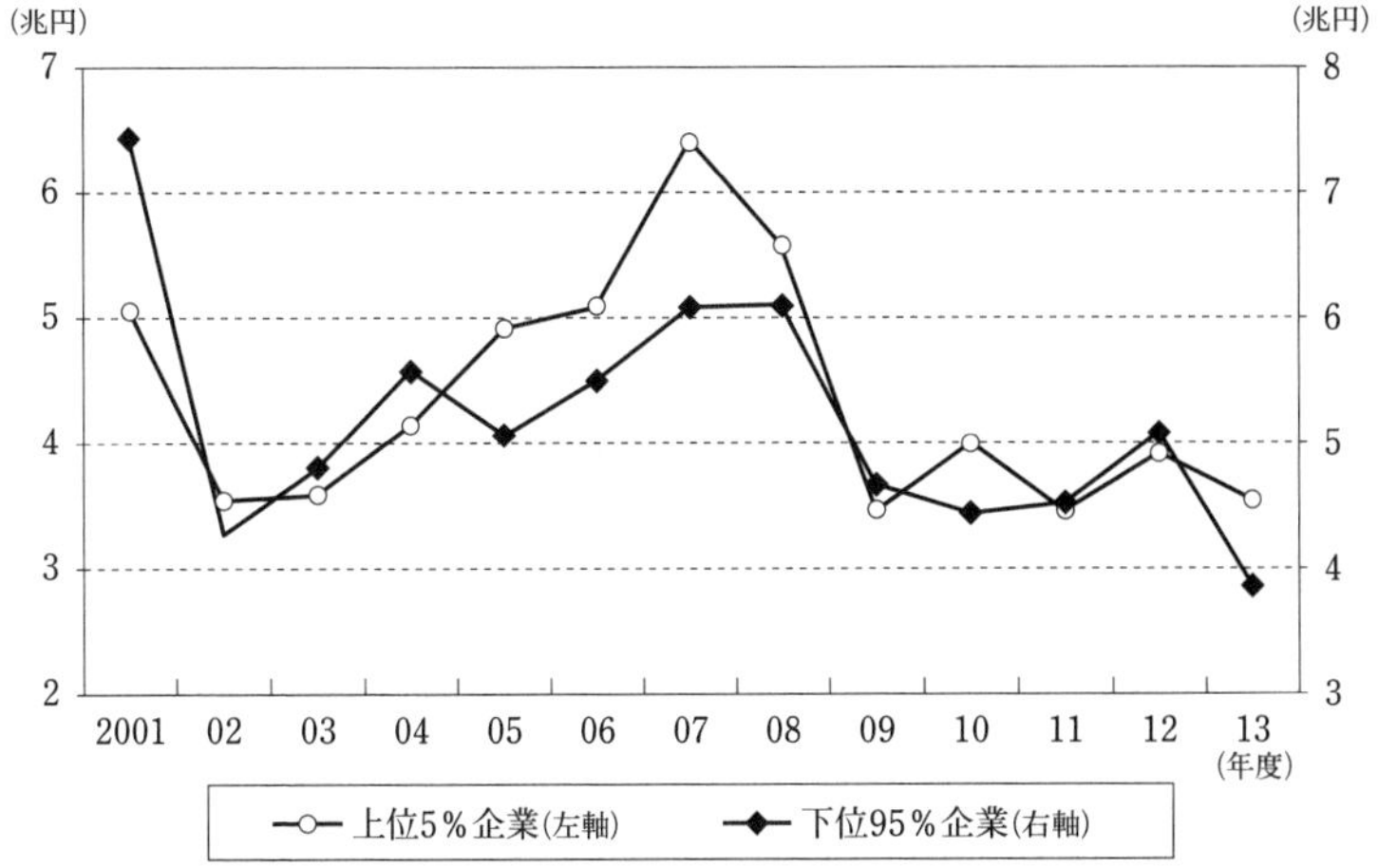

図1－5　内部資金の各年度上位5％企業群と下位95％企業群の設備投資額（合計）

出所）日本政策投資銀行財務データバンク．東証一部二部に上場する，製造業，建設業，卸売・小売業（総合商社を除く），不動産業，サービス業に属する企業を対象に集計．

ル景気の時期はともかく、2000年代後半の日本の上場企業やその経営者にこのJensenの仮説が広範に当てはまるとは考えにくい。

もう一つは、経営者の自信過剰（overconfidence）もしくは楽観的傾向（optimism）に由来する投資行動の歪みである（Heaton 2002など）。ここでの自信過剰の意味は、自社の企業価値と投資機会に対する評価が過大であることを指す。自信過剰の経営者は、株価や資本市場での自社に対する評価は不当に低いと考えるため、投資にあたって内部資金に依存する傾向が強くなり、内部資金が乏しい時期には効率的な（NPV（Net Present Value, 正味現在価値）が正の）投資プロジェクトの実行を見送る可能性が高まる（過小投資）。一方、投資機会の評価に関しても自信過剰であるため、内部資金が潤沢な時期には非効率な（NPVが負の）投資プロジェクトを実行してしまう可能性が高まる（過大投資）。この議論は、過小投資と過大投資が共存した2000年代の日本企業の行動と、ある程度整合的であると言える。「自信過剰」と言うと、謙虚なイメージのある日本人経営者には無縁な話に聞こえるかも知れないが、2000年代にはまだ自社の技術力や競争力に自信があり、市場はそれを正当に評価していないと考えていた経営者は案外多かったのではないだろうか。

加えて、複数の事業部門を有する大企業に特有の問題として、社内の政治的要因（内輪の論理）によって内部資金の配分が非効率なものになる可能性も指摘される。Scharfstein and Stein（2000）が指摘した悪平等的な資金配分の問題（ゾンビ事業部問題）は論外としても、内部資金による投資予算の各事業部門への配分は、社内論理的に賛同を得やすいという観点から、現実にはその源泉である利益への貢献度に応じて行うことになりがちだろう。言い換えれば、明確な経営上の意思が働かない限り、既存事業を破壊しかねないような、新たな成長事業への大胆な投資を行うことにはなりにくい。問題は、こうした現状追認的な投資戦略は、経営環境の激変や非連続的な技術革新に弱いということである。

このように、内部資金と連動した投資には、不十分な企業統治に伴う様々な問題が潜んでいる。アベノミクスの企業統治改革の狙いが、内部資金を活用した投資の増加ということだけなら、いざなみ景気の後半期にもそれなりに実現していた。しかしながら、この時期の大型投資は、必ずしもその後のＲＯＡの改善にはつながらなかった。この経験は、今回の企業統治改革が、過度に保守的な投資財務行動を改めることばかりでなく、それが本当に競争力確保・向上に資する取り組みなのかどうかを、より注意深くチェックすべきであることを教えている。

三　世界金融危機以降の投資行動の特徴
――投資計画の下方修正幅拡大の背景

1　景気回復下でも続く投資計画の大幅な下方修正

世界金融危機や東日本大震災という外的ショックに加え、そうしたショックの度にぶり返す円高圧力にも見舞われ、日本企業はビジネスの本拠地を海外に移すことを真剣に考えなければならないところまで追い詰められた。金融の現場からは、この経験が企業の投資マインドに非可逆的な変化を及ぼし、国内投資に対してネガティブな影響を与えているのではないかという意見も聞かれる。確かに、2012年以降の企業収益の急増ぶりとは対照的に、設備投資の増加は緩やかなものにとどまり、保守的と言われた2000年代に比べてもさらに保守化しているように見える。

しかし、日本政策投資銀行が毎年6月（公表は8月）に実施している「設備投資計画調査」によれば、資本金10億円以上の大企業の当年度設備投資計画（国内）は、全産業で2012年度以降6年連

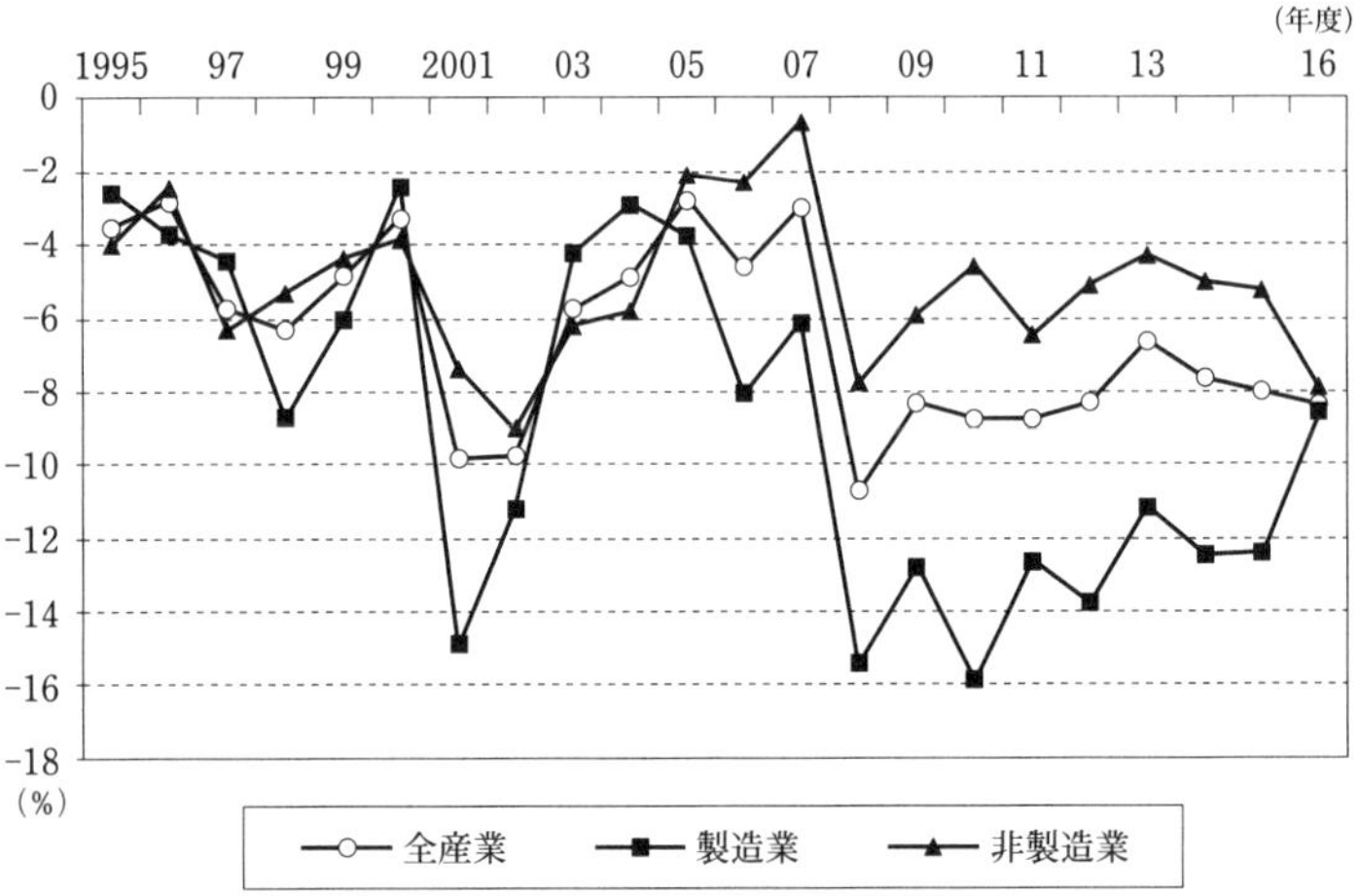

図1－6　大企業の設備投資計画修正率

注）修正率＝((100＋実績伸び率（%))／(100＋当年度計画伸び率（%))－1)×100 にて算出.
出所）日本政策投資銀行「設備投資計画調査」.

続で2桁増の計画となっている。いざなみ景気の下では2桁増の計画は3年連続止まりであったから、世界金融危機後の投資の落ち込みからのリバウンド効果などを差し引いても、計画段階では投資マインドが極端に弱まったようには見えない。ところが、翌年度の調査で設備投資の実現値を調べると、計画段階の数値が大幅に下方修正され、最終的にはわずかな伸びにとどまるという現象が続いているのである（図1－6）。

計画値が最終的に下方修正されること自体は、大企業に特徴的な「調査のクセ」としてよく知られているところであり、２００８～10年度にかけてのように経営環境が極めて厳しい状況での大幅な下方修正は、特に珍しいことではない。しかし、景気が明らかに好転した２０１３年度以降もそれが続いていることは過去に例を見ない現象と言える。エコノミストの間には、設備投資が伸びない理由について「もはや国内には魅力的な投資機会が存在しないから」と指摘する悲観的な意見もあるが、もしそうであれば計画段階から低調な回答となるはずである。

最近では、「設備投資計画調査」の中でも、下方修正の理由に関する質問項目を設けて、企業の声を直接集めている。そこで多いのは、「当初計画に余裕を持たせていた」「投資内容の精査、無駄の見直し」「工期の遅れ」といった回答である。しかし、これらの要因も、「調査のクセ」と大きく異なる話ではない。もし、投資機会の実現を阻む構造的な要因が何か他に潜んでいて、それが下方修正率の拡大を引き起こしているのであれば、それを突き止めることには意義がある。

2　投資動機の変化と下方修正

そのヒントを探るべく、「設備投資計画調査」の投資動機の調査結果を利用して、どのような種類の投資で下方修正が生じているのかを調べてみよう。この調査では、投資目的として「能力増強」「新製品・製品高度化」「合理化・省力化」「研究開発」「維持・補修」「その他」の6項目を設定し、総設備投資額に占めるウェイトを計画段階、実績段階それぞれで質問している。実際には総設備投資額の回答企業がすべて投資動機ウェイトを回答しているわけではなく、かつ計画時点と実績時点でも回答企業が異なる中でのラフな試算ということにはなるが、これをもとに投資動機ごとの下方修正率と、全体の下方修正率に対する寄与度を計算することができる。以下では、総設備投資額の下方修正

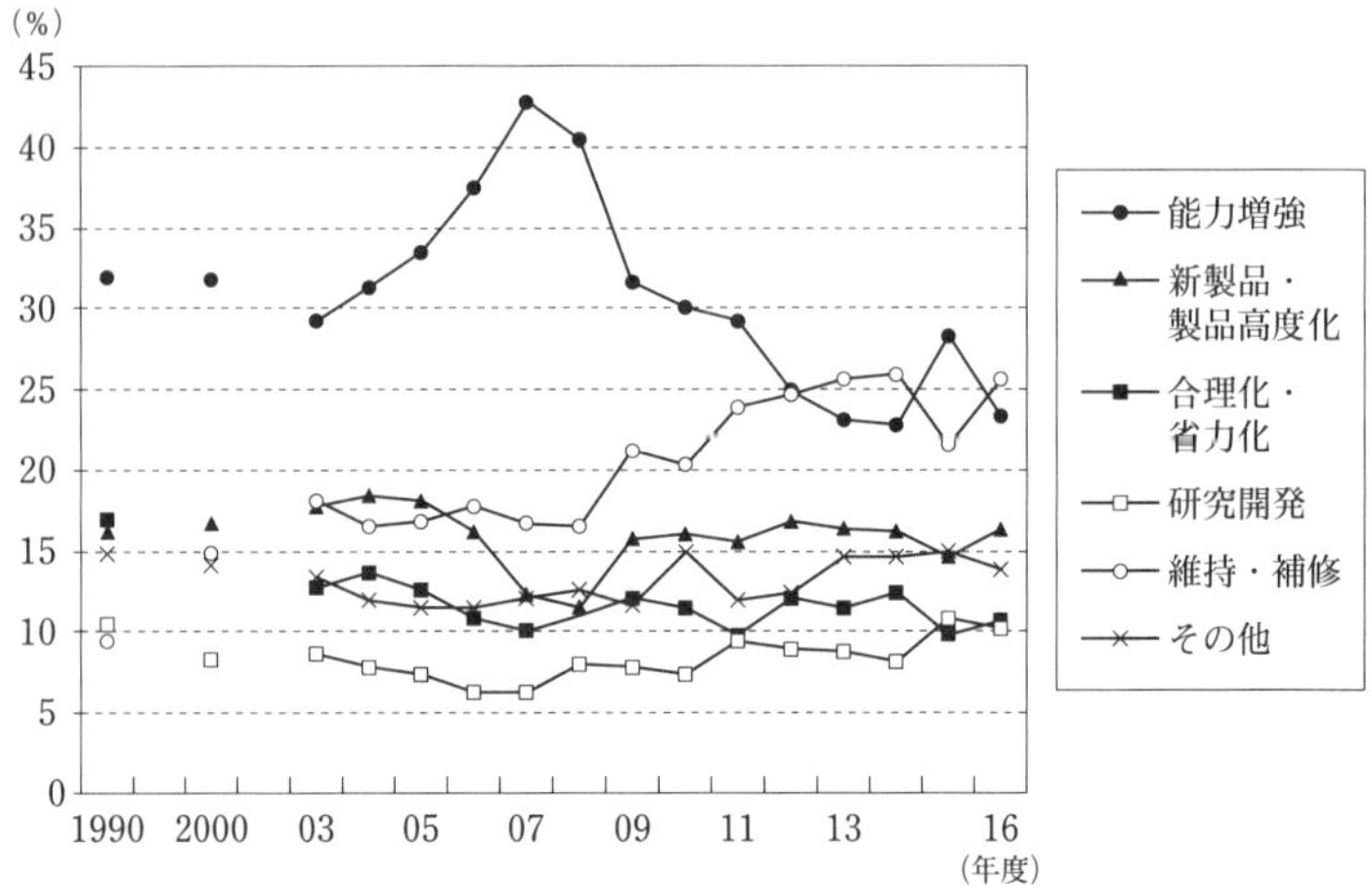

図１－７　大企業製造業設備投資の投資動機別ウェイト（実績ベース）

出所）日本政策投資銀行「設備投資計画調査」.

率の拡大がより顕著であった製造業について分析する。

まず、投資動機ウェイト（実績ベース）のこれまでの変化を図１－７で確認しておく。能力増強は、２００７年度の42・８％をピークに、２０１４年度の22・８％まで低下した。他方、維持・補修は、２００８年度の16・５％から上昇を続け、２０１３年度には能力増強と比率を逆転し、２０１４年度には25・９％まで上昇した。こうしたウェイトの大きな変化自体が、投資スタンスの「保守化」の反映であることは確かだろう。他の目的についてはウェイトの大きな変化はないが、研究開発が２００６～07年度を底にわずかずつではあるが回復基調にあることはやや目を引く。

投資動機ごとの投資計画の修正率は、次の手順で試算した。まず、$t-1$年度の総設備投資額を１とした場合のt年度の総設備投資額をx_t（総設備投資額の伸び率が10％なら$x_t=1.1$）、$t-1$年度およびt年度の当該投資動機のウェイト（小数表示）をそれぞれw_{t-1}, w_tとして、t年度の投資動機ごとの投資伸び率y_tを

$$y_t(\%)=\left(\frac{x_t w_t}{w_{t-1}}-1\right)\times 100$$

により求める。x_t、w_tに計画段階の数値を代入すれば当該投資動機の投資の計画伸び率y_t^pが得られ、x_t、w_tに実績値を代入すれば当該投資動機の投資の実績伸び率y_t^aが得られる。このとき、当該投資動機の投資計画の修正率z_tは、

$$z_t(\%)=\left(\frac{100+y_t^a}{100+y_t^p}-1\right)\times 100$$

により求められる。

試算結果（表1－1）からは、次のような特徴が指摘できる。第1に、設備投資が比較的好調であった2004～07年度においては、能力増強は実績に向けて下方修正ではなく上方修正されていた。一方、他の項目はすべて下方修正であるが、中でも研究開発の下方修正率の大きさが際立っていた。第2に、下方修正率が大きくなった2008～16年度を2004～07年度と比較すると、各項目とも軒並み下方修正傾向が強まっているが（能力増強は上方修正から下方修正に変化）、研究開発だけは

表 1－1　大企業製造業設備投資計画の投資動機別修正率

（%）

	能力増強	新製品・製品高度化	合理化・省力化	研究開発	維持・補修	その他
①2004～07 平均	5.0	－11.4	－9.2	－20.4	－9.4	－3.0
②2008～16 平均	－7.4	－16.5	－17.9	－12.3	－14.5	－9.2
②－①	－12.4	－5.1	－8.7	8.0	－5.1	－6.2

注）各年の投資動機別修正率の算出方法については，本文の説明を参照．①，②欄は，各年修正率の単純平均．

出所）日本政策投資銀行「設備投資計画調査」．

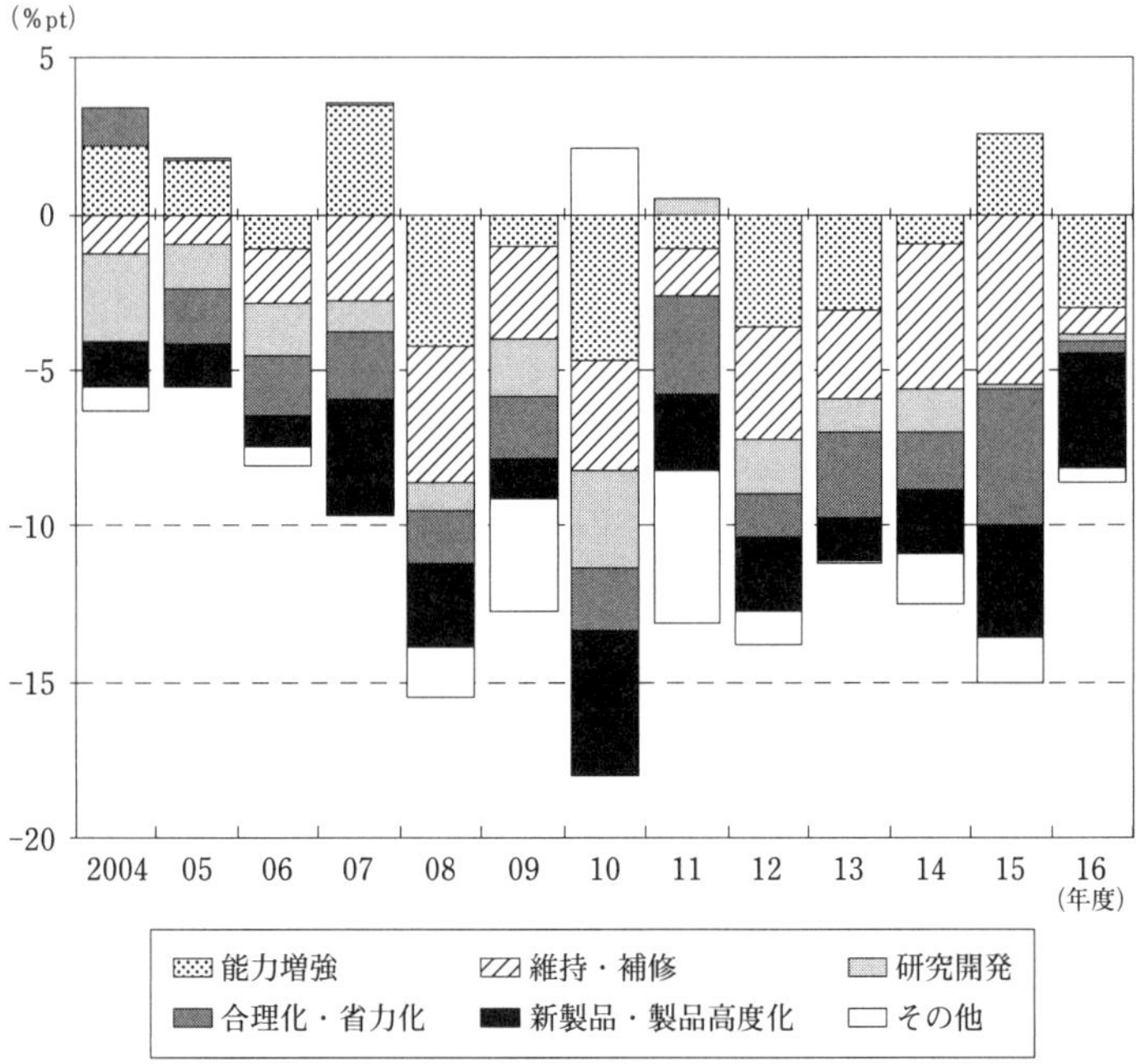

図 1－8　大企業製造業の設備投資計画修正率に対する投資動機別寄与度

注）投資動機別寄与度の算出方法については，本文の説明を参照．ただし，その他の寄与度は全体修正率から各動機の寄与度合計を差し引いた残差により算出．

出所）日本政策投資銀行「設備投資計画調査」．

下方修正幅が縮小した。第3に、能力増強は、下方修正傾向への変化幅が最も大きいが（②−①欄）、それでも２００８〜16年度の平均下方修正率は全項目の中で最も小さい。下方修正率が相対的に小さい能力増強のウェイトが大きく低下したことも全体の下方修正率を拡大させる一因であったと言える。

それでは、総設備投資額の下方修正率の年ごとの推移に対し、各投資動機はどの程度影響を与えたのだろうか。計画段階の投資動機ウェイトw_tに当該投資動機の下方修正率z_tを乗じた寄与度の推移を見ると（図１−８）、２０１２〜14年度にかけて景気回復とともに能力増強の下方修正寄与が縮小し、２０１５年度に8年ぶりの上方修正寄与に転じたことは、設備投資全体の下方修正幅が高止まりする中で見られた明るい兆しであった。しかし、新製品・製品高度化の下方修正寄与は足下で拡大傾向にある。また、２０１６年度は設備投資全体では下方修正幅がやや縮小したものの、能力増強が再び下方修正寄与に転じている。投資目的を問わず当初計画を厳しく絞り込む傾向は続いており、世界金融危機前のような修正パターンに復帰する道筋は未だ見えていない。

四　なぜ現預金が積み上がっているのか

1　重要性を増す流動性危機への備え

日本企業が蓄積した現預金が、経営者の保身動機などによって過度に保守的な投資財務行動が選択された結果であり、資本の有効活用や株主価値最大化に反しているのであれば、企業統治の改善を図ることによって、余剰な現預金は有効な設備投資に回るか、配当などとして投資家に還元され、企業価値の向上をもたらすはずである。いわゆる「伊藤レポート」[2]や、アベノミクスにおける企業統治改革の底流にはこうした考え方がある。

これに対し、企業経営者からは、次のような反論が聞こえてくる。一つは、グローバル化の進展やいわゆる「金融化」現象（実物経済に対する金融部門の肥大化）などによって、想定外の流動性危機が生じるリスクが高まっており、企業の存続に必要な手許流動性の水準はかつてより格段に大きなものになっているという主張である。もう一つは、M&Aをはじめ海外での投資機会の拡大に伴い、機動的に動かせる待機資金を確保しておく必要があるという主張である。いずれも、将来の予期せぬ資金需要に備えるという意味では、予備的貯蓄の動機に基づく現預金保有と位置付けられるだろう。もしこうした指摘が実態を反映しているならば、企業統治改革が成就しても予備的動機に変化がない限り現預金残高が大きく減ることは考えにくい。

筆者は、中村（２０１７）において、豊富な現預金もしくは借入余力を持つ日本の優良企業において設備投資が低迷している理由を、企業統治上の問題（リスク回避による経営者の保身）、予備的貯蓄（将来の投資機会や金融危機時の流動性不足への備え）といった要因でどの程度説明できるのか、検証した。具体的には、中村・福田（２０１３）において「ゾンビ企業」の基準に該当しなかった企業を「優良企業」と見なすことにし、これら優良企業の２００４～13年度の10年間の財務データを用いて、次のような投資関数を推計した。

$$\frac{I_t}{K_t}=\alpha+\beta_0\frac{I_{t-1}}{K_{t-1}}+\beta_1(q_{t-1}-1)+\beta_2\frac{CF_{t-1}}{K_{t-1}}+\sum_j\beta_{3j}DUMZL_{j,t-1}$$
$$+\sum_k\beta_{4k}CG_{k,t-1}+\beta_5REST_t+\sum_l\beta_{6l}CONTROL_{l,t}+\varepsilon_t$$

推計式のベースは、投資率I/Kのラグ項とキャッシュフローCF/Kを説明変数に含む標準的なトービンのq型投資関数であるが、保守的な投資財務行動に関連する投資の抑制要因を検証する変数として、実質無借金などの財務体質に関する変数群$DUMZL$、企業統治に関する変数群CG、社内の事業再編に関する変数$REST$が追加されている。[3] このうち、保守的行動の動機を解明するうえで特に鍵となったのは、資本ストックで規準化した純有利子負債残高（有利子負債残高－現預金残高）

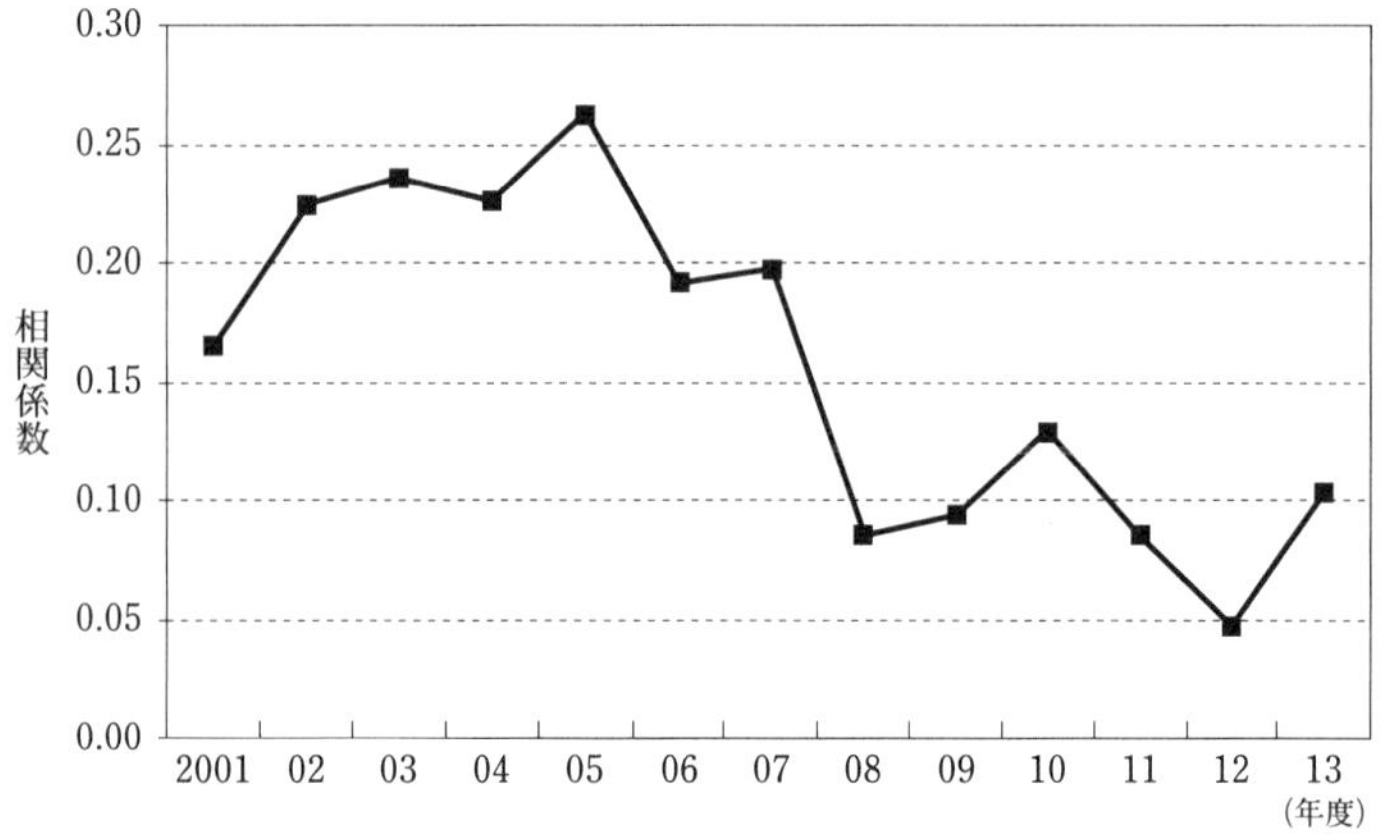

図1-9　期初の現預金残高の上位5% 企業群とM&Aや海外投資を含む総投資額の上位5% 企業群の一致度

注）M&Aや海外投資も含む総投資額＝国内設備投資＋無形資産と関係会社資産の増加額にて算出.
出所）日本政策投資銀行財務データバンク. 東証一部二部に上場する, 製造業, 建設業, 卸売・小売業（総合商社を除く）, 不動産業, サービス業に属する企業を対象に集計.

*NDK*の水準に関する4つのダミー変数[4]と、過去の経営危機の経験を示す「経営危機後ダミー」[5]であった（いずれも*DUMZL*に含まれる）。

すなわち推計期間を世界金融危機が起きるまでの前半期（2004〜08年度）と、危機後の後半期（2009〜13年度）とに分けた場合、前半期は$-0.1 \leq NDK < 0.1$という実質無借金の境界線上にあるサンプルに対応するダミー変数が投資に対してマイナスに有意な効果を持つことが特徴であった。これは、無借金企業というある種のステータスを維持したいという動機が投資に抑制的に働いたという点で、経営者の保身動機の存在を示唆している。他方、後半期は$-0.1 \leq NDK < 0.1$のサンプルをはじめ実質無借金に関するダミー変数はほぼ全て有意でなくなり、過去の経営危機の経験を示す「経営危機後ダミー」のみが投資に対してマイナスに有意な効果を持つ変数として残っ

た。

過去に1年だけとはいえ金融支援を受けたと判定されるような危機を経験した企業は、現在の財務状態が良好であっても、予期しえない流動性ショックに対して一段と慎重に備えるだろう。その意味で「経営危機後ダミー」が投資を抑制する効果は、予備的動機に基づく現預金保有に対応すると考えられる。実際この効果は、前半期には、建設、不動産、卸売・小売など、かつて不良債権問題が深刻であった非製造業を中心に見られたが、後半期になると世界金融危機や東日本大震災などのネガティブショックの影響を強く受けた製造業、輸出産業において有意となった。

それでは、企業経営者が指摘するもう一つの予備的動機、すなわちM&Aをはじめ海外での投資機会の拡大に伴う待機資金の増加、という側面はなかったのだろうか。この点を検証するため、本章第二節で用いたデータセットを利用して、M&Aや海外投資も含めた総投資額の代理変数として「国内設備投資+無形資産・関係会社資産の増加額」を算出し、その各年上位5%を占める企業群と期初の現預金残高の上位5%を占める企業群の一致度（相関係数）を見た（図1－9）。両者の一致度が高いほど、大きな現預金残高を持つ企業が成長投資を牽引する傾向が顕著だということになるが、一致度を示す相関係数はピークの2005年度でも0・26で、世界金融危機以降は0・1前後にまで低下している。

2　成長投資に必要なリスクマネー

以上から、この時期の日本の優良企業において設備投資が抑制された理由として最も有力な予備的貯蓄の動機に関しては、将来の投資機会に備えた待機資金の確保という側面よりも、不測の流動性危機に備えた面が強かったと言える。こうした現金保有の動機や水準が適切なものであるかどうかを知るには、株式市場の評価、すなわち現金保有が企業価値に与える影響を見るのが一つの方法である。[6] 現金保有は基本的には NPV＝0 の投資であり、1円の保有現金は1円で評価されるはずである。ただし、将来の不確実性や資本市場の不完全性に対応するメリット、あるいは経営者のモラルハザードによる無駄遣いのデメリットなどが考慮されれば、1円より大きく、または小さく評価されることになる。この問題には多くの研究者が関心を持ち、日本企業を対象とするものも含めて数多くの実証研究が行われてきた。

その分析手法は、株式時価総額を用いた企業価値もしくは株式の超過リターンを被説明変数として、現金保有水準（ストック変数）に回帰するタイプとその増分（フロー変数）に回帰するタイプとに大別される。前者のタイプで1990～2007年の長期のデータを用いた Kato, Li, and Skinner (2017) は、1990年代の日本企業の現金保有の市場評価は1前後で、同時期の米国企業に比べて有意に低かったが、企業統治改革が進展した2000年代に日本企業の現金の価値は上昇し、米国企業との有意な差はなくなったと報告している。他方、後者のタイプで2004～10年のデータを推計した佐々木（2013）によれば、日本企業の追加的な現金保有の市場評価は1に満たず、世界金融危機後にさらに低下した可能性がある。

定式化や計測時期によって結果にかなりの幅があることを踏まえれば、解釈は慎重に行うべきであるが、両者を総合すれば、限界的にはやや過剰な保有であると見なされている部分があるものの、現金保有全体としては企業経営に必要ないし有益な資産としてマーケットからも評価されていると言えよう。すなわち、仮に想定外の流動性危機や投資機会の出現によって現金を大幅に取り崩すことがあっても、その後は必要な水準まで徐々に積み戻される可能性が高いということになる。

世界金融危機以前の日本企業では、アベノミクスの企業統治改革が想定したように経営者のリスク回避姿勢が投資の抑制につながっていた疑いがあるが、危機後の投資の低迷に対する企業統治の影響は限定的であった。世界金融危機後は、むしろ予備的貯蓄の動機、とりわけ不測の危機に備えた流動性確保の側面が製造業を中心とする投資の抑制要因となったが、保有現金には株式市場も経営に必要な資産として一定の評価を与えている。

したがって今回の企業統治改革は、現金保有のうち限界的に過剰な部分の削減には有効であるとしても、単独で設備投資の活性化をもたらすとは考えにくい。企業価値の向上に向けて投資家と経営者の対話を促すという企業統治改革の狙いは、適切に機能すればそれ自体有意義なことではあるが、投資の促進に関しては他の成長戦略と噛み合ってはじめて真価を発揮するものと考えるべきだろう。

企業の保有する現金は将来の流動性危機に対する備えの性格が強いことから、大規模投資の恒常的な資金源として期待することは難しい。加えて第二節で指摘したように内部資金による大型投資には効率性の面で問題も多い。大胆な成長投資を引き出すためには、別途リスクをシェアしつつチェック機能を果たすことのできる外部資金提供者の存在が一つの鍵になると言える。

五　先進国共通の現象としての企業部門の貯蓄超過

企業部門が全体として貯蓄超過になるのは、経済理論的にはアブノーマルな事態であると理解されるが、実際には少なくとも２０００年代以降、主要国に共通する現象となったことが、各国上場企業データを用いたBrufman, Martinez, and Artica（2013）や国民経済計算データを用いたGruber and Kamin（2015）などいくつかの研究で指摘されている。さらに、前者によれば世界金融危機を境に企業の投資財務行動が構造的に変化し、「設備投資は抑制」「貯蓄超過は拡大」「余剰資金は負債の削減、現預金の積み増し、M＆Aに回る」といった傾向が一段と強まっていると言う。これまで日本企業の問題として議論してきた「保守的な投資財務行動」も、主要国に共通するこうしたトレンドを反映している面があることは事実だろう。

図１－10は、日・米・英・独・仏の主要5カ国の国民経済計算における、非金融法人部門の貯蓄超

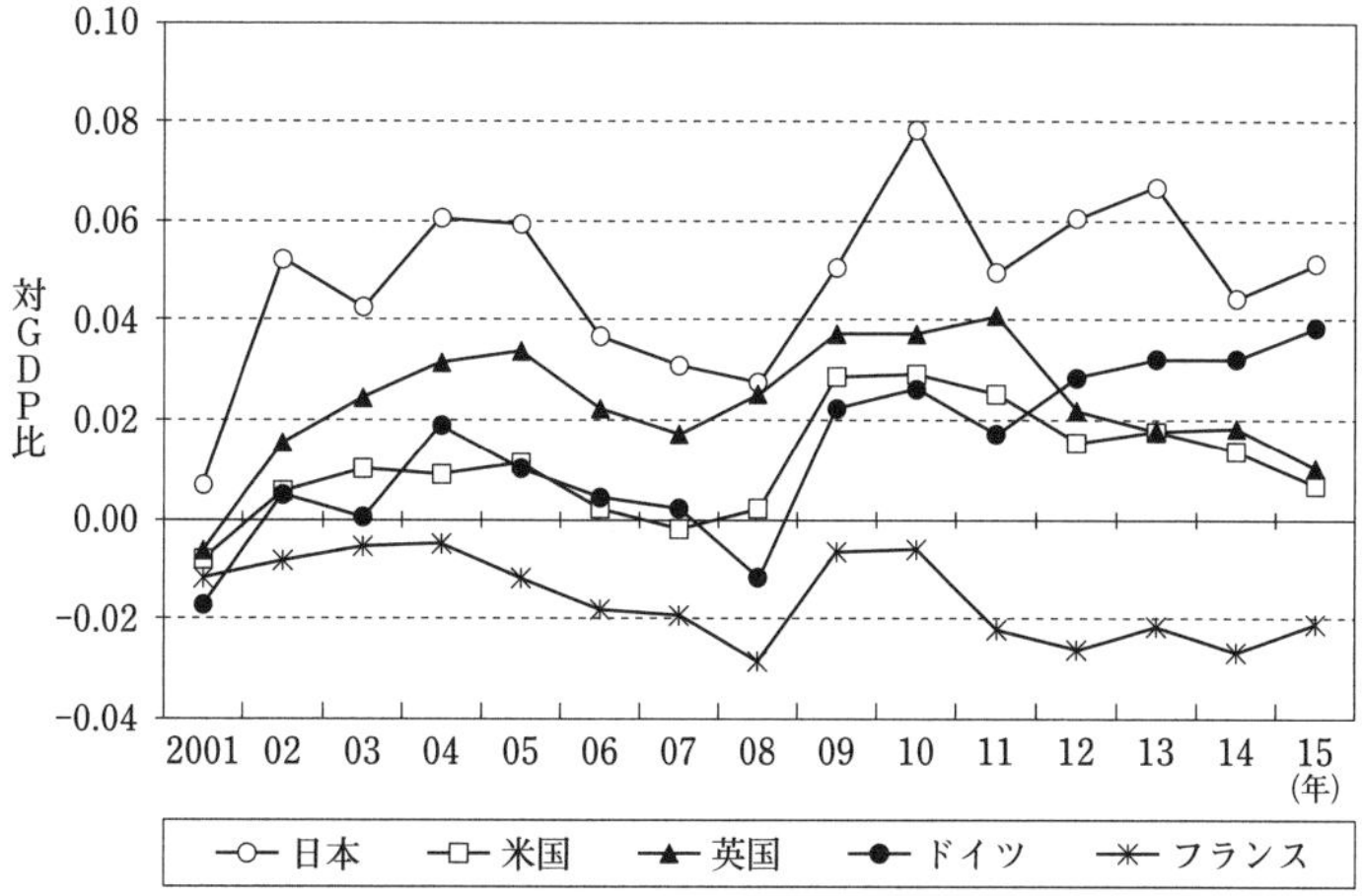

図 1－10　主要 5 カ国の非金融法人企業部門の純貸出（+）／純借入（−）

出所）各国国民経済計算.

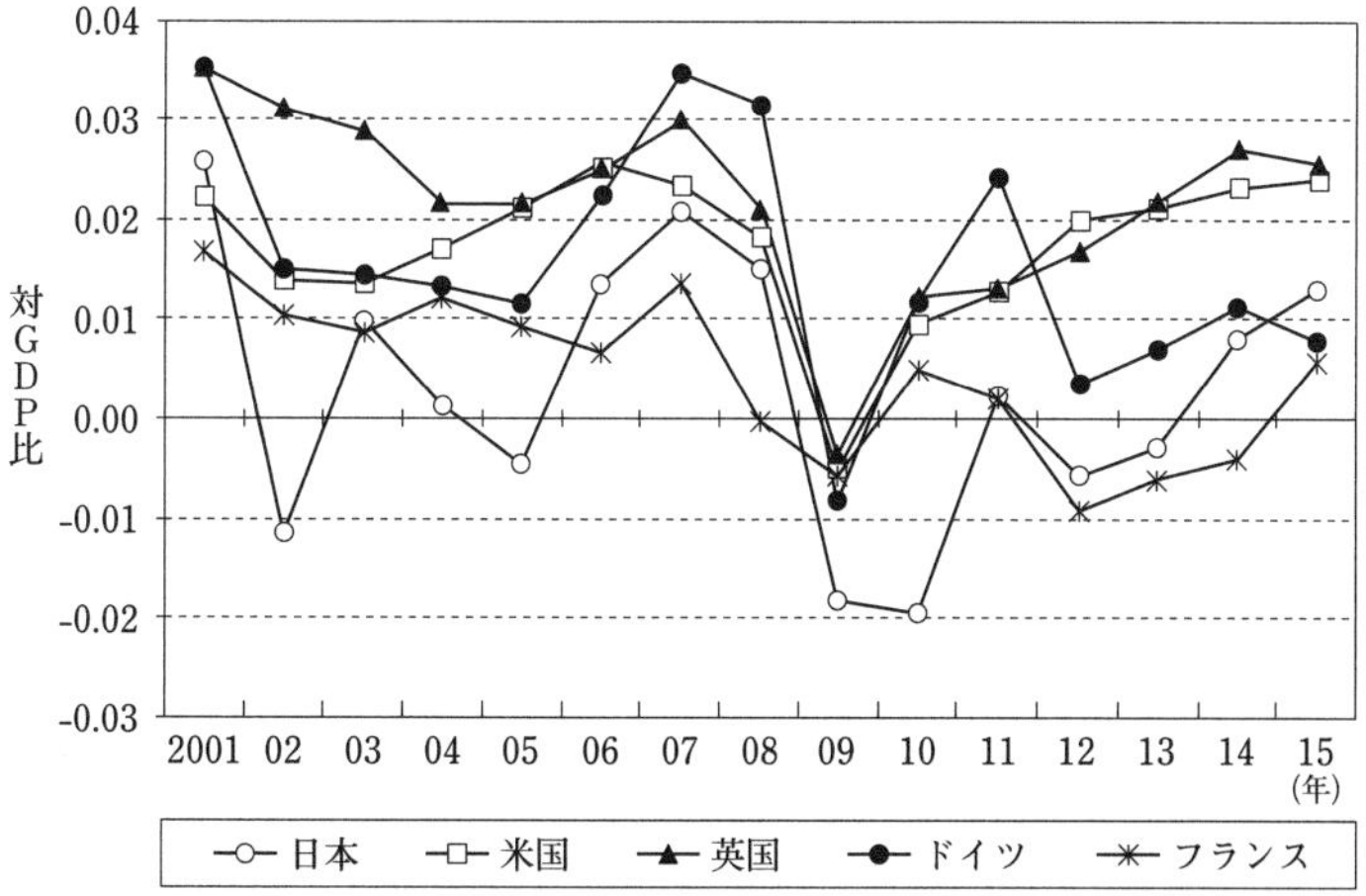

図 1－11　主要 5 カ国の非金融法人企業部門の純投資

出所）各国国民経済計算.

過率（純貸出（＋）／純借入（－））[7]の対ＧＤＰ比）の推移を比較したものである。日本の貯蓄超過率は常に5カ国中のトップであるが、米・英・独でも企業部門の貯蓄超過は２０００年代以降、常態となっており、足下では独の貯蓄超過率が上昇し日本の水準に肉薄しつつある。また、貯蓄超過率は言うまでもなく貯蓄と投資の相対関係で決まるが、投資の部分だけを取り出してみたものが図1－11である。ここでは、正味の資本蓄積に相当する「純投資」[8]の対ＧＤＰ比（純投資率）を比較しているが、各国とも横ばいないし緩やかな減少トレンドが見られる。その中で、日本の純投資率はほとんどの年で5カ国中4位以下の水準にある。[9]

設備投資の停滞が持続的なものであり、かつ主要国が異例とも言える金融緩和状態を継続している中でむしろ停滞色を強めていることは、金融危機などの一時的要因では説明できない。このため、世界経済がかなり以前から全体として長期停滞に陥っており、投資機会の枯渇こそが投資抑制の主因である、という見方は一般的なものとなりつつある。株価は各国とも相応に高い水準にあるものの、トービンの q 理論が想定するような将来の投資機会の代理変数として見れば過大評価になっている可能性が高い。

その理由の一つは異例の金融緩和による過剰流動性であるが、もう一つは最近の長期停滞論の主唱者の1人でもあるローレンス・サマーズ教授が指摘する、産業の独占化・寡占化現象である。すなわち、グローバルなM&Aの隆盛は、大手企業の再編・集約化競争を通じて市場集中度を大きく高めた。また、ＩＣＴ（Information and Communication Technology，情報通信技術）の浸透という技術変化は、産業のネットワーク外部性を強め、1人勝ち状態（自然独占）を生み出す。そして潜在的な参入圧力が弱く、独占・寡占状態が安定的に続くという予想のもとでは、完全競争的な状況に比べて、企業の利益水準や株価は高まりやすい一方、過小投資傾向が強くなる。その結果、企業部門の貯蓄超過、低成長、低金利の共存状態が持続する。

翻って日本は独占・寡占どころか過当競争が懸念される産業が多く残るうえ、ICTの浸透も周回遅れといった観があり、このような潮流とは一見縁がなさそうである。しかし、グローバルプレーヤーとして生き残りを目指す日本企業は、独占・寡占化が進んだ外国企業と同等の資本効率を目指さなければならず、結果的に同じような抑制的な投資行動をとらざるを得ない面もあることには注意が必要である。さらに、「率」で見れば同レベルの投資を行っていても、研究開発投資などにある種の規模の経済性が働く場合、小規模な日本企業が分散して行う投資は非効率となり、巨大化した外国企業に技術進歩の面で後れをとる恐れもある。

この問題に対処する方法は2つ考えられる。一つは、日本企業も対抗して海外でのM&Aを通じて巨大化することである。実際、遅ればせながら、一部の業種でこの流れに乗っていこうという動きは見られる。ただ、文化や言語の違いを克服し、経営環境の変化に応じてドライに事業部門を切り売りすることが求められるグローバル企業の経営は日本人には難しく、うまくいくケースは限定的ではないかとの指摘もある。もう一つは、アライアンスやオープンイノベーションを通じて研究開発の規模の経済性を追求していく方向性である。ただし、これも聞こえは良いが、過去の「日の丸連合」の失敗などを見ても、容易ならざる道であることに違いはない。国籍にこだわらず、企業文化の合う外国企業をパートナーにすることも選択肢に入れるべきであるが、その場合でも、権限を適切に付与し、意思決定の遅さを克服することが不可欠となる。

六　おわりに

本章では、第2ステージのアベノミクスが掲げる「新三本の矢」のうち、日本企業の保守的な投資財務行動を変革し、設備投資を活性化させようという狙いについて、その妥当性や実現に向けた条件を様々な角度から検討した。

第二節では、2002~08年にかけての「いざなみ景気」のもとで、潤沢な内部資金を活用した積極投資の動きが一部に見られたが、総じて見ればリスクテークに見合ったリターンを生まなかったことを指摘した。第三節では、世界金融危機後に表れた投資行動の新たな特徴として、投資計画の下方修正傾向の強まりに着目し、投資目的別にその動向を分析した。第四節では、上場優良企業の投資関数の分析結果から、世界金融危機後の投資抑制には流動性危機に備えた予備的貯蓄の動機が働いており、企業統治改革が直ちにキャッシュアウトによる投資の増加につながる可能性は低いこと、よって大胆な成長投資のためにはリスクをシェアできる外部資金提供者の存在が必要となることを論じた。

さらに第五節では、日本特殊的と考えられがちな保守的な投資財務行動が、2000年代以降のリーディング企業の巨大化、産業の独占化・寡占化などを背景に先進国共通のトレンドになっていること、だからと言って相対的に小規模となった日本企業が同様の保守的行動を続けていくだけでは、競争力格差がさらに拡大していく恐れがあることを指摘した。

Jagannathan *et al.* (2016) は、米国企業へのアンケート結果をもとに、設備投資の意思決定にあたって適用される割引率はファイナンス理論の教える資本コスト（WACC: Weighted Average Cost of Capital, 加重平均資本コスト）よりも明らかに高く、特に財務体質の良好な企業ほどその傾向が強いことを明らかにした。そして、割引率が高止まりする大きな理由の一つとして、経営者の能力や時間、人的資源、サプライチェーンのボトルネックといった“operational constraints”の存在を挙げている。これは、ペンローズ効果として知られ標準的な設備投資の決定理論にも取り入れられた経営資源の固定性の問題と類似した話であるが、それが今また投資水準の決定に重要な影響を与える要因として注目されていることは興味深い。日本企業においても、経営上の意思決定に始まり、社内の組織構造、社員のダイバーシティや働き方、人材獲得・育成に至るまで、グローバルなビジネス展開やＩＣＴの進歩など時代の流れに適合したオペレーションを十分に確立できていないことが、投資の抑制要因になっている可能性は否定できないだろう。その意味で、アベノミクスの第2ステージで「一億総活躍社会」として「人」や「人への投資」の問題にスポットを当てていることは、設備投資の促進策としても有効な着眼点であると言える。企業側にも、生産性向上策として真剣に取り組む機運が高まっているが、1つでも2つでも、それぞれの成功事例を積み上げていくことが求められる。

日本社会は、横並び体質の功罪で、変わり始めるまで非常に時間がかかるが、いったん変化が始まると驚くほど早く進むと言われる。とにかく「変わり始める」まで粘り強く端緒を探り続けることが肝心だ。当面、東京オリンピック・パラリンピックに向けて、国民の関心が海外に向かい、曲がりなりにも新しいものを受け入れるマインドが芽生えている今がラストチャンスである。

＊本章の見解は、すべて執筆者個人に属するものであり、執筆者が所属する組織とは一切関係のないものである。

注

（1）もちろん、投資後に世界金融危機や東日本大震災といった不運な外的ショックに見舞われた点は割り引かなければならないが、程度の差はあれ、同様の傾向はそれ以前の年度に大型投資を行った企業にも見られる。

（2）経済産業省の「持続的成長への競争力とインセンティブ～企業と投資家の望ましい関係構築～」プロジェクトの最終報告書（2014年8月公表）。

（3）*CONTROL* は資産規模など他の企業特性をコントロールする変数である。

（4）財務状態が投資率に対して非線形的な影響を与える可能性を考慮するため、NDK の水準に応じて、$NDK<-0.5$, $-0.5 \leq NDK<-0.3$, $-0.3 \leq NDK<-0.1$, $-0.1 \leq NDK<0.1$ の4つのダミー変数を用いた（負値は有利子負債を上回る現預金を保有する、いわゆる実質無借金状態にあることを示す）。ここで、各ダミー変数の係数は、$0.1 \leq NDK$ のサンプルを

ベンチマークとする相対的な設備投資への影響度を示す。財務体質が良い（*NDK* の値が小さい）ほど投資が促進されるという通常想定される状況では、これらのダミー変数はプラスに有意な値をとると考えられる。

（5） 中村・福田（2013）における「ゾンビ企業」の定義は、有利子負債残高に対する各プライムレート相当の利払い額合計（健全な企業ならば最低限支払うであろう支払利息の理論値）を賄う利益水準に満たず、実際の支払利息や借入金残高の動きから見て金利減免もしくは追い貸しによる金融支援を受けていると判定されることを条件としている。ただし、一時的なショックによる業績悪化を除くため、この条件を2度以上満たした場合のみを「ゾンビ企業」と定義した。その結果、中村（2017）が分析対象とした「優良企業」にはこの条件を一度だけ満たした企業が含まれており、この条件を満たした年以降1をとるダミー変数を、「経営危機後ダミー」として説明変数に追加した。

（6） 本節では、先行研究に合わせて「現金」という語を用いるが、実際には預金など現金等価物を含む概念である。

（7） 純貸出（＋）／純借入（－）は、平成7年基準以前の日本の国民経済計算において「貯蓄投資差額」と呼称されていた項目に相当し、資金循環統計の「資金過不足」と概念的には一致する。なお、企業部門に関しては、貯蓄投資差額（ISバランス）もしくは資金過不足の（黒字の）ことを「企業貯蓄」と呼ぶ場合もあるようだが、本章では「貯蓄超過」「資金余剰」で統一している。

（8） 純投資＝粗投資（総固定資本形成＋在庫変動＋土地の購入（純））－固定資本減耗である。日本も含め、各国とも2008SNA に準拠した体系に移行したため、総固定資本形成にはR＆D投資も含まれる。

（9） 日本の企業部門の資本減耗率は5カ国の中で極めて高い水準にあることから、粗投資の対GDP比は5カ国中最も高い。

参考文献

Brufman, L., L. Martinez, and R. P. Artica（2013）, “What are the Causes of the Growing Trend of Excess Savings of the Corporate Sector in Developed Countries? An Empirical Analysis of Three Hypotheses,” Policy Research Working Paper, No. 6571, World Bank.

Gruber, J. W. and S. B. Kamin（2015）, "The Corporate Saving Glut in the Aftermath of the Global Financial Crisis," International Finance Discussion Papers, No. 1150, Board of Governors of the Federal Reserve System.

Heaton, J. B.（2002）, "Managerial Optimism and Corporate Finance," *Financial Management*, Vol. 31（2）, pp. 33–45.

Jagannathan, R., D. A. Matsa, I. Meier, and V. Terhan（2016）, "Why Do Firms Use High Discount Rates?" *Journal of Financial Economics*, Vol. 120（3）, pp. 445–463.

Jensen, M. C.（1986）, "Agency Costs of Free Cash Flow, Corporate Finance, and Takeovers," *American Economic Review*, Vol. 76（2）, pp. 323–329.

Kato, K., M. Li, and D. J. Skinner（2017）, "Is Japan Really a 'Buy'? The Corporate Governance, Cash Holdings and Economic Performance of Japanese Companies," *Journal of Business Finance & Accounting*, Vol. 44（3–4）, pp. 480–523.

Scharfstein, D. S., and J. C. Stein（2000）, "The Dark Side of Internal Capital Markets: Divisional Rent-Seeking and Inefficient Investment," *Journal of Finance*, Vol. 55（6）, pp. 2537–2564.

佐々木寿記（２０１２）「企業の現金保有とペイアウト政策の関係――リーマンショック前後でのわが国企業における変化」『証券アナリストジャーナル』第51巻第6号、26－34頁。

中村純一（２０１７）「日本企業の設備投資はなぜ低迷したままなのか――長期停滞論の観点からの再検討」『経済分析』（内閣府経済社会総合研究所）第１９３号、51－82頁。

中村純一・福田慎一（２０１３）「問題企業の復活――「失われた20年」の再検証」花崎正晴・大瀧雅之・随清遠編『金融システムと金融規制の経済分析』勁草書房、第８章・１９３－２１８頁。

第2章　これからの「人材活躍強化」
――リカレント教育に関する分析

田中　茉莉子

一　はじめに

アベノミクス第2ステージの「新三本の矢」では、1つの改革の柱として、「希望を生み出す強い経済」という目標が打ち出されている。この目標を達成するためには、需要刺激策だけではなく、長期的な課題として、生産性の向上と労働力の確保など供給面の強化が重要となる。特に、現在の日本経済は急速な少子高齢化に直面しており、労働力の量的確保が大きな制約となっている。このため、労働力の質的向上、すなわち人的資本の蓄積が急務の課題といえる。アベノミクス第2ステージの成長戦略において、「人材の活躍強化」というキーワードで表される一連の政策は、人的資本の蓄積に向けた政策と考えられる。

ただし、人的資本は時間の経過と共に減耗することから、若年世代が中年・高年世代と比較して相対的に少ない少子高齢社会では、若年世代を対象とした教育だけでは、人的資本の望ましい水準を蓄積できない可能性がある。そこで、近年注目を浴びている「リカレント教育」の役割が重要となってくる。リカレント教育とは、フォーマルな学校教育を終えて社会に出てから、個人の必要に応じて教育機関に戻り、再び教育を受けるという循環・反復型の生涯教育の一種である。「人材の活躍強化」の取組みにも、リカレント教育に対応するものが含まれている。

リカレント教育は、1970年代にOECDによって既に提唱されていたが、当時は過去に十分教育を受けられなかった労働者に対する教育が中心的であった。それに対して、近年脚光を浴びているリカレント教育は、ある程度教育を受けた人々が対象となっているケースが多い。このことは、リカレント教育といっても、教育水準の高い人々に対して有効な教育（補完的なリカレント教育）と教育水準の高くない人々に対して有効な教育（代替的なリカレント教育）が存在し、どちらの教育を推進するかは各国の事情や時代背景によって大きく異なることを示唆している。

そこで、本章では、アベノミクス第2ステージの成長戦略において、リカレント教育を通じた「人材の活躍強化」の取組みがどのようになされているのか、そしてリカレント教育が労働力の質的な向上、すなわち人的資本の蓄積を通じてどのように経済成長を促進するのかを明らかにする。第2節では、まず、なぜ「人材の活躍強化」が現在の日本にとって重要なのかを明らかにする。第3節では、アベノミクスにおける「人材の活躍強化」の取組みについて紹介する。第4節では、リカレント教育に関する先行研究を紹介する。第5節では、リカレント教育の促進を通じた「人材の活躍強化」の方法について議論する。第6節では、結論を述べる。

二　超少子高齢社会における「人材の活躍強化」の重要性

急速に少子高齢化が進行する日本において、その負の影響を克服していかにして経済成長を維持・促進していくかが大きな課題となっている。このため、「経済財政運営と改革の基本方針２０１６」（内閣府、２０１６年６月２日）では、「新三本の矢」の１本目である６００兆円経済の実現に向けて成長戦略の進化・実現に取り組むことが決意されている。また、「やわらか成長戦略」（内閣官房、２０１５年12月25日）では、成長戦略のキーワードとして生産性革命が挙げられており、人口減少社会における供給面の制約を克服するため、最も効率的・効果的な投資を行うことで、潜在力を発揮できるようにすることの重要性を指摘している。

経済成長の実現に向けて供給量を拡大させる一つの方法として、生産要素である労働投入量を増やすことが挙げられる。厚生労働省（２０１６ａ）によると、全国の有効求人倍率は平成26年度以来、一貫して１を上回っており（図２－１）、このことは、短期的には、労働市場における人手不足を解

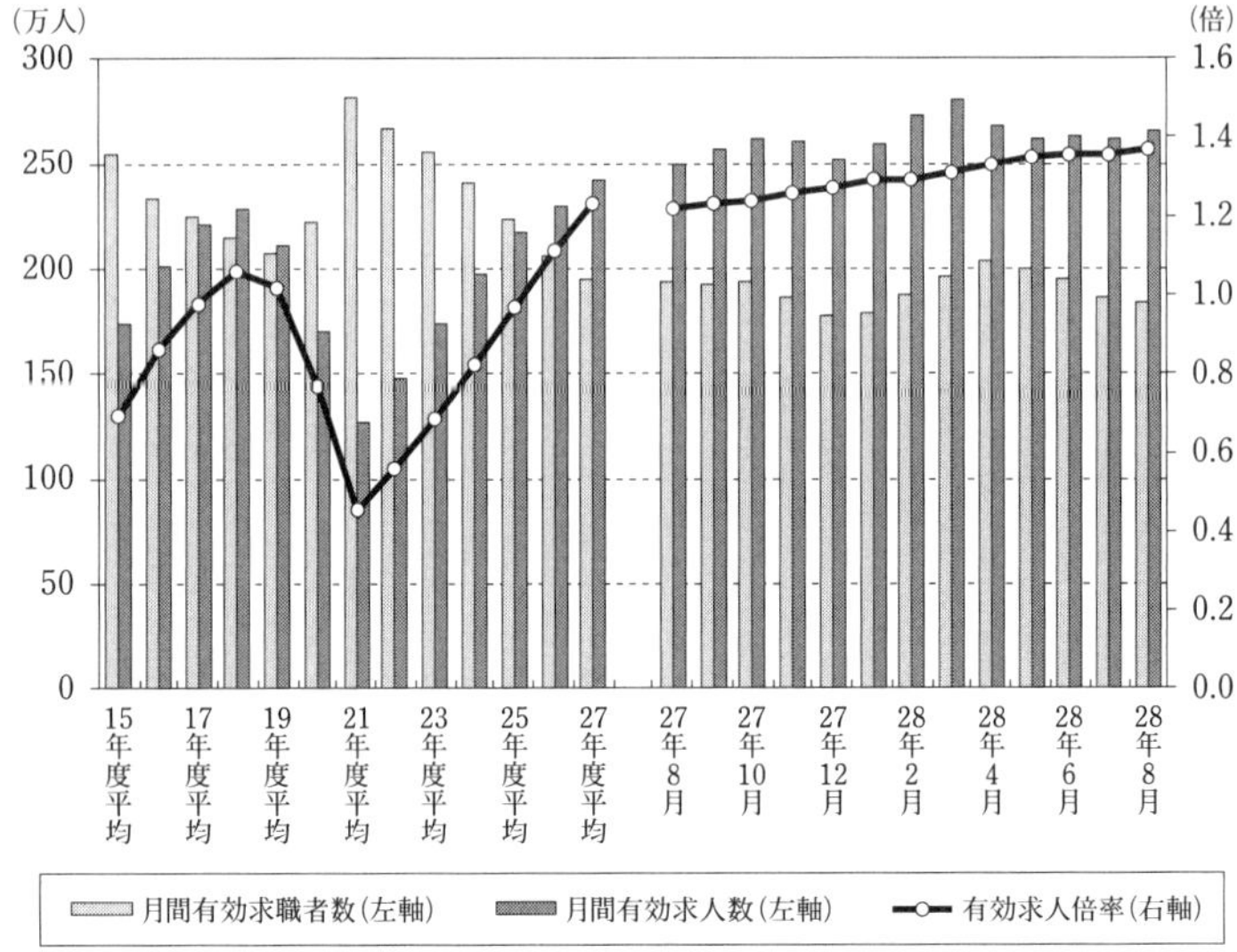

図2－1　求人，求職及び求人倍率の推移

出所）厚生労働省（2016a）.

消することが必要となることを示唆している。しかし、急速な少子高齢化に直面する日本経済にとって、高齢者・女性・外国人労働力を活用するだけでは、労働投入量を量的に拡大することは非常に困難であることが予想される。このため、高齢者・女性・外国人労働力を活用するだけでなく、労働力の質的向上、すなわち人的資本の蓄積を促進することで労働投入を増加させることが同時に望まれる。

ただし、ここで注意しなくてはならないことは、人的資本が時間の経過と共に減耗するということである。若年期に修得した技術や知識は、中年期になっても通用するとは限らない。このことは、若年世代が中年・高年世代と比較して相対的に少ない経済において、若年世代を対象とした教育だけでは、経済成長の維持・促進のために必要とされる、人的資本の望ましい水準を蓄積できないかもしれないことを示唆している。したがって、現在の日本のような超少子高齢社会では、中年・高年世代や離職した女性を対象とした「リカレント教育」、すなわち、OECDが1970年代に提唱した、フォーマルな学校教育を終えて社会に出てから、個人の必要に応じて教育機関に戻り、再び教育を受けるという、循環・反復型の生涯教育の一種が重要になると考えられる。

実際、アベノミクス第2ステージにおいても、成長戦略の「4つのエンジン」のうちの1つのエンジンとして、「人材の活躍強化」が掲げられている。「人材の活躍強化」（内閣官房、2015年）では、「女性・若者・高齢者等、それぞれの人材がさらに活躍できる環境を作り出す」こと、そして「自分の夢を形にできる社会へ」のスローガンの下、「変革のスピードが早い現代において、企業はビジネスモデルを短期間で大胆に変化させていくこと」が求められる中、「変革を先回りし、来るべき新たな波に合わせて能力やスキルを柔軟に鍛え直していくこと」が必要となると述べている。

近年、いくつかの大学では、生涯学習の一環として、中年・高年世代や離職した女性を対象としたリカレント教育プログラムが導入されている。これらのプログラムは、必ずしも一国の経済成長を促進するために提供されているプログラムであるとはいえないが、受講者の労働力の質的向上を通じて、結果的に経済成長に寄与する可能性がある。そこで、以下では、アベノミクスにおける「人材の活躍強化」に着目し、経済成長に資するためのリカレント教育の役割について考察する。

三　アベノミクスにおける「人材の活躍強化」の取組み

アベノミクスにおいて、「人材の活躍強化」は単なる理念ではなく、具体的な制度の構築を伴うものである。内閣官房（２０１５）では、リカレント教育に関連すると思われる具体的な取組みとして、図２－２の①～⑤に示した取組みが紹介されている。

①は、文部科学省（２０１６ａ）によると、例えば、新たなアイディアの構想・提案もできるプログラマーや、農産物を生産しつつ加工品開発などの事業を手掛け高付加価値化や販路拡大を先導する人材といった、現場の中核を担い、改善・革新を牽引できる人材の育成を目的としている。卒業単位の約３～４割以上を実習科目などに充てる、企業内実習などに一定時間以上充てる、必要専任教員数の約４割以上を実務家教員とするなど、実践的なカリキュラムを提供する。特に、社会人などをパートタイム学生や科目等履修生として受け入れる、長期履修制度や学内単位バンクの整備などを通じて短期の学習成果を積み上げ、学位取得につなげる仕組みを整備するなど、社会人も学びやすい制度となっている。

②は、文部科学省（２０１６ｂ）によると、社会人や企業などのニーズに応じた、主に社会人を対象として大学などで開講されているプログラムを「職業実践力育成プログラム」（BP: Brush up

①経済社会環境の変化の対応に必要な職業的専門性を獲得できる場として，「実践的な職業教育を行う高等教育機関」の制度化
②社会人や企業等のニーズに応じた大学等における実践的・専門的な教育プログラムを認定し，奨励する仕組み（「職業実践力育成プログラム」（ＢＰ）認定制度）
③将来のキャリアを見据え，身に付けるべき知識・能力・スキルを定期的に確認する機会（「セルフ・キャリアドック（仮称）」）の整備・導入
④自己研鑽のために休暇等をとることができる教育訓練休暇制度・教育訓練短時間勤務制度の導入
⑤企業における人材育成等の取組みに関する，企業への幅広い情報提供および政府によるデータベース化

図２－２　リカレント教育関連の「人材の活躍強化」の取組み

出所）内閣官房（2015）より一部抜粋.

Program for professional）として文部科学大臣が認定する制度である。ＢＰプログラムのうち、専門実践教育訓練として厚生労働大臣の指定を受けた講座に関しては、受講者に対して専門実践教育訓練給付金が支給される。また、従業員に受講させたり、受講を支援したりした企業に対しては、キャリア形成促進助成金やキャリアアップ助成金（平成30年度より人材開発支援助成金に整理統合）により、訓練経費や訓練期間中の賃金の一部が助成される。この制度は平成27年7月に創設され、平成27年12月の初回認定の段階で123課程が認定されている。

例えば、岩手大学の「いわてアグリフロンティアスクール」では、「農業ビジネス戦略計画」を修了論文としてまとめること、経営管理や生産管理などの科目の履修、試験研究機関、農業団体、先進農家などの実務家講師を中心とした

講義・実習・演習・現地研修などから構成されるプログラムを農業者などに提供することで、経営感覚・企業家マインドを持ち、経営革新・地域農業の確立に取り組む先進的な農業経営者などの育成を目指している。明治大学の「女性のためのスマートキャリアプログラム」は、マーケティングや金融・財務、ビジネススキルなどの科目から構成され、女性経営者等による講義、ゼミ形式で実際の企業課題の解決、プレゼン・グループ討議などを通じて、結婚、出産、育児等をきっかけに離職して家庭に入った女性がマネジメント層として活躍し得る能力を養成することを目的としている。また、日本女子大学の「リカレント教育課程」では、育児や進路変更などで離職した女性の再就職を支援するために、英語やITリテラシー、金融、企業会計、内部監査などビジネスに関する即戦力を修得する1年間のキャリア教育を提供している。他にも、東京電機大学の「国際化サーバーセキュリティ学特別コース」、大阪大学の「ナノサイエンス・ナノテクノロジー高度学際教育訓練プログラム」など多様なプログラムがBPに認定されている。

③は、厚生労働省（2016b）によると、労働者の年齢・就業年齢・就業年数・役職などの節目に、労働者が主体的にキャリア・プラン、すなわち自らの働き方および職業能力開発の目標・計画を考え、キャリア・プランに沿って働く意欲を高めるために、労働者に対してキャリアコンサルティングの機会を提供する制度である。平成28年4月に創設されたキャリアコンサルタント資格を保有するキャリアコンサルタントが、労働者と定期的に面談を行い、労働者がキャリアコンサルティングに基づき、職務経歴、免許・資格、学習歴・訓練歴の他、目標とする職業・職務・働き方、向上・習得す

べき能力などをジョブカードに記入することで、労働者が自己理解を深め生産性を向上させることを目的としている。キャリアコンサルティングの経費は、事業主が全額負担することになっているが、一定の条件を満たす場合にはキャリア形成促進助成金（制度導入コース）が支給される。

④は、厚生労働省（2016b）によると、労働者が自発的に、事業主以外の者が主催する教育訓練、職業能力検定、キャリアコンサルティングを受けるために、休暇の取得あるいは短時間勤務を可能とする制度である。③と同様に、一定の条件を満たす場合には、事業主に対してキャリア形成促進助成金（制度導入コース）が支給される。

⑤に関しては、例えば、労働政策研究・研修機構（2016）が厚生労働省職業能力開発局の要請により、企業の人材育成・教育訓練の取組みなどに関する企業の広報活動・情報公開についてアンケート調査を行い、研究成果を公表している。

以上のように、アベノミクスでは、日本の長期的な経済成長の実現に向けて、労働者および企業が自発的に人材の活躍強化に取り組むことを促すことによって、生産性を向上させるための様々なプログラムを整備・導入している。それぞれのプログラムの対象は、大学・労働者・企業などと多様であるが、図2－3に示した全国厚生労働関係部局長会議（2016）の資料が示すように、各プログラムが青年期から中高年期に至るライフステージに即して体系的にパッケージ化されて、リカレント教育を通じた「ひとりひとりの主体的な学び」を横断的に支援していることが読み取れる。

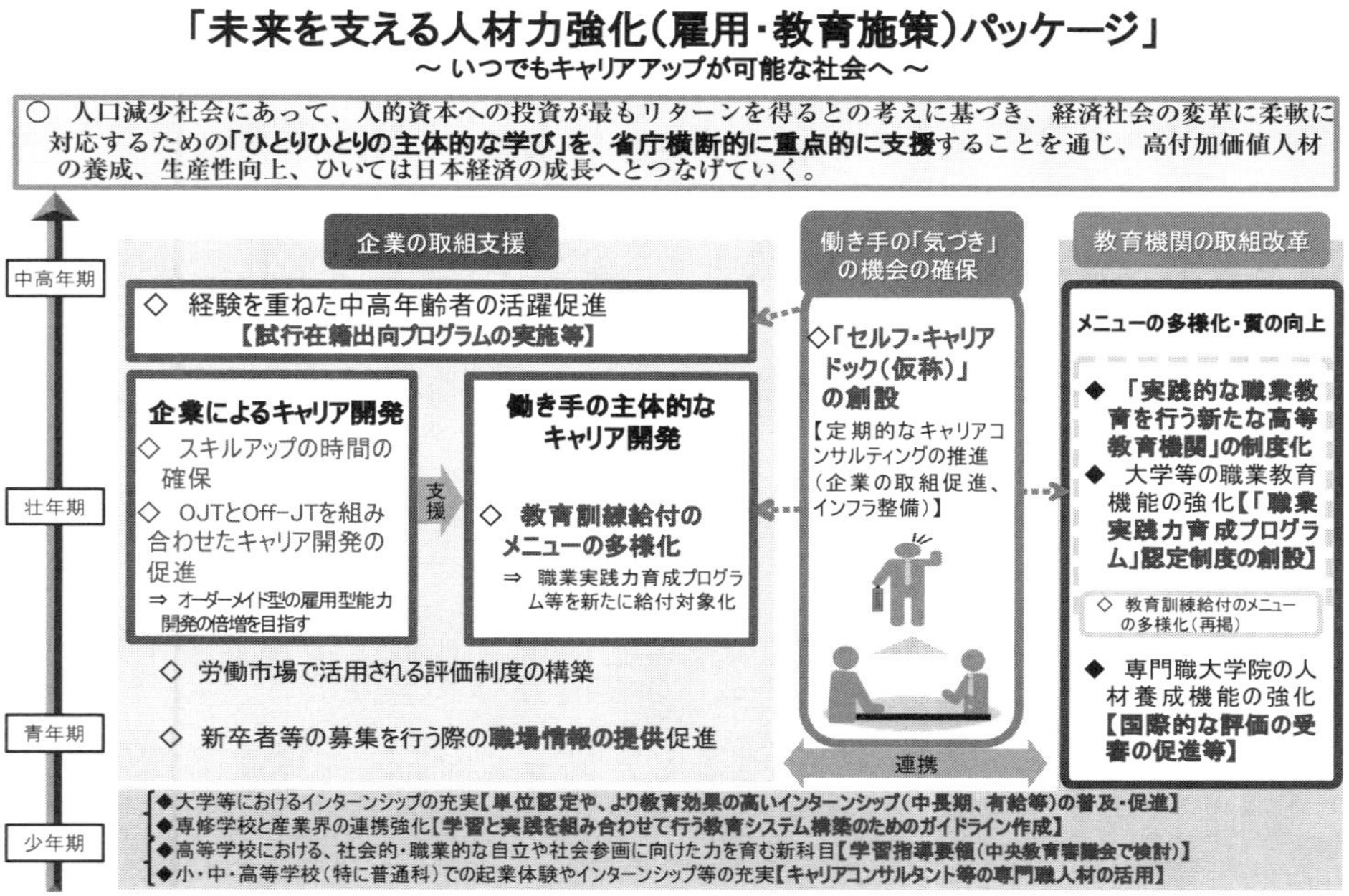

図２－３　未来を支える人材力強化（雇用・教育施策）パッケージ

出所）全国厚生労働関係部局長会議（2016）.

四　ＯＥＣＤによるリカレント教育に関する分析

リカレント教育の重要性に関しては、ＯＥＣＤ（経済協力開発機構）が以下のように、リカレント教育の有効性を高く評価し、その積極的な推進を提言している。例えば、ＯＥＣＤ（２００５）では、リカレント教育（adult learning）が人的資本の蓄積を促進する重要な生産要素であり、個人の生産性、イノベーション、雇用機会に強いプラスの影響を与えると述べられている。また、ＯＥＣＤ（２０１４）では、学校教育を終えた成人、とりわけキャリアの変化に適応する必要のある労働者に対して、体系化された学習機会を提供することが重要であると述べられている。以上のＯＥＣＤによる主張は、前節で概観したアベノミクスにおける「人材の活躍強化」と共通の問題意識に基づくものである。

しかし、ＯＥＣＤ（２００３）のタイトルが"Beyond Rhetoric"（レトリックを超えて）であることが示唆するように、リカレント教育が個人および経済全体にとって重要であるからといって、現実のリカレント教育が最適な水準を達成しているとは限らない。

図２－４は、ＯＥＣＤ（２０１４）の Chart C6.1. に示された、リカレント教育の国別参加率を示したものである。この図によると、ＯＥＣＤ平均は51％であるが、今後高齢化が急速に進行すること

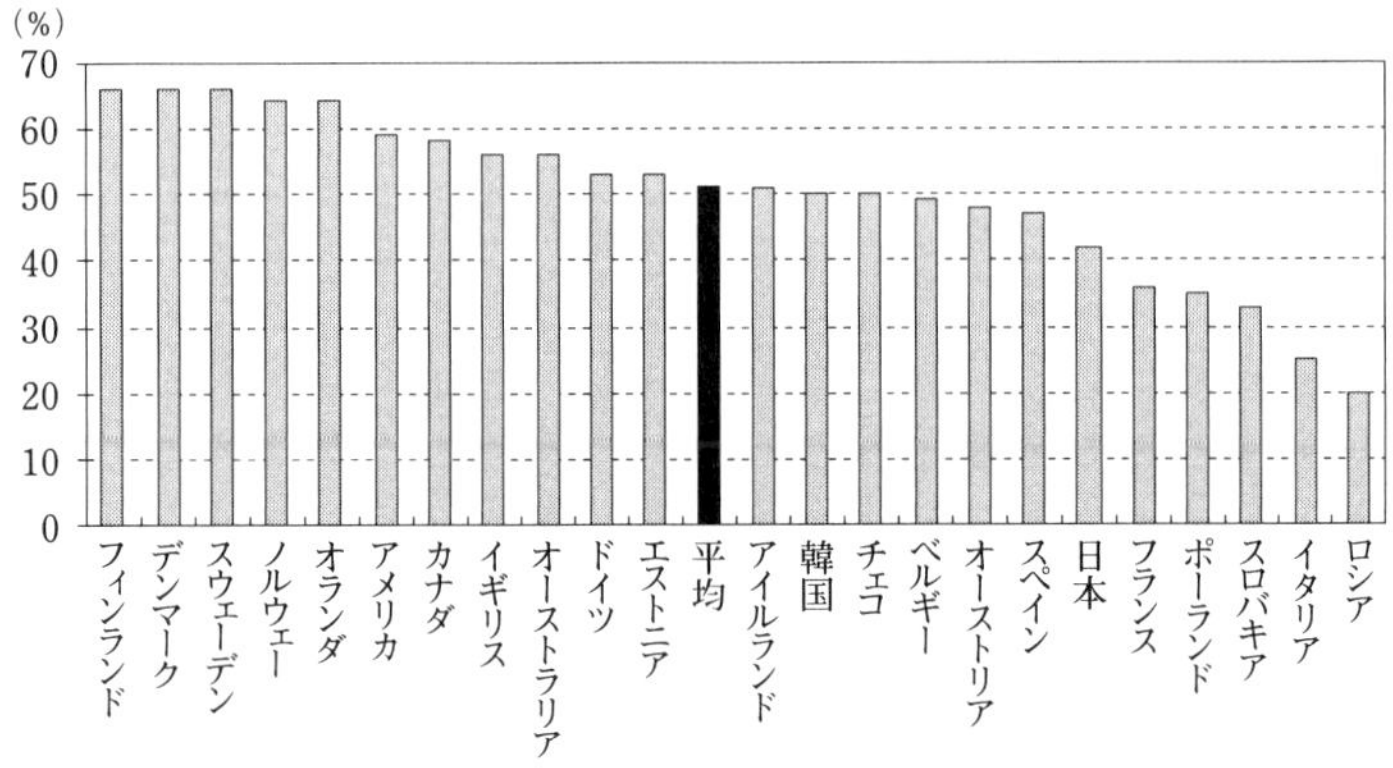

図2-4 リカレント教育の国別参加率（2012年）

出所）OECD（2014）に基づき筆者作成.

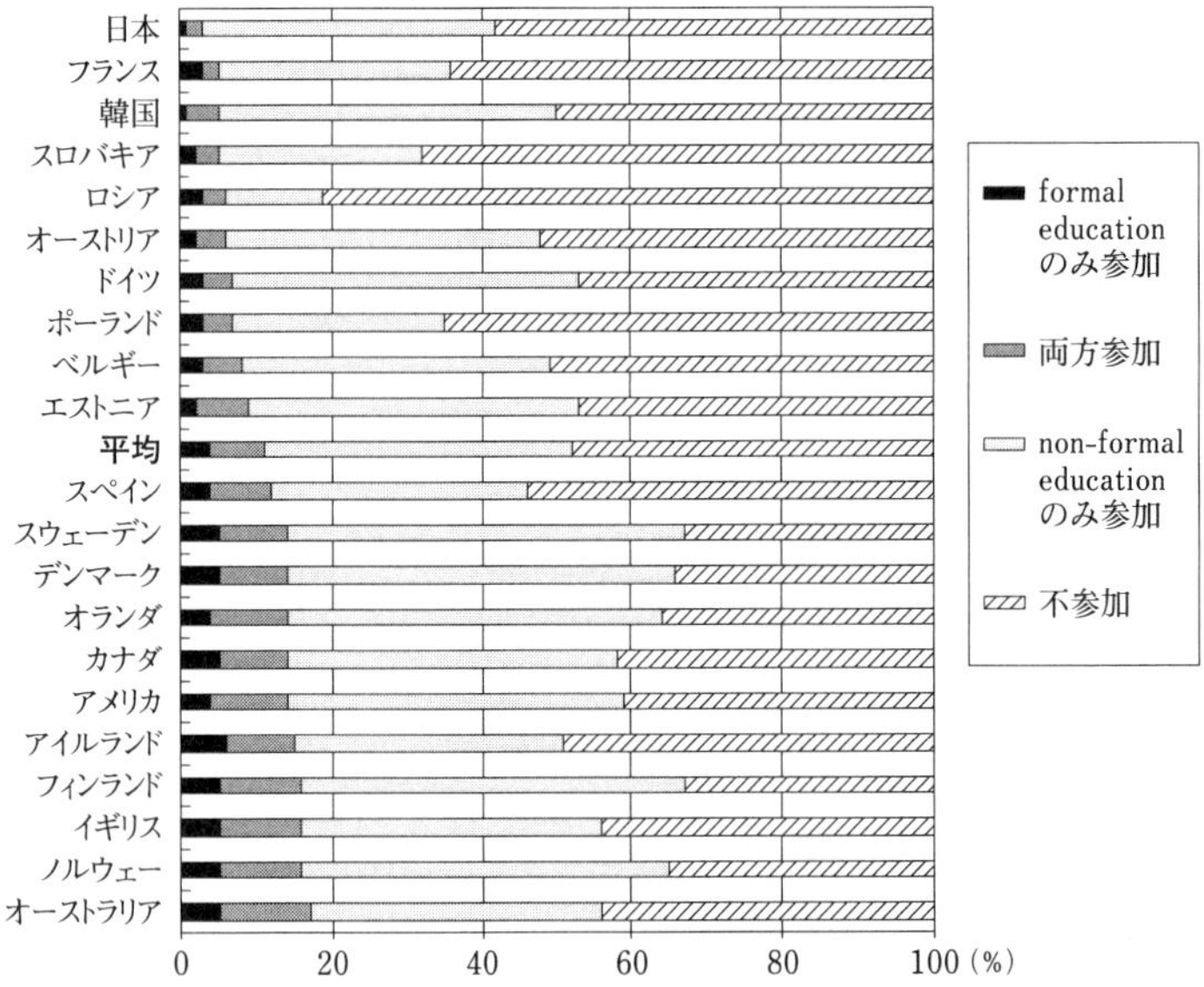

図2-5 タイプ別リカレント教育への国別参加率（2012年）

出所）OECD（2014）に基づき筆者作成.

が予想される日本では42％、韓国では50％、イタリアでは25％の参加率にとどまっている。高齢化の進行が見込まれる国において、リカレント教育への参加率が高いことが人的資本の蓄積の観点から望ましいと考えられるが、この図は、現実にはそうなっていないことを示唆している。

図２－４では、リカレント教育のタイプを区別していない。しかし、一般にリカレント教育はformal education（学校教育）と non-formal education（ノン・フォーマル教育）という2タイプに区別できる。ＯＥＣＤ（２０１４）によると、formal education（学校教育）は、小学校・中学校・高等学校・大学・その他公的教育機関で提供される計画的な教育であり、通常、フルタイムの段階的な課程と定義されている。一方、non-formal education（ノン・フォーマル教育）は、学校教育には該当しない、ラーニングコース、プライベートレッスン、ＯＪＴのための組織的なセッション、ワークショップやセミナーを含む、持続的な教育活動と定義されている。つまり、既存の教育機関の枠組みを超えた多様な学習機会を含む概念である。

ＯＥＣＤ（２０１４）の Chart C6.6. では、図２－５に示すように、２タイプのリカレント教育を区別し、formal education（学校教育）と non-formal education（ノン・フォーマル教育）の両方に参加・formal education（学校教育）あるいは non-formal education（ノン・フォーマル教育）に参加・不参加の４つのケースに関する国別のリカレント教育への参加率を描いている。

この図によると、リカレント教育の大きな割合を non-formal education（ノン・フォーマル教育）が占めていることがわかる。もっとも、日本では non-formal education（ノン・フォーマル教育）

の参加率は他国と比べてそれほど低くないものの、formal education（学校教育）の参加率が、両方参加を含めた場合でも、主要国で最低となっていることが読み取れる。このことは、急速に少子高齢化が進行し、労働人口が急速に減少する恐れのある日本では、労働力を再活用するために formal education（学校教育）を通じたリカレント教育が十分に行われておらず、依然として重要な政策課題となっていることを示唆している。

五　リカレント教育を高めるために

1　モデルの概要

これまで見てきた通り、急速に少子高齢化が進行し、労働人口が急速に減少する恐れのある日本では、定年退職後の中高年世代や結婚・出産で離職していた女性を労働力として再活用することがこれまで以上に必要となっている。そしてその実現には、これまで主要国の中で最低水準にとどまっていたリカレント教育（特に、formal education）をいかに普及させていくかが、より重要な政策課題となっている。

日本では、高校や大学への進学率が高いなど、高等教育は主要国の中でも高水準に達しており、それがかつては成長をけん引してきた。しかし、人的資本は時間の経過と共に劣化・減耗する傾向があり、高等教育を通じて蓄積された知識や技能が、定年後の中高年世代や離職中の女性を再雇用した際に有用であるとは限らない。このことは、若年世代の労働力が相対的に少ない経済では、従来型の高等教育だけでなく、中高年や女性を対象としたリカレント教育が、経済成長の維持・促進のためには必要であることを示唆している。

リカレント教育を高めていくには、アベノミクスにおいて、「人材の活躍強化」の取組みにみられるような教育インフラの整備が重要であることはいうまでもない。しかし、いくらインフラが整備されても、労働者一人一人が主体的に教育を受けることがなければ、リカレント教育は普及していかない。筆者は、このような問題意識から、少子高齢化が進行する経済において、リカレント教育への参加を民間の自発的な選択に委ねた場合、社会にとって最適な人的資本の水準が達成されるか否かを考察した（田中 2017）。

分析は、図2－6で示されるような、若年世代・中年世代・引退世代からなる3期間世代重複モデルに依拠している。各個人は有限期間しか生存しない一方で、時間は離散的で0期から無限に続く。毎期N_t人が誕生し、出生率$n>-1$は一定であるとしている。この図は、新たな世代が毎期誕生し、同時期に若年世代、中年世代、引退世代の3世代が共存している簡単化された経済を表しており、そこで各経済主体はいわゆる「ライフサイクル仮説」に基づいて消費や教育の意思決定を行っている。ただし、標準的なライフサイクル仮説のモデルとは異なり、各経済主体は、中年期から引退期にかけ

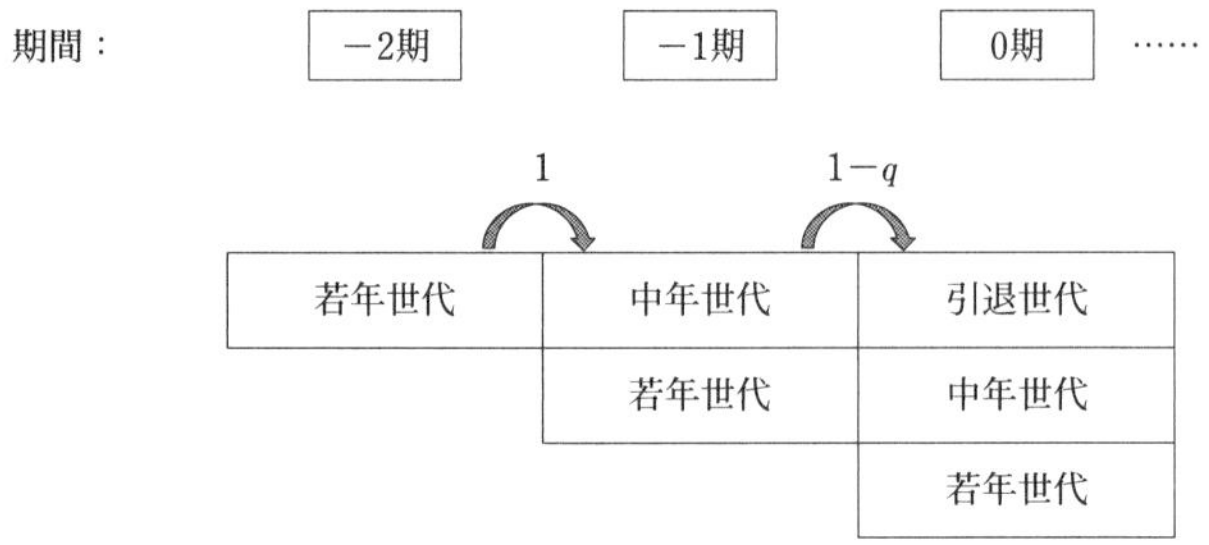

図2−6　若年世代・中年世代・引退世代からなる3期間世代重複モデルのイメージ

て一定確率（qで表す）で死亡することが仮定されており、その結果、qが低下すればするほど経済の高齢化が進展するという経済構造になっている。

モデルでは、各労働者の人的資本h_tは、若年期の基礎教育、高等教育、そして中年期のリカレント教育を通じて蓄積される。これらの教育による人的資本の蓄積について分析する際、大きく分けて2つの観点が重要となる。まず第1の観点は、教育を受けるタイミングである。分析では、若年期の期首に親の世代から人的資本を引き継ぐ「基礎教育」、若年期にコストをかけて受ける「高等教育」、中年期にコストをかけて受ける「リカレント教育」の3つの教育を考える。基礎教育は若年期以降の人的資本を向上させる一方、高等教育およびリカレント教育は中年期以降の人的資本のみを向上させることができるとしている。

第2の観点は、教育を受けることのコストである。基礎教育に関しては私的なコストはかからないものとしている。これは、基礎教育が義務教育であることに対応し、そのコストがすべて公的支出で賄われていることを反映したものである。一方、高等教育およびリカレント教育に関しては、いずれも翌期（中年期）の人的資本を高める上では有益であるが、教育を受ける際にコストが発生する。

このうち、高等教育を受ける際には、金銭的コストは発生しない。しかし、t期に生まれた若年世代は、1に基準化した総労働可能時間のうち、λ_t（ただし、$0<\lambda_t<1$）だけ高等教育に充て、$(1-\lambda_t)$だけ労働時間に充てる。このため、若年世代が高等教育を受けると、労働時間が減ることで若年期の所得が減るだけでなく、不効用（以下では、「高等教育を受けることの不効用」と呼ぶことにする）が発生する。これは、高等教育も、基礎教育と同様にそのコストの多くが公的支出で賄われているものの、教育を受ける期間中は労働時間が制約されることから、機会費用が発生し得ることを反映したものである。一方、リカレント教育ε_{t+1}を受ける際には、不効用（すなわち、労働時間減少に伴う機会費用）は発生しないが、$\eta\varepsilon_{t+1}$の金銭的コストを負担することで、$\varepsilon_{t+1}>0$をリカレント教育に充てる必要があると仮定する。これは、リカレント教育が基礎教育や高等教育とは異なり、そのコストが公的支出で賄われることが稀であることを反映したものである。

モデルでは、t期に生まれた若年世代は、基礎教育を通じて$t-1$期に生まれた中年世代（親世代）の人的資本h_tのγの割合を引き継ぎ、人的資本γh_tを形成するとする。このt期に生まれた世代が高等教育λ_tとリカレント教育ε_{t+1}を受けることにより、若年期の資本γh_tは、翌期（中年期）に$\gamma\psi(\lambda_t, \varepsilon_{t+1})h_t$へと増加する。ここで、$\psi$は$\lambda_t$と$\varepsilon_{t+1}$についての増加関数かつ凹関数であり、$\psi(\lambda_t, \varepsilon_{t+1})\geq 1$を満たすとする。したがって、この経済の1人当たりの人的資本は以下の動学式に従って変化する。

(1)　$h_{t+1}=\psi(\lambda_t,\ \varepsilon_{t+1})h_t.$

2　高齢化が高等教育およびリカレント教育に与える影響

以上のようなモデルにおいて、定常状態における高等教育に関する最適化条件は、補論で示される期待効用最大化の結果として、以下の式で表される。

(2)　$$\frac{\delta}{1-\lambda}=\frac{1}{\tilde{c}^y}\left\{-A\gamma+\frac{A\gamma\psi_\lambda}{(1+n)\psi}\right\},$$

ここで、$\tilde{c}^y=\dfrac{c_t^y}{h_t}=\dfrac{1}{1+\beta+\beta^2(1-q)}\left\{(1-\lambda)A\gamma+\dfrac{A\gamma}{1+n}-\dfrac{\eta\varepsilon}{(1+n)\psi}\right\}$で与えられ、定常状態では、$\tilde{c}^y$は一定の値となる（詳細は、田中（２０１７）を参照）。

また、定常状態におけるリカレント教育に関する最適化条件は、補論で示される期待効用最大化の結果として、以下の式で表される。

(3)　$A\gamma\psi_\varepsilon=\eta.$

高等教育およびリカレント教育に関する最適化条件に関する陰関数を用いると、死亡率の低下が高等教育およびリカレント教育に与える影響は以下のように表される。

$$(4)\quad \begin{bmatrix} \dfrac{d\lambda}{dq} \\ \dfrac{d\varepsilon}{dq} \end{bmatrix} = -\frac{1}{\dfrac{\partial L \partial M}{\partial \lambda \partial \varepsilon} - \dfrac{\partial L \partial M}{\partial \varepsilon \partial \lambda}} \begin{bmatrix} \dfrac{\partial M}{\partial \varepsilon} \\ -\dfrac{\partial M}{\partial \lambda} \end{bmatrix} \frac{\partial L}{\partial q},$$

ここで、

$$(5)\quad \frac{\partial L}{\partial \lambda} = \delta \frac{\partial \tilde{c}^y}{\partial \lambda} + \frac{A\gamma\psi_\lambda}{(1+n)\psi} - \frac{(1-\lambda)A\gamma}{1+n} \frac{\partial\left(\dfrac{\psi_\lambda}{\psi}\right)}{\partial \lambda},$$

$$\frac{\partial L}{\partial \lambda} = \delta \frac{\partial \tilde{c}^y}{\partial \varepsilon} + \frac{d\lambda}{d\varepsilon} \frac{A\gamma\psi_\lambda}{(1+n)\psi} - \frac{(1-\lambda)A\gamma}{1+n} \frac{\partial\left(\dfrac{\psi_\lambda}{\psi}\right)}{\partial \varepsilon},$$

$$\frac{\partial M}{\partial \lambda} = A\psi_{\varepsilon\lambda},$$

$$\frac{\partial M}{\partial \varepsilon} = A\psi_{\varepsilon\varepsilon} < 0,$$

$$\frac{\partial L}{\partial q}=\delta\frac{\partial \tilde{c}^{y}}{\partial q}>0,$$

である。

このような経済構造のもとでは、高齢化が進行して引退期の生存確率（$1-q$）が上昇すると、生涯効用に占める引退期の消費のウェイトが高まることから、引退期の消費に備えて、各経済主体は、コストをかけて若年期や中年期の生産性を改善しようとする。このため、高齢化の進行は高等教育を促進する（すなわち、$\frac{d\lambda}{dq}<0$である）傾向にある。

しかし高齢化がリカレント教育の水準にいかなる影響を与えるか（すなわち、$\frac{d\varepsilon}{dq}$の符号）は一般的には明らかではない。これは、各経済主体が選択するリカレント教育の水準が、高等教育とリカレント教育の関係が「補完的」か「代替的」か（すなわち、$\psi_{\varepsilon\lambda}$の符号）に依存するからである。ここで、高等教育とリカレント教育が補完関係（すなわち、$\psi_{\varepsilon\lambda}>0$）であるとは、高等教育を受けた人がこれを活かすためにリカレント教育を受けることが望ましいということである。一方、高等教育とリカレント教育が代替関係である（すなわち、$\psi_{\varepsilon\lambda}<0$）とは、高等教育を受けていない人、あるいは過去に高等教育を受けたものの、既にスキルや知識などが時代遅れとなった人がリカレント教育を受けることが望ましいということである。

このような状況では、高齢化の進行は、2つのタイプの教育が補完的である（すなわち、高等教育の水準が高いほどリカレント教育の効果が大きい）場合にはリカレント教育の水準を高める一方、代替的である（すなわち、高等教育の水準が高いほどリカレント教育の効果が小さい）場合には逆にリカレント教育の水準を低下させる可能性がある。これは、高齢化の進行は高等教育の水準を必ず高めるため、リカレント教育が高等教育と補完的な場合、高齢化の進行でリカレント教育からの恩恵も大きくなるためである。これに対して、リカレント教育が高等教育と代替的な場合には、既に高等教育の水準を高めた経済主体が追加でリカレント教育を受けることの恩恵も小さくなるため、リカレント教育の水準は逆に低下する可能性が生まれる。

3　簡単な数値例

田中（2017）では、以上のモデル分析と併せて、高等教育とリカレント教育が補完的な場合と代替的な場合のそれぞれについて、高齢化の進行が人的資本の蓄積に与える影響に関する数値計算を行っている。以下では、その概要を紹介する。

まず、高等教育とリカレント教育が補完的なケース（すなわち $\psi_{\varepsilon\lambda}>0$ のケース）として、生産関数がコブ－ダグラス型 $\psi(\lambda^*, \varepsilon^*)=P_1\lambda^{*\alpha}\varepsilon^{*1-\alpha}$ である場合について分析する。コブ－ダグラス型生産関数の特徴は、一方の投入量が増加すると、もう一方の生産性が上昇することにある。$\alpha=0.7, P_1=1$ の場合、高等教育 λ^*、リカレント教育 ε^*、そして経済全体の人的資本の成長率 $\frac{H_{t+1}}{H_t}$ に与える影響は、それぞれ図2－7、図2－8、図2－9で表される。

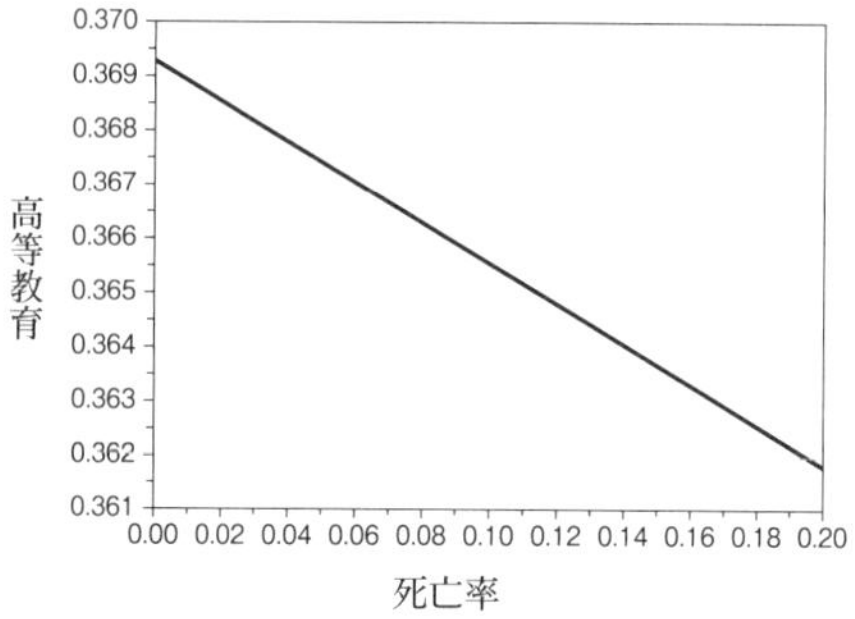

図２－７　死亡率が高等教育に与える影響：補完的なケース

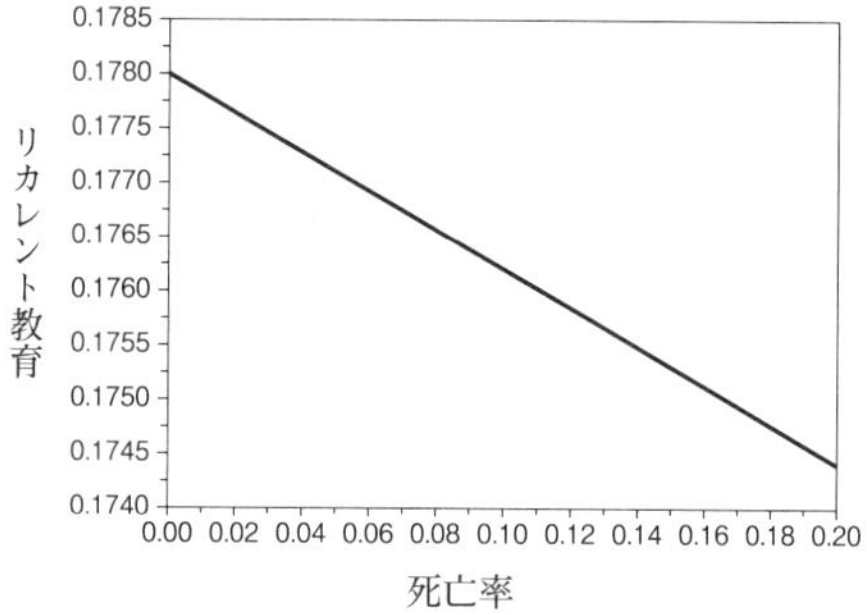

図２－８　死亡率がリカレント教育に与える影響：補完的なケース

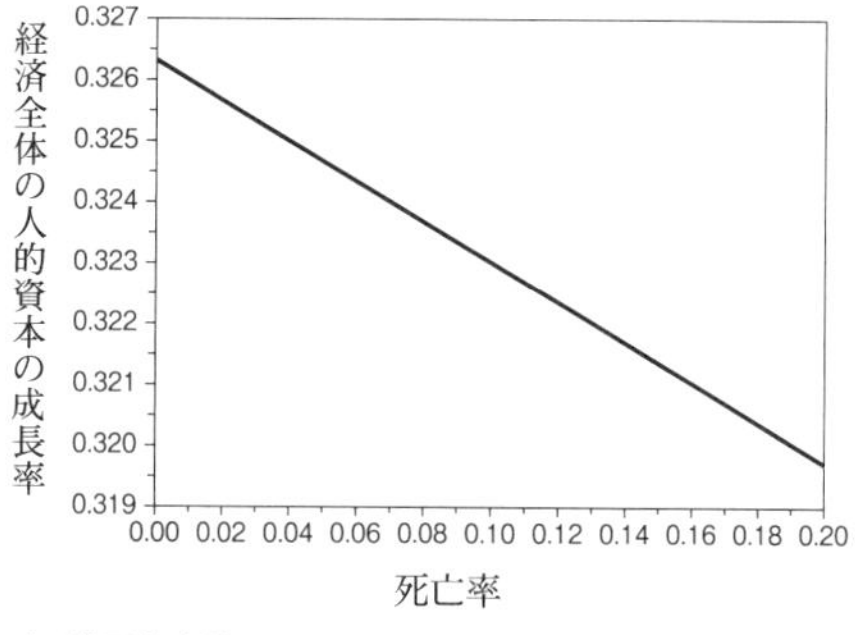

図２－９　死亡率が経済全体の人的資本の成長率に与える影響：補完的なケース

図2－7、図2－8、図2－9はそれぞれ高齢化（死亡率の低下）が高等教育の水準を増加させること、リカレント教育の水準を増加させること、そして経済全体の人的資本の成長率を増加させることを示している。このことは、高等教育とリカレント教育が補完的なケースでは、死亡率の低下によって、高等教育もリカレント教育も増加するため、経済全体の人的資本の成長率が増加することを意味している。このような経済では、民間の自発的な選択に委ねた場合、高齢化が進行しても経済全体の人的資本の蓄積が促進されるといえる。

次に、高等教育とリカレント教育が完全に代替的なケース（すなわち、$\psi_{\varepsilon\lambda}<0$ のケース）として、生産関数が $\psi(\lambda^*, \varepsilon^*)=P_2(\lambda^*+\varepsilon^*)^\alpha$ である場合について分析する。この生産関数の特徴は、一方の投入量が増加すると、もう一方の生産性が下落することにある。$\alpha=0.5, P_2=0.54$ の場合、高等教育 λ^*、リカレント教育 ε^*、そして経済全体の人的資本の成長率 $\frac{H_{t+1}}{H_t}$ に与える影響は、それぞれ図2－10、図2－11、図2－12で表される。

図2－10、図2－11、図2－12はそれぞれ高齢化（死亡率の低下）が高等教育の水準を増加させること、リカレント教育の水準を減少させること、そして経済全体の人的資本の成長率を変化させないことを示している。このことは、高等教育とリカレント教育が完全に代替的なケースでは、死亡率の低下によって、高等教育が促進されて経済全体の人的資本が増加するものの、リカレント教育が高等教育の効果を完全に打ち消すように減少するため、経済全体の人的資本の成長率が増加しないことを意味している。このような経済では、民間の自発的な選択に委ねると、少子高齢社会での経済成長を

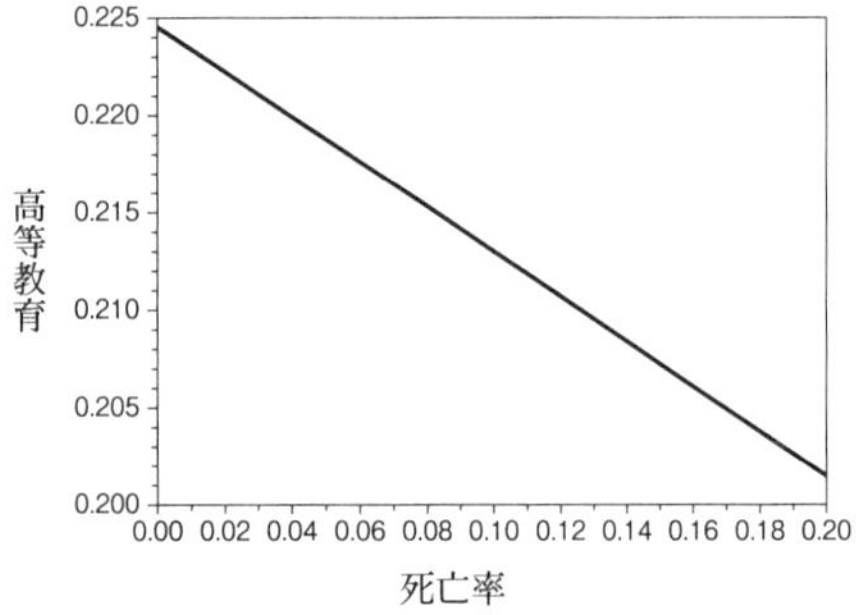

図２－10　死亡率が高等教育に与える影響：完全に代替的なケース

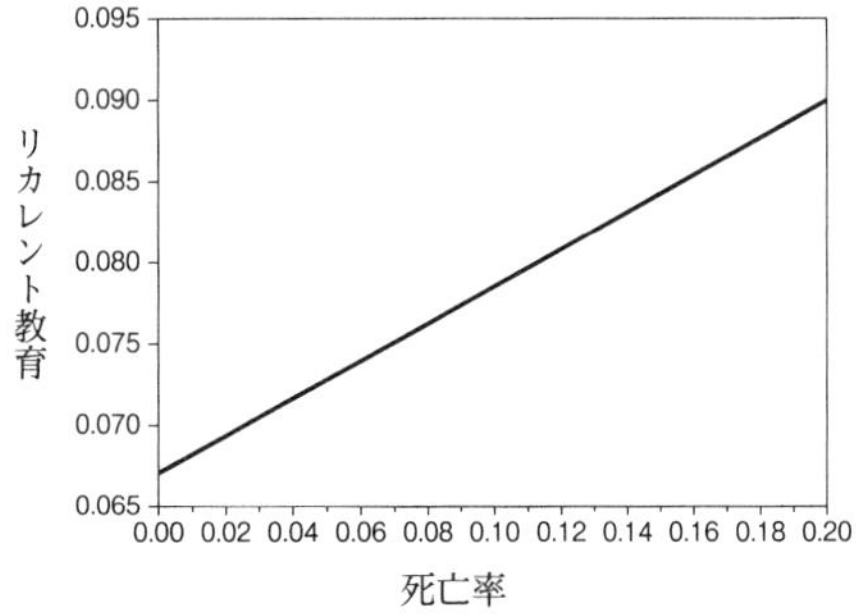

図２－11　死亡率がリカレント教育に与える影響：完全に代替的なケース

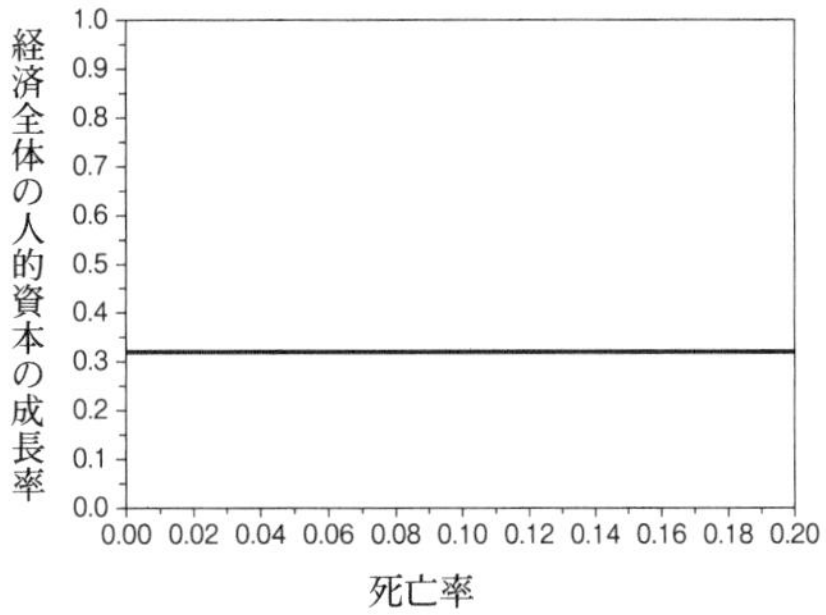

図２－12　死亡率が経済全体の人的資本の成長率に与える影響：完全に代替的なケース

維持するために十分なリカレント教育の水準を達成できない可能性があり、リカレント教育を積極的にサポートする政策が必要になるといえる。

最後に、高等教育とリカレント教育が代替的なもう1つのケースとして、生産関数が$\psi(\lambda^*, \varepsilon^*) = P_3(\lambda^* + \varepsilon^*)^\alpha + \chi\varepsilon^*$である場合について分析する。$\alpha = 0.5, P_3 = 0.54, \chi = 0.02$の場合、高等教育$\lambda^*$、リカレント教育$\varepsilon^*$、そして経済全体の人的資本の成長率$\frac{H_{t+1}}{H_t}$に与える影響は、それぞれ図2－13、図2－14、図2－15で表される。

図2－13、図2－14、図2－15はそれぞれ高齢化（死亡率の低下）が高等教育の水準を増加させること、リカレント教育の水準を減少させること、そして経済全体の人的資本の成長率を減少させることを示している。このことは、高等教育とリカレント教育が代替的なケースでは、死亡率の低下によって、高等教育が促進されて経済全体の人的資本が増加するものの、リカレント教育が高等教育の効果を上回って減少するため、経済全体の人的資本の成長率を低下させることを意味している。このような経済では、民間の自発的な選択に委ねると、少子高齢社会での経済成長を維持するために十分なリカレント教育の水準を達成できない可能性があり、リカレント教育をさらに積極的にサポートする政策が必要になるといえる。

一般に、高等教育とリカレント教育の関係が「補完的」か「代替的」か（すなわち、$\psi_{\varepsilon\lambda}$の符号）は、自明ではない。これは、リカレント教育がより教育水準の高い労働者に対してより有効（すなわち、補完的）なのか、それとも教育水準の低い労働者により有効（すなわち、代替的）なのかは、各

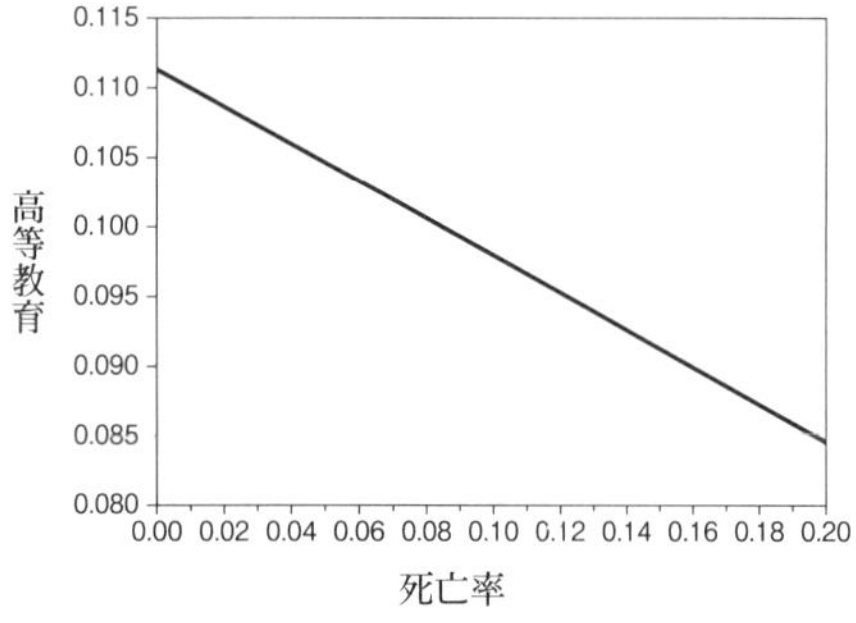

図２－13　死亡率が高等教育に与える影響：代替的なケース

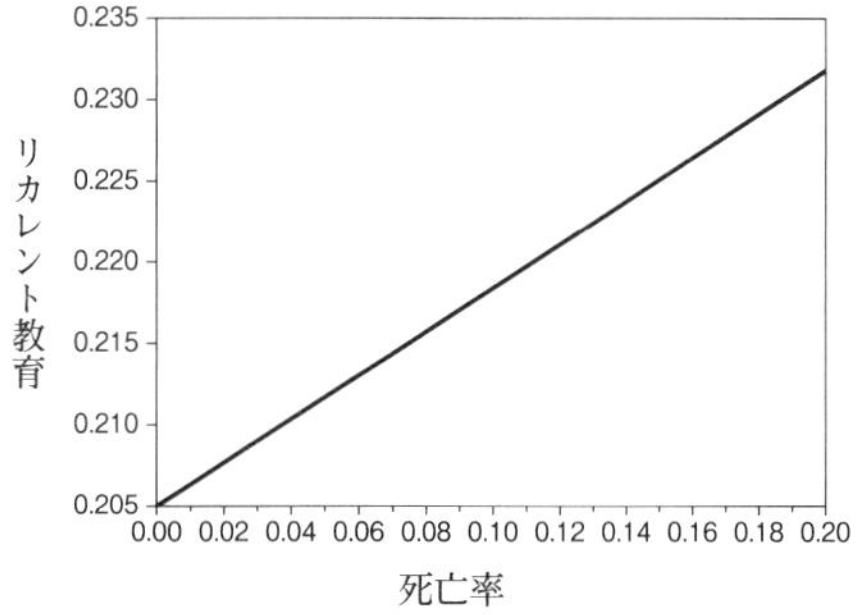

図２－14　死亡率がリカレント教育に与える影響：代替的なケース

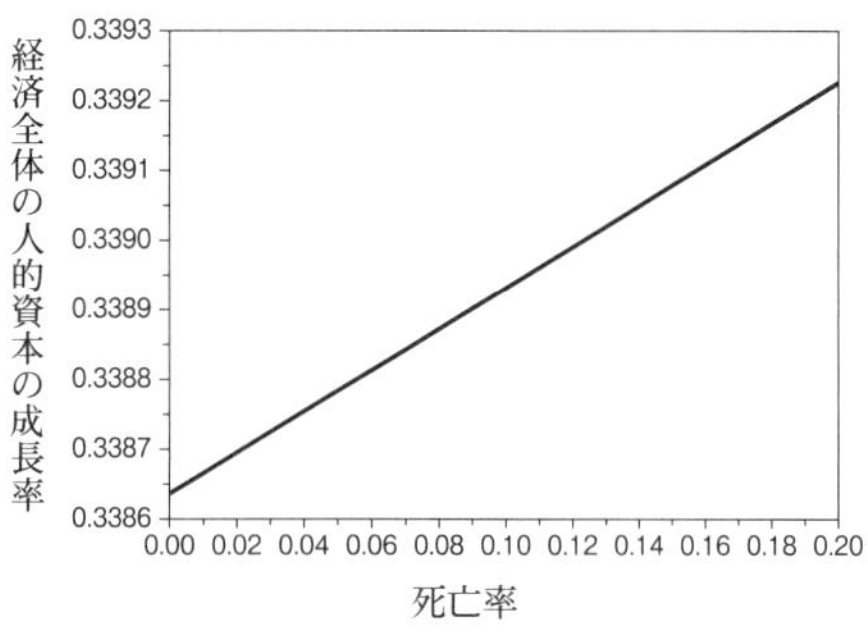

図２－15　死亡率が経済全体の人的資本の成長率に与える影響：代替的なケース

国の事情や時代背景によって大きく異なるからである。先に引用したＯＥＣＤの報告書では、欧州諸国を念頭に、過去に様々な事情で十分な教育を受けてこられなかった労働者に対して行う代替的なリカレント教育の重要性を指摘している。それに対して、日本のように高等教育の水準が高い国では、このような指摘は必ずしも当てはまらない。しかしながら、わが国でも、経済環境の大きな変化に伴って、過去の高等教育を通じて蓄積された知識や技能が新時代に適合しなくなる傾向はこれまで以上に高まっている。仮に過去の高等教育が時代の要請にそぐわないものになっているならば、わが国でも代替的なリカレント教育を前提とした議論が重要となる。

六　おわりに

本章では、アベノミクスの成長戦略における「人材の活躍強化」に着目し、経済成長に資するためのリカレント教育の役割について考察した。急速な少子高齢化に直面する日本経済では、労働投入量を量的に拡大することはもはや困難であり、労働力の質的向上、すなわち人的資本の蓄積を促進することで「効率単位での労働投入量」を拡大していくことが必要となっている。このため、少子高齢化社会の人的資本の蓄積の実現に向けて、中年・高年世代や女性を対象としたリカレント教育の役割はこれまで以上に高まっている。労働人口が急速に減少しつつあるなか、主要国の中で決して高いものではなかったリカレント教育をいかに充実させていくかは、急務の政策課題である。

そうしたなかで、「人材の活躍強化」としてリカレント教育の充実に向けた具体的な制度の構築が提案されたことは評価に値する。ただし、その一方で、政策的にどれだけリカレント教育のインフラを整備しても、労働者一人一人が主体的に教育を受けることがなければ、リカレント教育は普及していかないことには常に注意が必要である。“Beyond Rhetoric”（レトリックを超えて）という言葉が示唆するように、リカレント教育が個人および経済全体にとって重要であるからといって、現実のリカレント教育が最適な水準を達成しているとは限らないのである。

人的資本は、初等・中等教育をベースに、高等教育とリカレント教育を通じて蓄積される。このうち、高等教育は、その選択を各個人に委ねた場合でも、少子高齢化の進展と共に向上する傾向がある。これに対して、リカレント教育は、その選択を各個人に委ねた場合、少子高齢化の進展と共に向上するかどうかは必ずしも自明ではない。とりわけ、高等教育とリカレント教育が代替的なケースにおいては、その選択を各個人に委ねた場合、教育インフラが整備されていたとしても、必ずしもリカレント教育の水準が自律的に高まるとは限らない。このような場合、人材の活躍強化のために、教育インフラの整備だけでなく、政府が補助金等で各個人がリカレント教育を受けることを積極的にサポートする政策も必要となってくる。

残念ながら、わが国ではリカレント教育に関する研究は、これまでほとんど行われてこなかったのが実情である。しかしながら、リカレント教育の充実は、少子高齢化が急速に進行するわが国では急務の政策課題である。高等教育とリカレント教育との関係が補完的であるか、代替的であるかを詳細に分析した上で、両者が代替的な場合にどのような推進策が効率的・効果的であるかの分析を深めていくことが今後は大切であるといえる。

補論　期待効用最大化

この補論では、田中（２０１７）で展開された世代重複モデルにおける期待生涯効用最大化問題の枠組みをより詳細に説明する。モデルにおいて、t 期に生まれた個人の、生涯の期待効用関数 $U(c_t^y, c_{t+1}^m, c_{t+2}^o)$ は以下で表され、各個人は、この期待生涯効用を生涯の予算制約式の下で最大化するように行動する。

(6)　$U(c_t^y, c_{t+1}^m, c_{t+2}^o) = \ln c_t^y + \delta \ln(1-\lambda_t) + \beta \ln c_{t+1}^m + \beta^2(1-q)\ln c_{t+2}^o.$

ここで、$c_t^y, c_{t+1}^m, c_{t+2}^o$ は、それぞれ t 期に生まれた若年世代の t 期の消費、t 期に生まれた中年世代の $t+1$ 期の消費、t 期に生まれた引退世代の $t+2$ 期の消費を表し、β は割引因子を表す。また、$\delta \ln(1-\lambda_t)$ は、t 期に生まれた世代が、若年期の総労働時間の一定割合 λ_t を高等教育に充てた場合に発生する効用を表す。各個人が引退期の期首に生存する確率は $1-q$ であるため、t 期に生まれた引退世代が$t+2$期に消費から得る効用$\ln c^{o}_{t+2}$には（$1-q$）が掛けられている。

予算制約式は、上記の人的資本の蓄積にかかる2種類のコスト、すなわち高等教育を受けることの不効用そしてリカレント教育を受ける際の金銭的コストを考慮したものである。ただし、高等教育を受けることの不効用は予算には影響を与えないため、予算制約式には登場しない。

t期に、t期に生まれた若年世代は、人的資本1単位当たりw_tの賃金を得て、λ_tの高等教育を受けると共に、$t-1$期に生まれた中年世代からb^{y}_{t}の借入を行い、消費c^{y}_{t}に充てる。このため、t期に生まれた若年世代の予算制約式は以下で与えられる。

(7)　$(1-\lambda_t)w_t\gamma h_t+b^{y}_{t}=c^{y}_{t}.$

また、$t+1$期に、t期に生まれた中年世代は、人的資本1単位当たりw_{t+1}の賃金を得て、$\eta\varepsilon_{t+1}$の金銭的な費用を支払うことで、$\varepsilon_{t+1}>0$をリカレント教育に充てると共に、$t-1$期に生まれた引退世代に対して借入の返済を行い、$t+1$期に生まれた若年世代に対してb^{m}_{t+1}の貸出を行い、消費をc^{m}_{t+1}に充てる。$t+1$期の実質利子率をr_{t+1}とする。このため、t期に生まれた中年世代の予算制約式は以下で与えられる。

(8)　$\gamma w_{t+1}\psi(\lambda_t,\ \varepsilon_{t+1})h_t=c^{m}_{t+1}+(1+r_{t+1})b^{y}_{t}+b^{m}_{t+1}+\eta\varepsilon_{t+1}h_t.$

さらに、$t+2$期に、t期に生まれた引退世代は、死亡しない限りにおいて、$t+1$期に生まれた中年世代から借入の返済を受けると同時に、同世代で死亡した人々の資産を受け継ぐ。このため、t期に生まれた引退世代の予算制約式は以下で与えられる。

$$(9)\quad \frac{(1+r_{t+2})}{1-q}b_{t+1}^{m}=c_{t+2}^{o}.$$

(7)式、(8)式、(9)式より、t期に生まれた世代の生涯の予算制約は以下で与えられる。

$$(10)\quad c_t^y+\frac{c_{t+1}^m}{1+r_{t+1}}+\frac{(1-q)c_{t+2}^o}{(1+r_{t+1})(1+r_{t+2})}=\Omega_t,$$

ここで、$\Omega_t\equiv(1-\lambda_t)w_t\gamma h_t+\frac{\gamma w_{t+1}\psi(\lambda_t,\ \varepsilon_{t+1})h_t}{1+r_{t+1}}-\frac{\eta\varepsilon_{t+1}h_t}{1+r_{t+1}}$である。$\Omega_t$は$t$期に生まれた世代の期待生涯所得の割引現在価値を表している。

各世代は、いわゆる「ライフサイクル仮説」に基づいて消費の意思決定を行っているため、t期に生まれた世代は、割引因子、金利、生存確率を所与として、若年期・中年期・引退期の消費を平準化させるような消費水準を選択する。ただし、標準的なライフサイクル仮説のモデルとは異なり、各経済主体は、中年期から引退期にかけて一定確率qで死亡することが仮定されており、その結果、死亡確率qが低下すればするほど長寿に伴う高齢化が進展し、生涯効用に占める引退期の消費のウェイトが高まるという構造になっている。

参考文献

OECD (2003), *Beyond Rhetoric: Adult Learning Policies and Practices*, Paris: OECD Publishing.

OECD (2005), *Promoting Adult Learning*, Paris: OECD Publishing.

OECD (2014), *Education at a Glance 2014: OECD Indicators*, Paris: OECD Publishing.

厚生労働省（２０１６ａ）「一般職業紹介状況（平成28年8月分）について」２０１６年9月30日。

厚生労働省（２０１６ｂ）「キャリア形成促進助成金　活用マニュアル」２０１６年4月1日。

全国厚生労働関係部局長会議（２０１６）「未来を支える人材力強化（雇用・教育施策）パッケージ」２０１６年１月19日。

田中茉莉子（２０１７）「リカレント教育を通じた人的資本の蓄積」『経済分析』（内閣府経済社会総合研究所）第１９６号、49－81頁。

内閣官房（２０１５）「やわらか成長戦略」２０１５年12月25日。

内閣府（２０１６）「経済財政運営と改革の基本方針２０１６」２０１６年6月2日。

文部科学省（２０１６ａ）「個人の能力と可能性を開花させ、全員参加による課題解決社会を実現するための教育の多様化と質保証の在り方について（答申）」中央教育審議会第１０７回総会、２０１６年5月30日。

文部科学省（２０１６ｂ）「職業実践力育成プログラム（ＢＰ）パンフレット」２０１６年4月13日。

労働政策研究・研修機構（２０１６）「「企業の人材育成・教育訓練等の広報及び情報の公表に関する調査」結果概要」調査シリーズ第１５８号、２０１６年8月24日。

第Ⅱ部

第2の矢——子育て支援

第3章　出生率向上の政策効果
――子育てと就業の両立支援策

宇南山　卓

一　はじめに

安倍首相は、アベノミクスの第2ステージである「新たな三本の矢」として、「希望を生み出す強い経済」、「夢を紡ぐ子育て支援」、「安心につながる社会保障」を打ち出した。本章では、この「新三本の矢」のうち第2の矢である「夢を紡ぐ子育て支援」について考えたい。

この新たな第2の矢は、「希望出生率1・8」の実現を目標として掲げており、基本的に少子化対策である。少子化は、長期的には人口を減少させることを通じて規模の経済を喪失させ、インフラ整備などの負担を増加させる。また、現役世代の引退世代に対する比率を低下させることを通じて、社会的な高齢者の扶養負担を上昇させ、さらには公的年金等の社会保障制度の維持を困難にさせる。具体的な政策対応をまとめた「ニッポン一億総活躍プラン」でも「我が国の経済成長の隘路の根本には、少子高齢化という構造的な問題がある」という認識が示されており、少子化対策が最重要政策課題であることは間違いない。

しかし、少子化対策は、過去の政策の延長では、大きな政策効果が期待できない分野でもある。いわゆる1・57ショック以来[1]、少子化対策の重要性は強く認識され、多くの対策がとられてきた。最初の少子化対策である1994年の「エンゼルプラン」から1999年の「新エンゼルプラン」を経て、2003年には「少子化社会対策基本法」が制定され「少子化社会対策大綱」が策定された。その大綱に基づき、2004年の「子ども・子育て応援プラン」、2010年の「子ども・子育てビジョン」と、ほぼ切れ目なく政策が実施されている。それにもかかわらず、合計特殊出生率は2010年頃まで低下を続け、足元でも歴史的に低い水準にとどまっている。

その意味で、具体的な政策には新機軸が求められる。以下では、「新三本の矢」が、これまでの少子化対策とどのように異なるのかについて言及し、期待される成果・求められる政策の方向性について考察する。

二　数値目標としての希望出生率

これまでの少子化対策と「夢を紡ぐ子育て支援」の大きな違いの一つは、数値目標として「希望出生率1・8の実現」を掲げたことである。日本では、戦前・戦中のスローガンである「産めよ殖やせよ」に対する忌避感から、出産の是非に踏み込む人口政策はタブー視されてきた。第1次安倍内閣では、少子化対策の話題の中で女性を「産む機械」にたとえたことで当時の厚生労働大臣が強い批判にさらされている。

もちろん、出産は極めてプライベートな意思決定であり、政府の介入が必ずしも望ましいわけではない。しかし、マクロ経済の観点からは、現在より多くの出生が必要であることは疑いなく、その事実を認め目標を掲げたこと自体は評価できる。ただし、数値目標の設定に際し「希望出生率」という、一般的ではない概念を使っていることには注意が必要である。

希望出生率とは、もともとは、増田寛也元総務相が座長を務める民間研究機関「日本創成会議」が2014年5月に公表した「ストップ少子化・地方元気戦略」で提起された概念とされている。単純化して言えば「子育て世代の男女が自ら希望して持ちたいと思っている平均的な子供の数」である。内閣府等の公式の資料によれば、

希望出生率＝（既婚者割合×夫婦の予定子ども数）＋（未婚者割合×未婚者の結婚希望割合×理想の子ども数））×離別等効果

によって計算される。右記の式に、厚生労働省等の調査結果を代入し、おおむね1・8人になるとされている。

人口再生産の指標として、通常は合計特殊出生率が用いられる。これは、「1人の女性が生涯に産む子供の数の平均」と解釈されている。すなわち、長期的には希望出生率とは「子育て世代が望む家族計画が達成された場合に実現される合計特殊出生率」とみなすことができ、希望出生率の実現とは、合計特殊出生率を1・8まで引き上げるという目標とみなせる。

日本の合計特殊出生率は、団塊の世代が誕生した戦後直後には4・5を超えていたが、その後急速に低下した。団塊ジュニアが誕生した1970年代後半以降は、人口置換水準（人口を長期的に維持できる水準）も下回り、2005年にボトムとなる1・29を記録している。その後1・4を超えるまで回復しているが、依然として低い水準で推移している。

この推移からも、合計特殊出生率を1・8まで引き上げるという政策目標がいかに野心的なものであるかが分かる。しかし、出生率への政府の関与という色彩を弱めようと、各個人・夫婦の希望を実現するという体裁をとったため、マクロ経済と出生率のあるべき関係については十分に議論されていない。言い換えれば、この数値目標がどのような問題を解決できるのかは明らかではないのである。

三　女性の活躍と少子化対策

数値目標を掲げた新しさに対し、「新三本の矢」での少子化対策は、一見すると既存の少子化対策の延長という印象を強く受ける[2]。しかし、詳細にみると、少子化対策と女性の活躍が切り離せない課題であることを直視した点では、これまでと一線を画している。

日本において、多くの女性が結婚・出産を機に労働市場から退出している。一方で、働く女性の未婚率は高い。つまり、実質的に、女性は仕事か子供かの二者択一を迫られているのである。この女性の活躍と子育てのトレードオフ関係を認識することが、少子化対策の第1歩となる。

女性の活躍、すなわち男女共同参画社会の実現は、少子化が表面化する以前から重要な政策目標であった。１９８５年の男女雇用機会均等法をはじめとして、男女間の雇用機会や賃金の格差を是正する政策が進められ、旧「三本の矢」では、管理職への女性の登用が大きなテーマとされていた。

これらの政策により、女性の労働環境は急速に改善した。たとえば、厚生労働省の賃金構造基本統計調査によれば、所定内給与は男性一般労働者を１００として女性は、１９８５年には59・6にすぎなかったが、２０１５年には72・2まで改善している。依然として男性よりは低い水準であるが、労働市場で就業した場合の待遇は大幅に改善している。

このように仕事という選択肢の魅力が増した一方で、仕事と子供の二者択一状態は改善されなかったため、子供を持つことを選択する女性が減少し、少子化が進んだと考えられる。言い換えれば、少子化は女性の活躍の結果なのである。

少子化の原因が女性の就業環境の改善であるとすれば、その対応は困難である。トレードオフの関係にある2つの政策目標があれば、一方の目標にメリットのある政策は、もう一方の目標に対してはデメリットとなるからである。たとえば、子供を持つことのメリットを増加させる政策（児童手当の拡充など）は、女性の活躍には間接的に逆行してしまう。

こうした状況において必要なことは、子供と仕事という選択肢のメリット・デメリットの比較ではなく、トレードオフそのものの解消である。すなわち女性が結婚・出産をしても就業を継続することができる状況をつくることこそが求められるのである。有効な出産と就業の両立支援策が実行できれば、おのずと少子化も解消し、女性の活躍も期待できる。逆に言えば、子育てと仕事の両立に正面から取り組まない政策は、望ましい少子化対策とはならない。

この一見すると自明な論理にもかかわらず、両立支援策は必ずしも少子化対策の中心ではなかった。その一つの原因は、少子化対策と女性の活躍という2つの課題が、これまでは別に議論されていたためである。少子化対策の文脈では、結婚、出産、子供の発育などが中心課題であり、働く母親の問題はごく一部に過ぎない。一方で女性の活躍の観点からは、男女間の賃金格差や昇進格差が中心で、子育ては問題の一部に過ぎない。それぞれが重要でありすぎたため、むしろ「両立」が後回しになるという皮肉な状況だったのである。

アベノミクスの新・旧「三本の矢」では、この2つの課題が統合的に議論されており、両立支援策が政策議論の中心になっている。個々の具体策は既存の論点の焼き直しに見えるが、新たな議論ができているのである。

今回の「夢を紡ぐ子育て支援」の中では、「待機児童解消加速化プラン」の数値目標を上積みした「子育て・介護の環境整備」がまさしく両立支援策である。安倍内閣発足から進められている「待機児童解消加速化プラン」では、2017年度末までに約50万人分の保育の受け皿の整備が目標とされていた。さらに、2017年5月末には、「子育て安心プラン」として、数値目標はさらに30万人分拡大されている。旧「三本の矢」では、もともと「女性の活躍」の具体策として策定されたものが、少子化対策の柱となっている点からも、両立支援が中心課題となったことを象徴している。

逆に、新「三本の矢」の具体策のうち、男女の出会いを支援する「結婚支援の充実」などは的外れである。また、不妊治療や「課題を抱えた子供たちへの学びの機会の提供」などの支援は、それ自体は重要な政策であるとしても、子供と仕事のトレードオフに影響を与えるものではなく、少子化対策としては大きな効果は期待できないだろう。

四　子育てと仕事の両立可能性の動向

子育てと仕事の両立可能性を引き上げることが主要な政策課題にならなかったのは、政策決定プロセスの問題だけでなく、両立可能性の正確な計測が困難であるという技術的な問題も理由の一つと考えられる。実際、両立可能性の現状についてすら、必ずしも正確に理解されているわけではない。

両立可能性の計測には、結婚・出産前後の女性の就業状態を知る必要があり、同一の個人の状況を追跡して調査する「パネルデータ」が必要となる。しかし、日本ではパネルデータの整備が遅れていたため、両立可能性の正確な把握がされてこなかったのである。

代わりに、両立可能性の動向を把握する古典的な方法として「M字カーブの底の深さ」が用いられてきた。M字カーブとは、女性の年齢別労働力率が20歳代前半と50歳前後で高くなるという特徴を指したものである。図3－1に1980年から2010年までの国勢調査を用いて年齢階級別の労働力率を示しており、実際のM字が確認できる。M字の中央である30歳前後で労働力率が低下するのは、女性の多くが結婚・出産のために退職することで発生する。言い換えれば、結婚・出産を機に退職する女性が多いほどM字の底が深くなるとされ、M字カーブの左肩と底の差が両立可能性の尺度とされた。

図3－1から、M字の落ち込みの幅が徐々に小さくなっていることが確認できる。1980年には、M字の肩である20～24歳階級と底の30～34歳階級の労働力率の差は25％であった。それに対し、2010年の肩と底である25～29歳階級と35～39歳階級の差は8％と、大幅に縮小している。このことから、過去30年で両立可能性が高まったと信じられている(3)。

しかし、このM字カーブの形状を両立可能性の指標とすることは大きな誤りである。M字カーブの落ち込みの縮小は、単に結婚・出産をする女性が減少したことに起因するからである。図3－2に年齢別未婚率の推移を示したが、20歳以上の年齢層で全体として上昇していることが読み取れる。特に、20歳代後半の上昇が特に大きく、晩婚化の傾向が読み取れる。さらに全体として傾きが小さくなっており、結婚が特定の年齢層に集中する構図が崩れつつあることも読み取れる。こうした結婚・出産の有無・タイミングの多様化がM字カーブの底を浅くした原因であり、両立可能性の変化は必ずしも反映されていない。

この問題に対し、宇南山（2011）は国勢調査の生年コーホートに基づく分析により、両立可能性を計測することを提案している。生年コーホートとは、生まれ年が同じ「世代」のことである。生年は調査時点での年齢から計算できるため、同一世代の結婚・就業行動を観察することができ、疑似的なパネルデータとして扱えるのである。宇南山（2011）では、各時点の年齢別の婚姻状態や労働力状態を5年前のものと比較すれば、生年コーホートごとに当該5年間に「結婚をした者の割合」と「離職をした者の割合」を計算することができる。その比率は「結婚による退職率」と解釈するこ

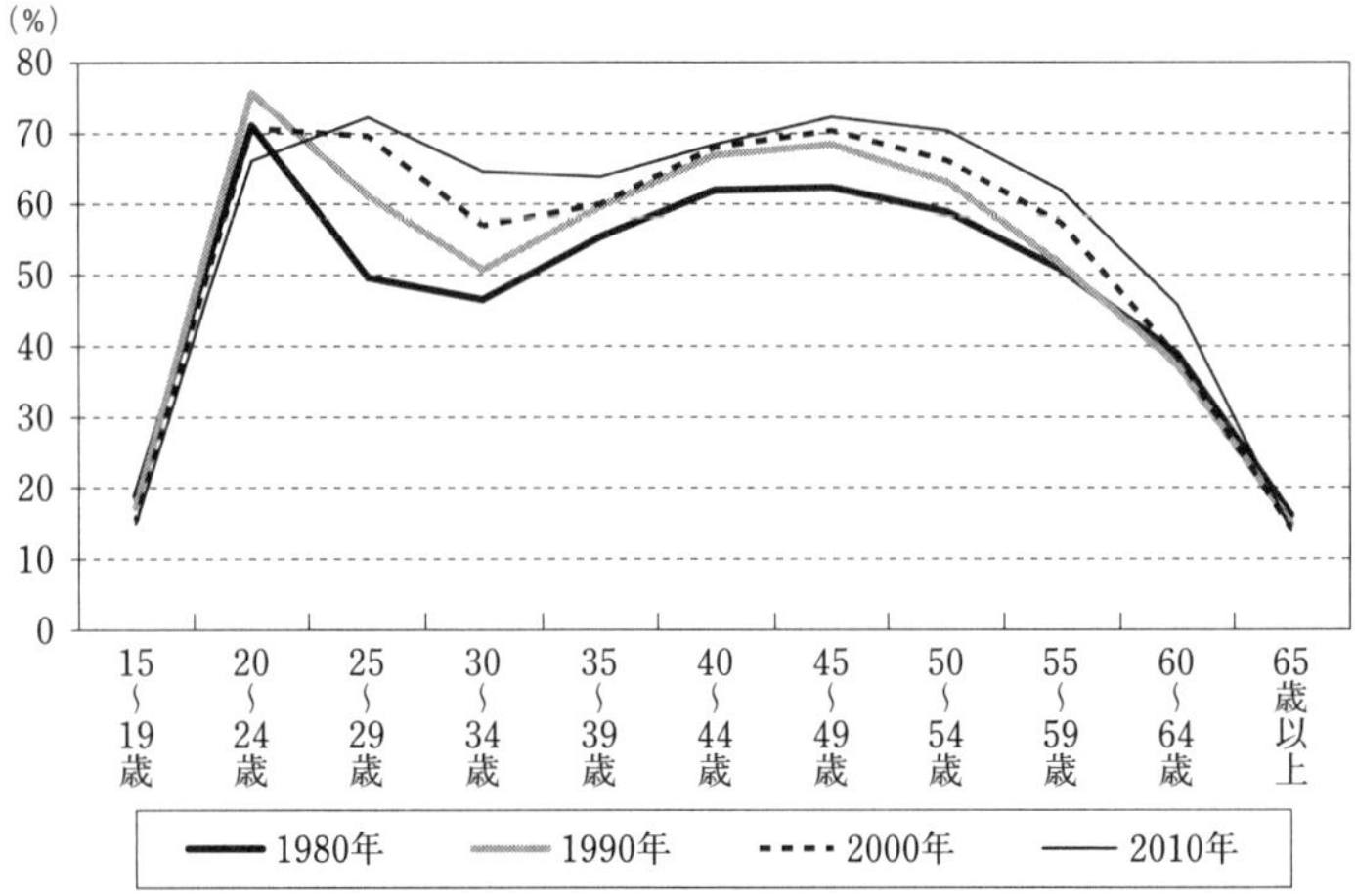

図3－1　女性の年齢別労働力率

出所）総務省統計局「国勢調査」.

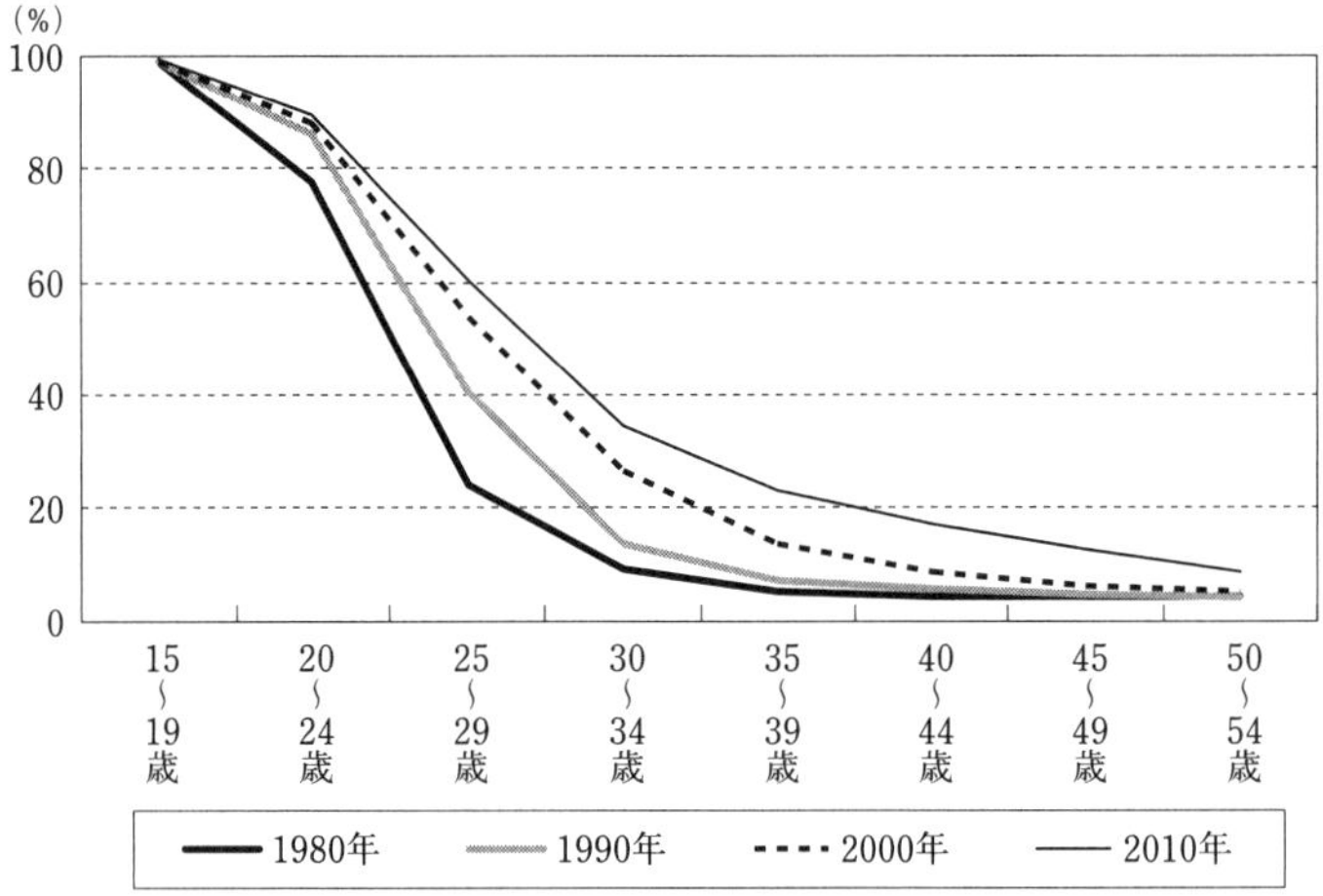

図3－2　女性の年齢別未婚率

出所）総務省統計局「国勢調査」.

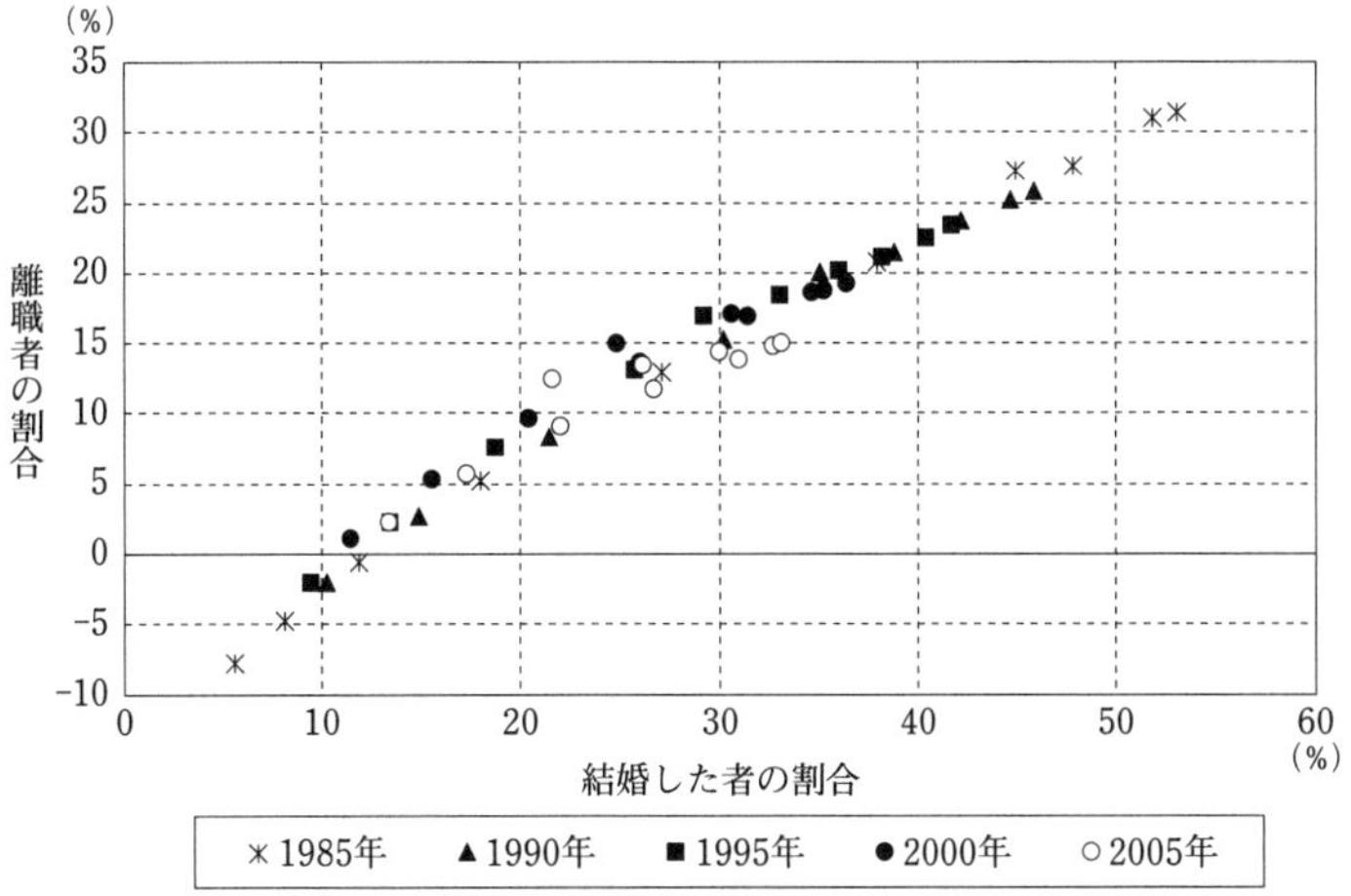

図３－３　結婚と離職の関係

注）各観察点は１歳ごとの生年コーホート．結婚したものの割合は，前回調査からの未婚率の変化，離職者の割合は労働力率の変化で計算している．
出所）宇南山（2011）図１より引用（一部改変）．

とができ、両立可能性の尺度となる。

この方法で両立可能性を計測した結果が図３－３である。各生年コーホートの５年ごとの「結婚をした者の割合」（横軸）、「離職をした者の割合」（縦軸）をプロットしており、この散布図に対する近似直線の傾きが「結婚による離職率」となる。この図３－３では、１９８５年から２００５年までの国勢調査を用いて、１９６５年生まれ以降のコーホートがそれぞれ25歳から39歳になるまで結果をプールしているが、すべての観察点はほぼ一直線に分布している。すなわち、両立可能性が年齢や時点によらず一定で、この期間中にほとんど変化していないことを意味している。

宇南山（２０１１）では、都道府県別に同様なアプローチを適用し、都道府県別の両立可能性についても計測している。その結果、両立可能性には都道府県ごとの水準に大きな差があることも示している。しかも、どの都道府県でも時系列的に見れば両立可能性はほとんど変化していなかった。さらに、宇南山（2013）では、同じ計算を2010年の国勢調査に適用している。その結果によれば、2005年までほとんど変化しなかった両立可能性が、2010年にかけては大きく改善してきていることが示されている。

つまり、両立可能性は、①2005年までは時点を通じてほとんど変化はなかった、②その後の期間に改善した、③2005年までは、都道府県別には大きく異なっていた、という統計的性質を持っていたのである。

五　有効な両立支援策とは

いったん両立可能性が把握できれば、それがどのような要因に規定されるのかが分析できる。宇南山（2011）では、前節で確認した両立可能性の統計的性質から、逆算的に両立可能性の決定要因を考察している。そのロジックは単純で、両立可能性に大きな影響を与える要因は、両立可能性と同様の統計的な性質を持っているはずだというものである。両立可能性が2005年までほとんど変化せず、その後に大きく改善したのであれば、両立可能性の主要な決定要因も同様の変化をしているはずである。

この「2005年までほとんど変化していない」という性質だけで、通常考えられる両立支援策の多くがその効果を否定されることになる。たとえば、「労働者の職業生活と家庭生活との両立が図られるよう支援すること」を目的とした育児休業制度が導入されたのは1992年であり、その後に急速に普及した。この普及にもかかわらず両立可能性が改善しなかったことは、育児休業制度に両立可能性を引き上げる効果がほとんどないことを示唆する。

また、三世代同居が両立可能性を改善する効果も否定せざるを得ない。三世代同居率は、全国的に見て一貫して低下傾向である。特に、もともと三世代同居率の高かった日本海側の各県での落ち込みが顕著である。しかし、どの都道府県でも両立可能性は変化しておらず、両立可能性の主要な決定要因ではないと考えられるのである。この考察から、「ニッポン一億総活躍プラン」の「三世代同居・近居しやすい環境づくり」については、その効果は期待薄である。

それに対し、過去の保育所の整備状況と両立可能性の動向は、極めて整合的な統計的性質を持つ。すなわち、この基準に従ったとしても、「待機児童解消加速化プラン」で進められる保育の受け皿の整備は望ましいのである。

図3－4のパネルAでは、保育所の利用しやすさを示す指標である潜在的保育所定員率（25歳から44歳の女性人口と保育所定員の比率）と、前節で論じた「結婚による離職率」の1985年から2010年までの推移を示している。(4) 両者はともに2005年ぐらいまでは不変であったが、その後に急上昇している。また、パネルBでは、2005年時点の都道府県別の潜在的保育所定員率と結婚

パネルA　両立可能性と保育所整備の時系列変化

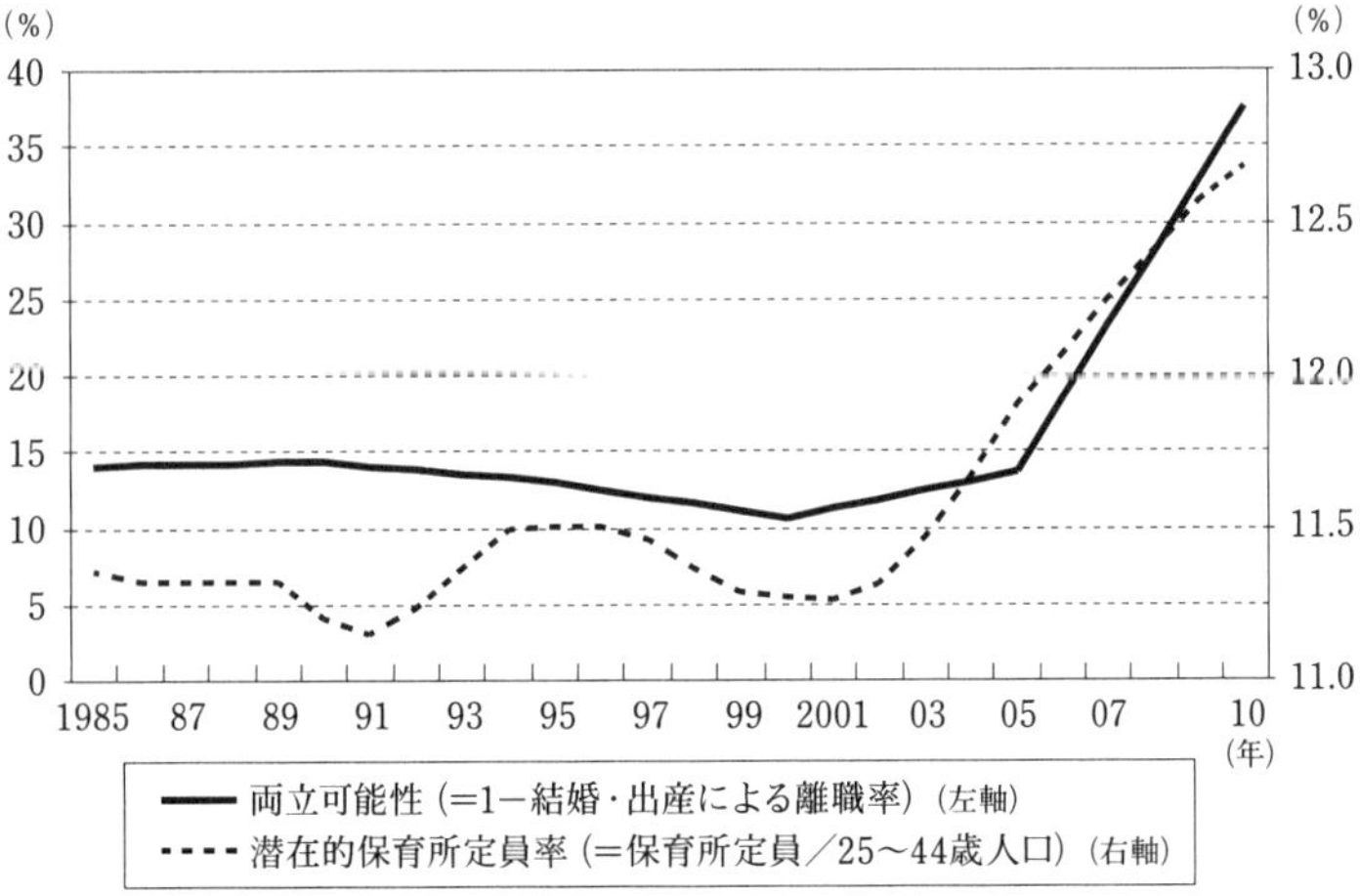

出所）総務省統計局「国勢調査」.

パネルB　都道府県別両立可能性と保育所整備

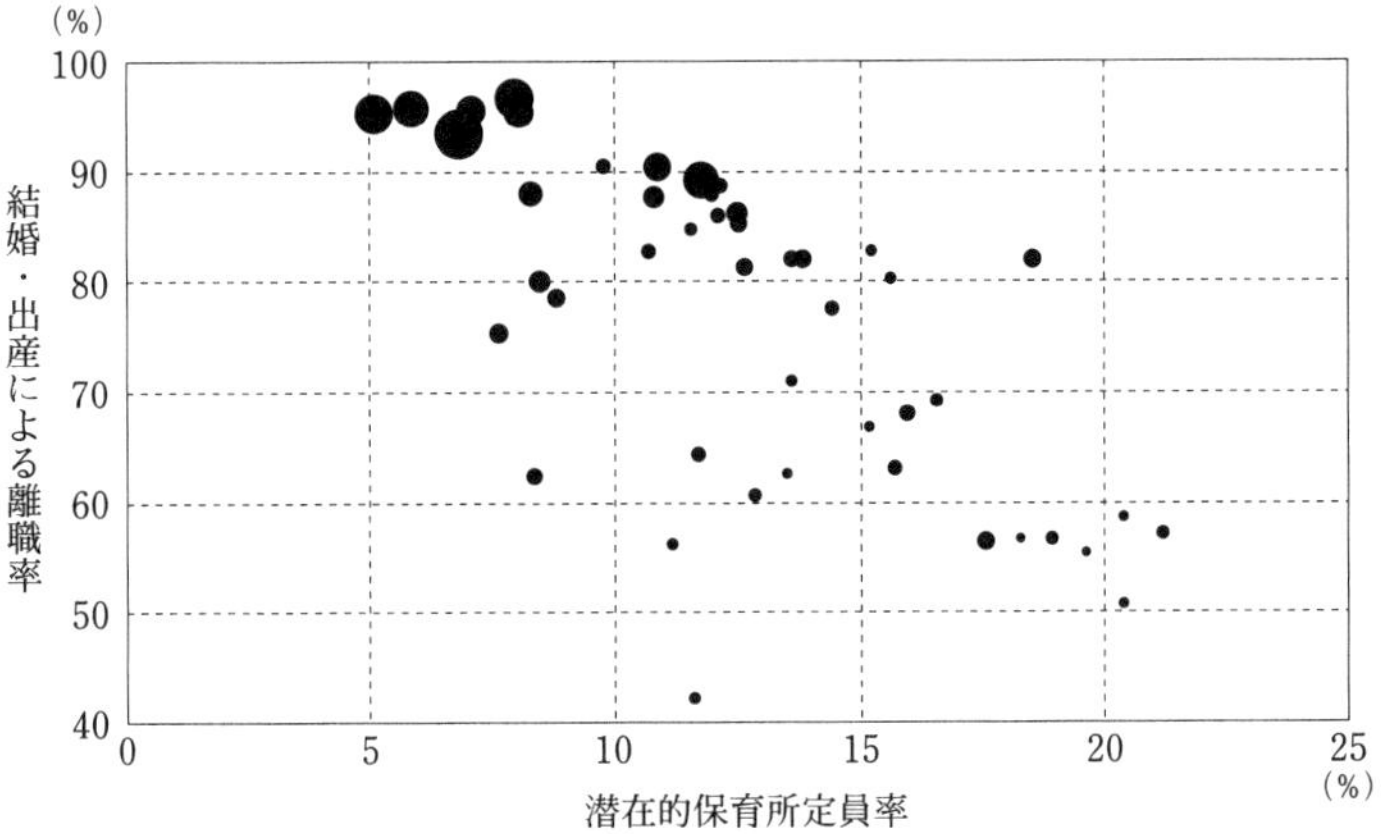

注）宇南山（2011）では，縦軸を「結婚・出産による離職率」と呼んでいる．その理由については，宇南山（2011）2.1節を参照.

出所）宇南山（2011）図6より引用（一部改変）.

図3−4　保育所整備と両立可能性

による離職率の関係をプロットしている。ただし、観察点の大きさは、各都道府県人口に比例させている。この図から、保育所がより整備されている（潜在的保育所定員率の高い）都道府県ほど、両立可能性が高い（結婚による離職率が低い）ことが分かる。すなわち、両立可能性と保育所の整備状況は、類似した統計的性質を示している。

Nishitateno and Shikata（2017）でも、保育所の整備が育児中の就業率を高めることが確認されている一方、Asai（2015）では、育児休業給付金の引き上げが女性の就業継続に与える影響がほとんどないことが示されている。これは、保育所の整備が就業継続に効果があることが確認されているが、他の両立可能性に影響を与えそうな要因で効果のあるものは見つかっていないことを意味している。つまり保育所の整備は、ほぼ唯一有効な両立支援となっている。

六　保育所整備と待機児童

安倍政権の発足以来「待機児童解消加速化プラン」の「緊急集中取組期間」で、保育所などの「保育の受け皿」は約31万人分が整備された。これは、２０１０年まで保育所定員が２１５万人程度で推移していたことと比較すれば、15％もの大幅増加であり、政策は順調に進んでいるように見える。

しかし、それにもかかわらず保育所不足は思うように解消されていない。図３－５は、近年の待機児童数の推移と、保育所の定員数を示したグラフである。保育所の整備が順調に進む一方で、2015・2016年とむしろ待機児童数は増加している。2016年2月には匿名ブログに「保育園落ちた日本死ね」と書かれ、国会でも取り上げられるなど、むしろ体感での保育所不足は深刻化している。

しかも、さらなる保育所の整備にはいくつかの壁が立ちはだかっており、これまでの延長で対応していくことは困難になっている。特に、保育所整備が本格化して以降、保育士の不足が表面化してきている。2015年1月の「保育士確保プラン」、匿名ブログの批判を受け2016年3月末に策定された「待機児童解消に向けて緊急的に対応する施策について」、2016年9月の「切れ目のない保育のための対策」、さらには2017年5月の「子育て安心プラン」に至るまで、保育士の待遇改善策などで対応を進めているが、大きな成果は出ておらず保育所整備の障壁となっている。また、適切な用地の確保も問題となっている。保育所が不足する都市部では、用地獲得コストが大きく、地元住民との合意も困難である。報道によれば、地元住民の反対により、品川区の池田山や武蔵野市の吉祥寺などで保育所の新設が断念されている。

こうした現状の問題点を把握し、理解するには、経済学的な考察が有効である。保育サービスには、子供の発育や女性の活躍など多くの外部性が関与するため、市場メカニズム（需要と供給が一致するように価格・数量が決定すること）だけでは社会的に最適な状態は達成できない(5)。しかし、現在の保育所が置かれた状況を理解するためには、需要・供給分析で考えることが第1歩となる。

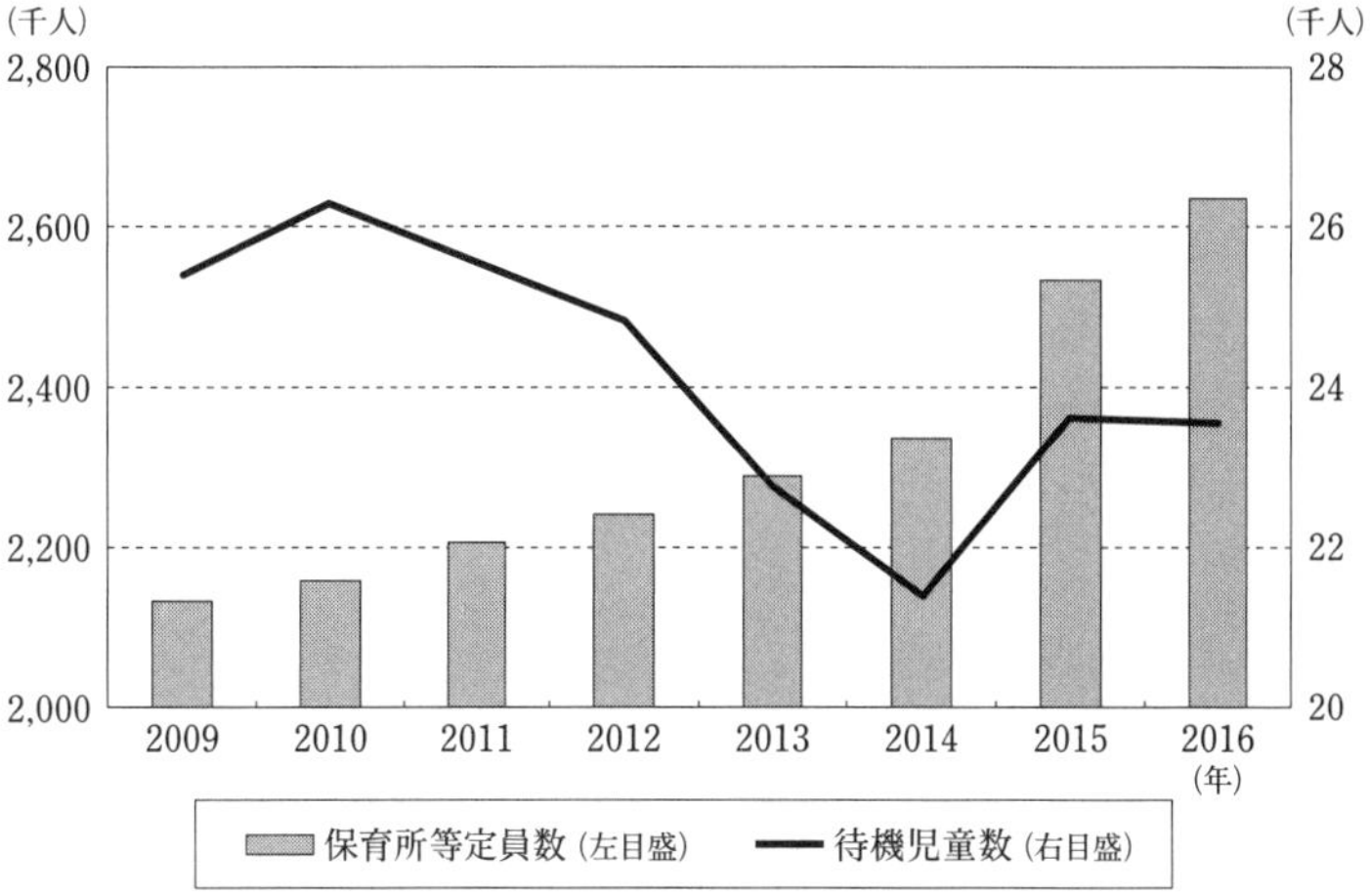

図３−５　保育所整備と待機児童

注）保育所等定員数には，認定こども園および特定地域型保育事業を含む.
出所）厚生労働省「保育所等関連状況取りまとめ」平成 28 年 4 月 1 日.

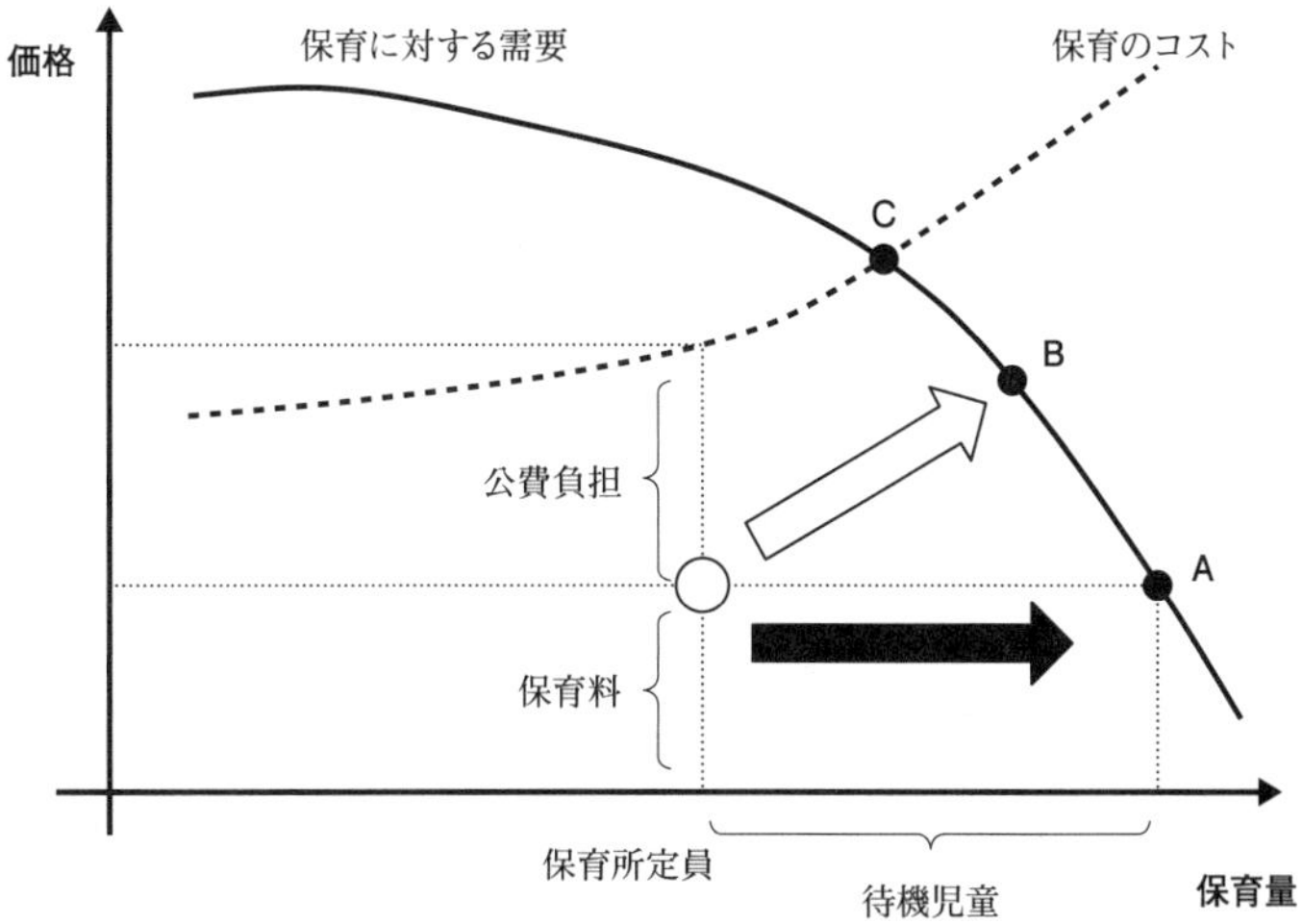

図３−６　保育所の需要と供給

図3－6は、需要と供給の概念に基づき、現状を描写したものである（縦軸は価格、横軸は数量である）。日本の保育サービスの供給は、通常の財やサービスと異なり、数量・価格ともに政策的に決定されている。保育所は、市町村の策定する保育計画に基づき整備される。消費者の支払う価格である保育料も、厚生労働省が上限を定め、市町村が所得水準ごとに定めている。自由に参入ができれば、通常の財・サービスと同様に、供給曲線は右上がりになると考えられるが、規制された供給は「曲線」ではなく「点」となっている。

一方、需要曲線は通常の財・サービスと同様に右下がりとなる。保育サービスは、家庭での子供の世話の代替物であり、その価値は基本的に機会費用で決まる。機会費用とは、子育てをするために労働市場を退出した場合に失われる賃金であり、子育て期間中に限らず、就業継続を断念した場合に失われる生涯所得である。需要曲線が右下がりなのは、より機会費用が低くても（賃金水準が低い、もしくは復帰が容易な職種など）、保育料が低ければ保育サービスの利用を希望することを意味している。

保育サービスの供給が「点」であるため、一般に、需要と供給は一致しない。数量面で見れば希望しても保育所に入れない「待機児童」が発生し、価格面では公費負担が不可欠となる。この構造が、待機児童が解消しない一方で、保育士が不足するメカニズムである。

待機児童の問題は、希望をしても入所できないということにとどまらない。よりニーズの高い（機会費用の高い）利用者を優先的に入所させることができないという問題でもある。入所の優先順位は、

表3－1　保育所のコストと負担

単位：月額，円

	板橋区		大田区	
	園児１人にかかる費用	保護者の負担する保育料の平均額	園児１人にかかる費用	保育料負担の上限（区独自基準）
0歳児	411,324	19,084	623,207	63,500
1歳児	207,158	20,375	270,358	63,500
2歳児	185,637	24,246	236,677	63,500
3歳児	110,357	17,122	120,046	28,600
4・5歳児	100,092	15,665	103,206	24,000

出所）板橋区「保育園の運営費用負担割合と園児一人にかかる費用と保護者負担額」．大田区「保育料（保育園・学童保育）のあり方に関する報告書」https://www.city.ota.tokyo.jp/kuseijoho/ota_plan/kobetsu_plan/kodomo/hoikuryo_kento/houkokusyo.files/honbun.pdf

各市町村が「入所選考基準」を策定して決定している。しかし、その基準は、歴史的な経緯から福祉施設としての役割を意識した基準であり、就業意識やキャリアへの影響など機会費用を決定する要因についてはほとんど考慮できていない。

また、入所の優先度を点数化しているとはいえ、多くの入所希望者が同点で並ぶことも多く、利用者から見ると不確定要素が多い。実際、保育所探しを意味する「保活」をキーワードにネットを検索すれば、形式的な要件を満たし点数を上げるテクニックが紹介されている。

さらに、こうした優先順位の決定方法は、需給のギャップという意味での真の待機児童数を把握することを困難にする。たとえ保育所の希望があっても、点数の低い者は入所を希望することすら断念する。その意味では、待機児童を解消することは、見かけ以上に難しい目標となっている。

一方、価格面で見れば、多くの公費が投入されていることは、保育所整備が大きな財政負担となることを意味する。そのため、現在の財政状況では、保育士の給与を大幅に引き上げることは困難なのである。

さらに、公費負担の部分は、入所の可否によって経済的なメリットに大きな格差を生じさせる原因にもなる。たとえば、データを公表している板橋区と大田区について、保育費用と負担の構造の状況を示したのが表3－1である。両区の試算では、ゼロ歳児の保育には月40万円以上の経費がかかるが、自己負担の上限は10万円程度である。しかも、応能原則で決まる実際の負担は平均で3万円程度である。つまり、入所の可否が、実質的に毎月30万円以上の補助金を受けられるかどうかを意味しているのである。

こうした入所基準に対する不確実性や、入所の可否による経済的メリットの落差は、利用希望者に大きな不安と不満を発生させる。しかも、保育所の整備が進んでも、こうした構造が解消される実感が生まれない。これが「日本死ね」ブログが書かれる背景となっているのである。

七 保育所整備の課題

前節の図3－6で示した構図でいえば、「待機児童解消加速化プラン」とは、市場の構造をそのままにして供給「点」を右に移動させる（点Aを目指す）政策と位置付けることができる。供給点を右に動かすことで予測される効果は、①入所のために必要な点数が低下し、これまでは断念していた潜在的な希望者が新たに待機児童数となる、②潜在的には供給曲線は右上りであるため、公費負担を増加させない限り追加的な供給が困難になる、というものである。

実際、図3－5に示したように、保育所の整備が進んだ2014年以降、待機児童数は減っていないどころかむしろ増加している。また、保育士の不足が顕在化していることは②の予測と一致する。すなわち、保育所の数量だけを増加させることは、すでに実現困難となりつつあり、しかも問題解決にもならないのである。

こうした状況の改善に必要なのは、価格メカニズムの活用、すなわち保育所の利用者負担の引き上げ（点Bを目指す政策）である。もちろん単純に需要と供給が一致する価格・数量（点C）を実現することが望ましいわけではないが、既存の枠組みを変えずに待機児童を解消しようとするより現実的な解決策となる(6)。

保育所利用の自己負担額を引き上げれば、需要曲線に従って入所希望者は減少する。つまり、図3－6の供給点を右側に移動させるのではなく、少しでも上に移動させることで需給のバランスを改善することができる。これは、恐らく多くの国民のイメージとは違った形となるが、「保育所に入所を希望したのに入所できない」待機児童の削減となる。

また、自己負担の増額は、総量としての保育所需要を抑えるだけでなく、機会費用の高い利用者を優先的に利用させる効果も持つ。より多くの保育料を支払う意思のある入所希望者は、長期的にはより生産性の高い労働力である可能性が高く、優先的に入所させることでマクロ的な機会損失を減らすことができる。しかも、保育所を利用すれば自己負担も大きくなるため、公費負担が減り、公平性の観点からも改善となる。

保育料の引上げは、需要側だけでなく、供給側にも影響を与える。公費負担が減れば、自由な参入退出ができる認可外保育所とのイコールフッティングに近づき、保育所間の競争を促すことができる。これは、結果として、自由な労働市場での保育士に対する需要を生み、保育士の賃金水準の上昇が期待できるのである。

もちろん、これまで優先されていた片親世帯や高額の負担が困難な低所得世帯への配慮は不可欠である。また、保育所に関する負担増が子供を持つコストを高めることで、少子化を深刻化させるとの主張もあるだろう。しかし、自己負担の増額分により、一定の財政的な配慮の余地が発生する。現状では約250万人分の保育所定員に対して、月平均約2万円の保育料が負担されている（厚生労働省「平成24年地域児童福祉事業等調査」）。この負担額を、認可外保育所の平均的な負担額である4万円程度（同）にするだけで年間6千億円の財源を確保することができる。これを、片親世帯・低所得者世帯などこれまで保育所に優先的に入所していた世帯への支援、児童手当の増額のような「子供の養育を要件」とした給付の増額に回すことができる。

既存の構造を維持しながらの保育所整備は、すでに曲がり角に来ている。「新三本の矢」として少子化対策に本気で取り組むのであれば、大胆な構造改革が不可欠である。保育関連の政策に市場メカニズムを導入することには、さまざまな方面から抵抗が強い。利用者負担増を財源にしながら、より柔軟な改革が求められる。

八　希望出生率1・8の実現可能性

ここまでで、保育所の整備がほぼ唯一の有効な両立支援策であり、女性の活躍を阻害しない少子化対策であると述べてきた。しかし、アベノミクスの「新三本の矢」の成否を考える上で問題になるのは、保育所の整備が進めば本当に希望出生率1・8が実現するかである。

残念ながら量的には、問題の完全な解決は難しそうである。保育所の整備状況が出生率に与える影響を分析した宇南山・山本（2015）によれば、前述の潜在的保育所定員率を1％高めれば、出生率が約0・02〜0・03程度上がるとの推計結果を示している。一方、20歳から44歳の女性の人口が約2000万人であることから、安倍政権発足から2017年に発表された「子育て安心プラン」まで予定される85万人分の「保育の受け皿」の整備は、おおむね4％程度の潜在的保育所定員率の上昇に相当する。つまり、合計特殊出生率の上昇は0・08から0・12程度と見込める。

別の研究として、Fukai（2017）でも、保育所の整備が出生率に与える影響が計測されている。用いている指標が異なるため単純な比較は困難であるが、ラフに言えば保育所を10％増加させると出生率を0・05程度引き上げられると計算でき、ここでの試算と大きな矛盾はない。

待機児童解消加速化プランの始まった２０１２年時点の合計特殊出生率が１・41だったことを考えれば、保育所の整備が予定通りできても、期待できる合計特殊出生率は１・５程度であり、１・８には及ばない。つまり、現在進められている「夢を紡ぐ子育て支援」の具体策だけでは、出生率１・８の数値目標は達成できそうもない。

では、他に希望出生率１・８を達成するためにできることはないのであろうか？ その点についても、筆者が現在進めている研究に基づき簡単に考察しておきたい。

出生率を引き上げる方法を考察するには、そもそも現状の少子化がなぜ発生したかを明らかにする必要がある。その原因については、まだコンセンサスが形成されてはいないが、結婚の意思決定と密接に関連しているのは間違いない。

日本では婚外子の割合が極めて低いため、出生率の低下は「有配偶率（結婚をした女性の割合）」と「有配偶出生率（既婚女性の出生率）」に要因分解できる。社会保障・人口問題研究所の計算に基づき計算すると、少子化の進行した１９７０年から２００５年にかけての合計特殊出生率の低下０・87ポイントのうち、「有配偶率」の影響は出生率の１・10ポイントの低下に相当し、「有配偶出生率」は、むしろ出生率を０・22ポイント引き上げる要因となっていた。これは、少子化が婚姻率の低下によって発生したことを示唆する。

しかも、婚姻率の低下は「晩婚化」ではなく、「非婚化」によるものである。50歳時点での未婚率である「生涯未婚率」は、１９８０年頃まで男女共５％未満であったが、２０１５年には女性で14％、男性では23％まで上昇している。その意味で、少子化の原因を知るには、人々がなぜ結婚をしなくなったかを明らかにする必要がある。

結婚の意思決定を分析した古典的研究であるBecker（1981）によれば、結婚には多くのメリットがある。夫婦による社会的役割の分業による利益、家計規模が拡大することによる規模の経済、精神的充足など結婚固有のメリットなどである。また、子供を持つことによる満足も重要な結婚のメリットとされる。

ただし、他の結婚のメリットと異なり、子供を持つことは機会費用を含め多くのコストも発生させる。特に、女性が労働市場でより高い報酬が受けられるようになると、機会費用の上昇は避けられない。そのため、子育てのコストの上昇が婚姻率低下の原因とされることも少なくない。

しかし、子育てコストの増大そのものは、非婚化の原因ではない。もし大多数にとって子育ての機会費用が、その他の結婚のメリットを打ち消すほど大きくなったのであれば、そもそも希望出生率はもっと低いはずである。また、子育てのコストだけが問題であれば、結婚をして子供を持たないという選択もある。子供を持たない結婚を選べば、他の結婚のメリットだけを享受できる。しかし、日本の夫婦のうち子供のいない割合は6・2％だけであり（国立社会保障・人口問題研究所「出生動向調査」）、非婚化の原因が子育ての機会費用の増加であるという見方と矛盾する。

それに対し、宇南山（２０１４）では、女性の賃金水準の上昇による子育てのコストの上昇は、たとえ子供を持つメリットを上回らなくても、非婚化の原因となりうるメカニズムを明らかにしている。

家族を「個人」の集合と捉え、家族内での分配に注目したコレクティブ（Collective）モデルとよばれる考え方に基づき、結婚の意思決定を考察したものである。コレクティブモデルは、Browning, Chiappori, and Weiss（2014）などが開発している新しい結婚の経済学といえる。ポイントは、結婚のメリットは夫婦間の「交渉」によって分配されており、必ずしも平等には分配されないことである。また、結婚後の分配を決定する重要な要因の一つが、各個人の労働市場での評価であることが前提になる。

この前提に基づけば、女性が子供を持ち子育てのために離職することは、「個人」として大きな負担となる。いったん離職をすれば、退職前のキャリアパスに戻ることは難しく、労働市場での評価は不可逆的に低下する。その結果、家計内での交渉力が弱まり、結婚後の資源配分は女性に不利なものになる。つまり、実質的に女性がより多くの子育てコストを負担することになり、夫婦の合計では結婚して子供を持つことにメリットがあっても、女性「個人」にとってはメリットがない事態が発生しうるのである。

それでも、男女の賃金格差が大きい社会では、相対的に高い夫の所得も分配されるため、結婚をして子供を持つことは合理的であり得た。しかし、女性の相対所得が上昇した現在では、独身にとどまれば高い所得機会を得ることができるため、離職の可能性がある結婚という選択肢は、それほど魅力的でなくなっているのである。

このロジックが正しければ、婚姻率を引き上げて少子化を解消するには、女性が結婚・出産後も高い労働市場での評価を維持できる社会を実現する必要がある。

結婚が離職を通じて労働市場での評価の低下を引き起こしているならば、ありえる対応の第1は、離職そのものを減らすことである。結婚・出産による離職率を下げるような施策とは、まさしく両立支援策であり、すでに見たようにほぼ唯一の具体策が保育所の整備である。女性の離職率を下げれば、家計内の分配を女性に有利とすることが可能となり、結婚へのインセンティブを引き上げる。逆に言えば、これこそが保育所整備が少子化対策となるロジックである。

一方、離職そのものを減らさずとも、離職後も労働市場での評価が下がらないようなシステムとすることでも対応が可能である。具体的には、就業形態間の所得差（フルタイム労働者とパートタイム労働者・正規労働者と非正規労働者の賃金差のようなもの）が小さいような社会の実現である。

残念ながら、実際には、男女雇用機会均等法以後の就業形態間の所得差は拡大傾向である。すでに見たように、フルタイム労働者に限れば男女の賃金差は大幅に縮小してきたが、パートタイム労働者の待遇の改善幅は大きくない。これは、正規・非正規の賃金格差として顕在化してきた問題であるが、ここでの問題意識で言えば「結婚前の評価」と「出産後の評価」の差と解釈できる。

この就業形態間賃金差については、アベノミクスの「新三本の矢」のうちの第1の矢である「希望を生み出す強い経済」における、いわゆる「働き方改革」と密接に関連している。たとえば、同一労働同一賃金が達成されれば、正規・非正規間の賃金格差が解消され、離職をしても労働市場での評価を下げずに済むようになるだろう。

つまり、少子化の解消には、保育所の整備に加え、正規・非正規間格差を縮小させることも有効と考えられる。保育所のように「働きながら子育て」ではなく、子育て後に労働市場に復帰しても働きやすい環境を作ることで、家計内分配を女性に有利にすることができ、結婚促進策となるのである。

この就業形態間の賃金差を解消する施策の効果については、今のところ定量的に把握できていない。もし、こうした施策の効果が十分に大きければ、アベノミクス「新三本の矢」を全体として進めることで、希望出生率1・8の達成も不可能ではないだろう。

九　おわりに

本章では、アベノミクス「新三本の矢」のうち「夢を紡ぐ子育て支援」について考察をしてきた。これまで、ある種のタブーとなってきた出生率に対する数値目標を掲げる野心的な政策パッケージである。

高齢化・人口減少の環境下にある日本では、少子化対策は女性の活躍と両立させることに不可欠である。そのため、政策の中心は子育てと就業の両立支援策でなければならない。

これまで、多くの両立支援策が実施されてきたが、統計的に見ればほぼ唯一の有効な両立支援策は保育所の整備である。その意味で、「夢を紡ぐ子育て支援」の中心が保育所の整備であることは、望ましい方向性である。

しかし、保育所を整備するにあたっては、費用負担の問題を避けて通れない。保育所の子育て支援機能が存在していることを考慮すれば、一定の応益負担が必要である。現在の「待機児童解消加速化プラン」および「子育て安心プラン」に、費用負担の改革に対する視点が欠けているのは残念である。また、保育所の整備だけでは、数値目標である希望出生率1・8の達成は難しいと考えられる。「働き方改革」など、「新三本の矢」が全体として推進されることで、少子化を巡る状況を少しでも改善されることを期待したい。

注

（1） 1・57ショックとは、1990年の合計特殊出生率がそれまでの過去最低であった1966年を下回ったことで、少子化の深刻化が強く認識されたことを指す。1966年は、「ひのえうま」の干支にあたり、迷信により子供を産むことが敬遠されていた例外的な年である。

（2） ニッポン一億総活躍プランでは、⑴子育て・介護の環境整備、⑵すべての子供が希望する教育を受けられる環境の整備、⑶女性活躍、⑷結婚支援の充実、⑸若者・子育て世帯への支援、⑹子育てを家族で支える三世代同居・近居しやすい環境づくり、⑺社会生活を円滑に営む上での困難を有する子供・若者等の活躍支援、の7項目が列挙されている。

（3） さらには、M字カーブを解消して単純な台形にすることが正しい政策目標であると考えられることすらある（たとえば、平成22年版および平成25年版の『男女共同参画白書』を参照）。

（4） 詳細な結果は、宇南山（2013）を参照。

（5） 保育市場の問題を市場によって解決することの問題点については、Blau（2001）を参照。

（6）　八代・鈴木・白石（２００６）でも同様の主張がされている。

参考文献

Asai, Y.（2015）, "Parental Leave Reforms and the Employment of New Mothers: Quasi-experimental Evidence from Japan," *Labour Economics*, Vol. 36, pp. 72–83.

Becker, G. S.（1981）, *A Treatise on the Family*, London: Harvard University Press.

Blau, D. M.（2001）, *The Child Care Problem: An Economic Analysis*, New York: Russell Sage Foundation.

Browning, M., P.-A. Chiappori, and Y. Weiss.（2014）*Economics of the Family*, Cambridge: Cambridge University Press,

Fukai, T.（2017）, "Childcare Availability and Fertility: Evidence from Municipalities in Japan," *Journal of the Japanese and International Economies*, Vol. 43, pp. 1–18.

Nishitateno, S. and M. Shikata（2017）, "Has Improved Daycare Accessibility Increased Japan's Maternal Employment Rate? Municipal Evidence from 2000–2010," *Journal of the Japanese and International Economies*, Vol. 44, pp. 67–77.

宇南山卓（２０１１）「結婚・出産と就業の両立可能性と保育所の整備」『日本経済研究』第65号、１－22頁。

宇南山卓（２０１３）「仕事と結婚の両立可能性と保育所――２０１０年国勢調査による検証」RIETI Discussion Paper Series, No. 13–J–039.

宇南山卓（２０１４）「女性の労働市場・家計内分配と未婚化」RIETI Discussion Paper Series, No. 14–J–048.

宇南山卓・山本学（２０１５）「保育所の整備と女性の労働力率・出生率――保育所の整備は女性の就業と出産・育児の両立を実現させるか」PRI discussion paper series, No. 2015A–2, 財務省財務総合政策研究所研究部。

八代尚宏・鈴木亘・白石小百合（２００６）「保育所の規制改革と育児保険――少子化対策の視点から」『日本経済研究』第53号、１９４‐２２０頁。

第4章　家庭・職場環境と働き方

――企業における女性就業

作道　真理

一　はじめに

日本では少子高齢化により人口構造の大きな変化が進み、２０１５年には１人の高齢者（65歳以上）を2・3人の現役世代（15歳から64歳）で支え、２０１６年には年間の出生数が１００万人を割りこみ、また、約10万人が介護を理由に離職している。こうした中で社会が持続的な発展をするため、アベノミクス政策では「一億総活躍社会」の実現を目標として掲げている。その政策の下、「すべての女性が輝く社会」は、アベノミクス新・第二の矢（希望出生率１・８の実現）、そして、新・第三の矢（介護離職ゼロ）と密接に関係した最重要課題の一つである。この課題は、２００９年から男女共同参画社会基本法が施行され、「男性も女性も、意欲に応じて、あらゆる分野で活躍できる社会」の実現を推し進める延長上にある。その後、社会における女性の活躍を推進するため、２０１５年には「女性の職業生活における活躍の推進に関する法律（女性活躍推進法）」が成立し、数値目標を盛り込んだ行動計画の策定・公表や、女性の選択肢に資する情報の公表が事業者に義務付けられた。さらに、閣議決定された「第４次男女共同参画基本計画」では、男性中心型労働慣行等の変革、指導的地位に就く女性の人材層の拡充を含めた女性の参画拡大等の取り組みに重点を置き、男女が共に暮らしやすい社会を実現することを目標としている。

そこで、本章では、家庭や職場における環境整備が、わが国の女性の働き方を促進する上でいかに重要であるかについて考察する。分析では、企業が、自主的な取り組みとして、再雇用制度を充実させることが女性の仕事への参画を促し、保育設備・手当などを充実させることは、女性の継続就業の一助となる可能性が示唆される。その一方で、多様な人材の能力活用を目的とした部署の設置によって、女性の指導的地位への登用が進むという傾向はみられなかった。

以下では、まず第二節で、家庭における家事・育児に関する状況と女性の労働供給に関して統計データから日本の特徴を説明し、第三節で政府による取り組みとして、２０１６年から施行された「女性活躍推進法」とその状況を概観する。さらに第四節で、法律などによる義務事項ではなく、企業の自主的な取り組みとして、企業における職場環境と女性の働き方の間にはどのような関係があるかに関して、推計に基づいた分析結果を紹介する。最後に第五節で、全体のまとめを行うこととする。

二　家庭生活と雇用環境

仕事と家庭という観点から現在の状況をみてみると、諸外国との国際比較における日本の特徴の一つとして、家庭における家事・育児という負担が女性に大きく偏っているということがある。図4－1は、先進国における「6歳未満の子供を持つ夫の家事・育児関連時間（1日当たり）」を示しており、ノルウェー、スウェーデン、ドイツ、米国などの他の国々と比較して、日本の夫の平均的な家事・育児関連時間は非常に短いことが分かる。例えば、スウェーデンでは3時間21分であるのに対し、日本では1時間7分と3分の1の長さである。さらに、夫の家事・育児への参画は近年増加傾向にあるものの、図4－2が示すように、6歳未満の子供を持つ夫のうち、育児について約7割、家事については8～9割が全く参画していない。妻が働いている場合においてでも、夫の家事への参画率は19・5％（2011年）、育児への参画率は32・8％（2011年）でしかない。

この背景には、諸外国と比べて日本では、正規雇用者の労働時間が長く、非正規雇用者に比べて賃金が高い、さらに、一度離職すると以前と同等の水準の賃金を得るのは困難であるという雇用環境が影響していると考えられる。男性の職場での労働が長時間であれば、仕事と家庭との両立は難しくなり、夫の家事・育児などの家庭生活への参画を困難にし、同時に、妻の家事・育児負担の増加と、女

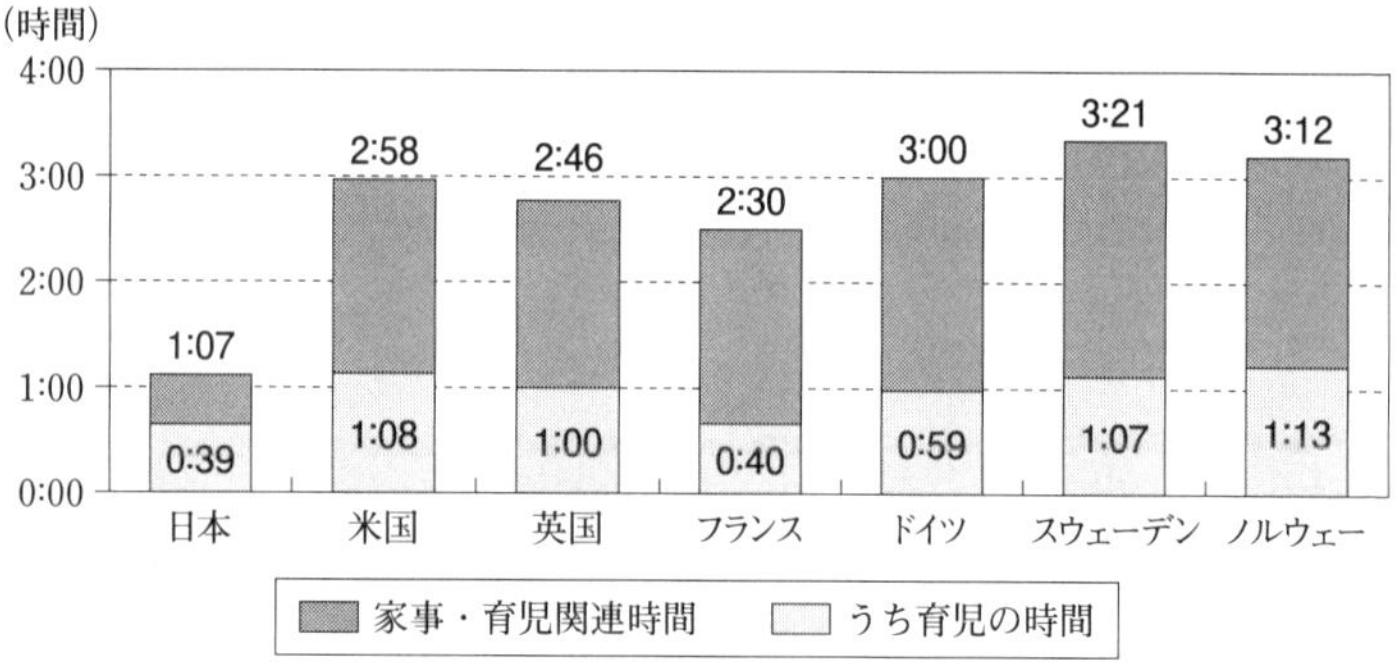

図４－１　６歳未満の子供を持つ夫の家事・育児関連時間（１日当たり）

注）1. 総務省「社会生活基本調査」（平成 23 年），Bureau of Labor Statistics of the U.S. "AmericanTimeUse Survey"（2014）及び Eurostat "How Europeans Spend Their Time Everyday Life of Women and Men"（2004）より作成.
2. 日本の値は，「夫婦と子供の世帯」に限定した夫の１日当たりの「家事」，「介護・看護」，「育児」及び「買い物」の合計時間（週全体平均）.

出所）『男女共同参画白書　平成 28 年版』.

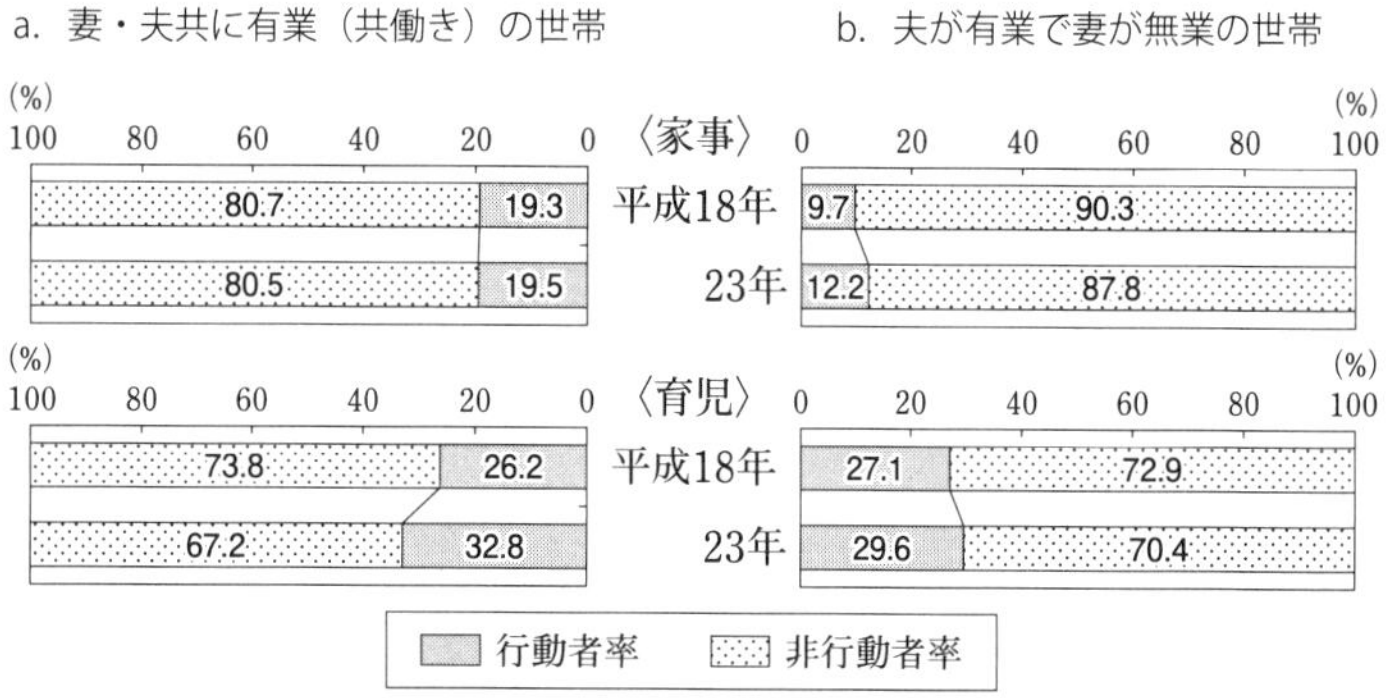

図４－２　６歳未満の子供を持つ夫の家事・育児関連行動者率

注）1. 総務省「社会生活基本調査」より作成.
2. 「夫婦と子供の世帯」における６歳未満の子供をもつ夫の１日当たりの家事関連（「家事」及び「育児」）の行動者率（週全体平均）.
※ 行動者率……該当する種類の行動をした人の割合（%）
※ 非行動者率……100% －行動者率
3. 本調査では，15 分単位で行動を報告することとなっているため，短時間の行動は報告されない可能性があることに留意が必要である.

出所）『男女共同参画白書　平成 28 年版』.

性の仕事参画に制約を与える可能性がある。Hersch and Stratton（1994）によると、米国でも家事に費やす時間が長いほど賃金は低くなるという負の相関があり、その傾向は特に女性において顕著であるという実証研究結果が報告されている。家庭での役割分担が大きいために就業時間・期間が短ければ、直接的に仕事に費やすエネルギー・時間が限られるだけでなく、人的資本の蓄積も少なくなり、賃金に負の影響を与えると解釈できるからである。また逆に、賃金が低い配偶者ほど、家庭内での家事を多く分担するようになるのである。

２０１５年時点で、日本の生産年齢人口（15歳から64歳）のうち、男性の就業率は81・１％であるのに対して女性は64・６％である。図４－３が示すように、女性の就業率はＯＥＣＤ諸国の中で中位程度であり平均（58・０％、２０１４年）を少し上回る水準であるが、日本男性の就業率はＯＥＣＤ諸国３位と高いことから、諸外国との比較においても若干就業の男性比率が高い傾向がある。就業者に占める女性の割合は、図４－４にあるように、フランス（48・３％）、スウェーデン（47・７％）などと比べて日本は43・２％と相対的に少し低くなっている。

このように日本の女性就業率が低くなる要因の一つとして、日本では女性が出産・育児のために仕事を辞めざるを得ない場合が多いことがあげられる。女性の仕事への参画率を年齢別でみると、図４－５が示すように、日本や韓国は、労働力が30歳代に下がるという欧米諸国ではみられない特徴がある(1)。

さらに、職場での仕事の役割分担をみてみると、日本では指導的地位に就く女性の割合が非常に少

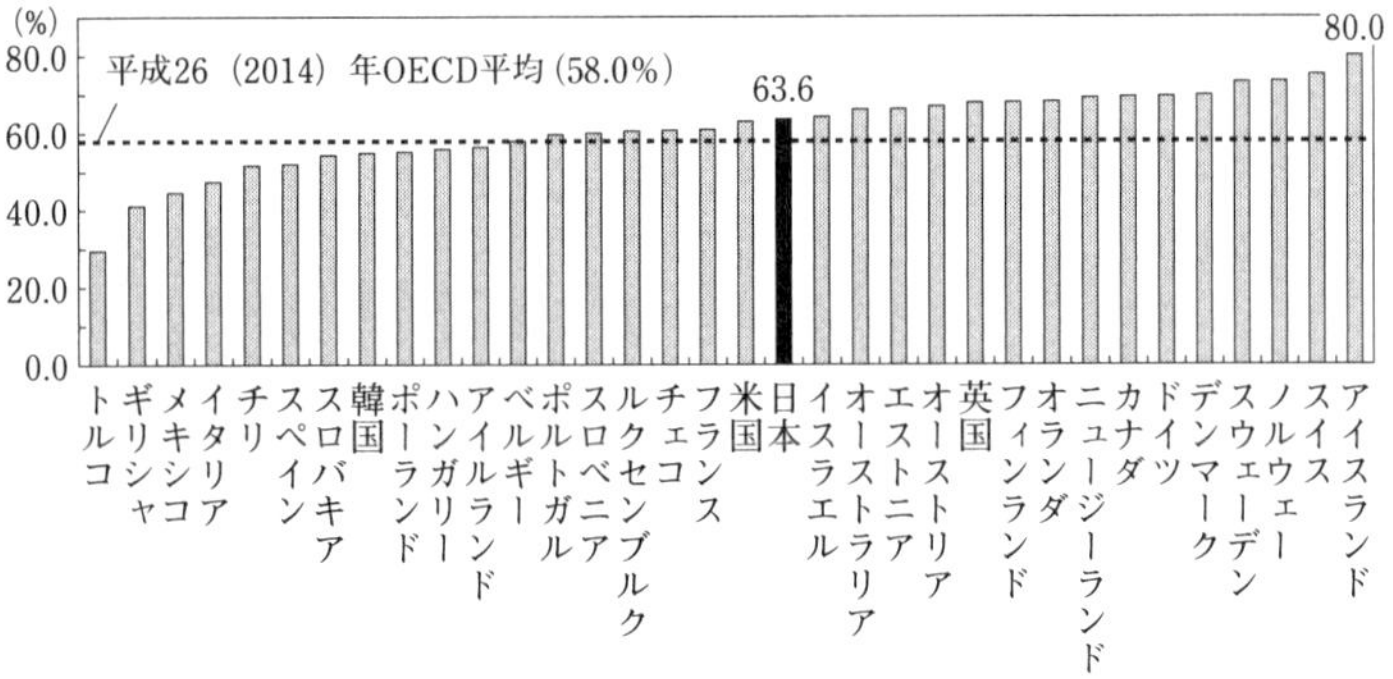

図4-3　OECD諸国の女性（15～64歳）の就業率（2014年）

注）1. OECD "Employment Outlook 2015" より作成．ただしチリは OECD "OECD. stat" より作成．
2. 就業率は，「15～64歳就業者数」／「15～64歳人口」×100.

出所）『男女共同参画白書　平成28年版』．

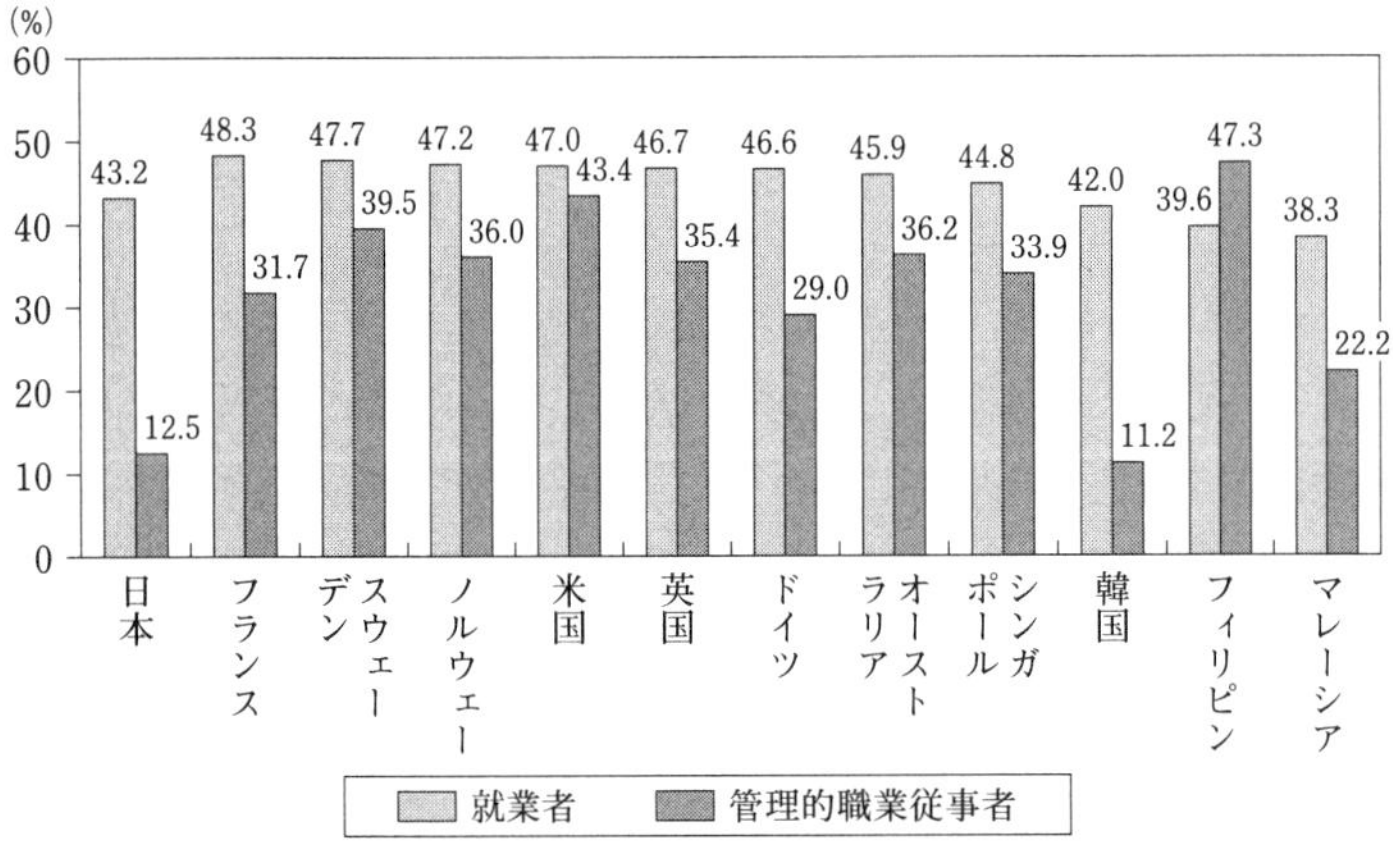

図4-4　就業者及び管理的職業従事者に占める女性の割合

注）1. 総務省「労働力調査（基本集計）」（平成27年），その他の国は ILO "ILOSTAT" より作成．
2. 日本，フランス，スウェーデン，ノルウェー及び英国は2015年（平成27年），米国は2013年（平成25年），その他の国は2014年（平成26年）の値．
3. 総務省「労働力調査」では，「管理的職業従事者」とは，就業者のうち，会社役員，企業の課長相当職以上，管理的公務員等．また，「管理的職業従事者」の定義は国によって異なる．

出所）『男女共同参画白書　平成28年版』．

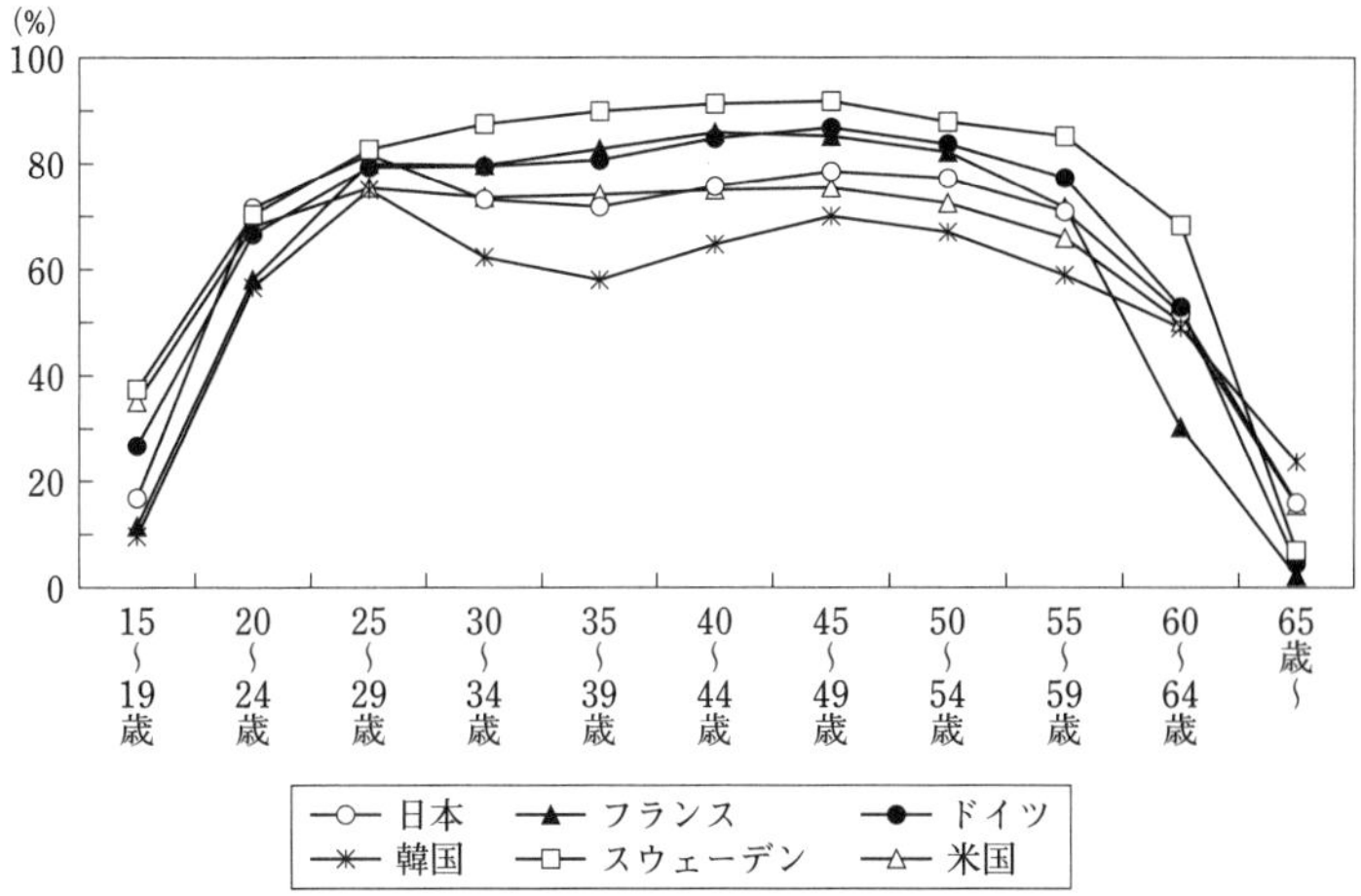

図4-5　主要国における女性の年齢階級別労働力率

注）1. 日本は総務省「労働力調査（基本集計）」（平成27年），その他の国はILO "ILOSTAT" より作成.
2. 労働力率は，「労働力人口（就業者＋完全失業者）」／「15歳以上人口」×100.
3. 日本，フランス，韓国及び米国は2015年（平成27年）値，その他の国は2014年（平成26年）値.
4. 米国の15〜19歳の値は，16〜19歳の値.
出所）『男女共同参画白書　平成28年版』.

なく、他の先進諸国に比べて女性の仕事分担が管理職以外の仕事に偏っている。図4－4が示すように、管理的職業従事者に占める女性比率が日本では12・5％（2015年）のみで、政府が目標とする2020年30％には程遠い水準である。例えば米国の状況をみると、その比率は43・4％であり、すなわち、日本の3倍以上の割合の女性が管理職として働いている。就業者に占める女性比率（47・0％）に対して、管理職に占める女性比率（43・4％）は少し低くなるが1・1分の1程度の（4％ポイント弱の）違いしかない。それに対し日本では、女性比率が就業者43・2％に対して管理職12・5％と3・5分の1に大幅に縮小しており

（30％ポイント以上少なく）、指導的地位での女性比率が国際的に極めて低い水準であることが分かる。

三　政府による取り組み

これまでみてきたように、他の先進諸国と比較して、日本では家事・育児の負担が女性に大きく偏っている結果、労働市場で女性の役割が制約されている。それでは、このような構造的な問題を解決するために、どのような施策が有効であろうか。本節ではこの問題を考える足掛かりとして、政府の取り組みに焦点をあて、2015年8月28日に国会で成立し、2016年4月から女性活躍推進法が完全施行された女性の職業生活における活躍の推進に関する法律（女性活躍推進法）について、その概要と実施状況を簡単にみてみよう。

女性活躍推進法では、自らの意思によって職業生活を営み、又は営もうとする女性の個性と能力が十分に発揮されることが一層重要であるため、以下の3点を基本原則として、女性の職業生活における活躍を推進し、豊かで活力ある社会の実現を図ることを目的としている（厚生労働省）。その基本原則とは、（1）女性に対する採用、昇進等の機会の積極的な提供及びその活用と、性別による固定的役割分担等を反映した職場慣行が及ぼす影響への配慮が行われること、（2）職業生活と家庭生活との両立を図るために必要な環境の整備により、職業生活と家庭生活との円滑かつ継続的な両立を可能にすること、そして、（3）女性の職業生活と家庭生活との両立に関し、本人の意思が尊重されるべきことである。

具体的には、国や地方公共団体、民間事業主は、省令で定められている事項のうち、事業主が選択した事項——例えば、①女性採用比率、②勤続年数男女差、③労働時間の状況、④女性管理職比率等といった女性の活躍に関する事項——に関して状況を把握、改善すべき事情についての分析をした上で、その分析を踏まえ、定量的目標や取り組み内容などを内容とする「事業主行動計画」の策定、及び、その情報の公表をしなければならない。ただし、その取り組み実施と目標達成は努力義務であり、また、対象企業として、常時雇用労働者が300人以下の民間事業主については努力義務としている。

さらに、国は、優れた取り組みを行う一般事業主の認定として、行動計画の策定・届け出を行った企業のうち、女性の活躍推進に関する取り組みの実施状況が優良な企業は、都道府県労働局への申請により、厚生労働大臣の認定を受けることができるとしている。表4－1にあるように、女性の職業生活における活躍の状況に関する実績に係る基準として、①採用、②継続就業、③労働時間等の働き方、④管理職比率、そして、⑤多様なキャリアコースに関する基準値を設定し、その実績値に従い3段階に分かれた認定を行っており、認定を受けた企業は、認定マーク「えるぼし」を商品、広告、求人広告などに付すことができる。その結果、企業イメージの向上、労働者のモチベーションアップやそれに伴う生産性の向上、優秀な労働者の採用・定着の可能性がある。

実際の企業の取り組み状況をみてみると、一般事業主行動計画策定に関して、2016年4月時点

表４－１　女性活躍推進法に基づく認定制度

○行動計画の策定・届出を行った企業のうち，女性の活躍推進に関する取組の実施状況等が優良な企業は，都道府県労働局への申請により，厚生労働大臣の認定を受けることができる．（認定企業の一覧はこちら http://www.mhlw.go.jp/stf/seisakunitsuite/bunya/0000129028.html）

○認定を受けた企業は，厚生労働大臣が定める認定マーク「えるぼし」を商品などに付すことができる．

認定の段階

※法施行前からの実績の推移を含めることが可能

１段階目	●次ページに掲げる５つの基準のうち１つ又は２つの基準を満たし，その実績を厚生労働省のウェブサイトに毎年公表していること． ●満たさない基準については，事業主行動計画策定指針に定められた当該基準に関連する取組を実施し，その取組の実施状況について厚生労働省のウェブサイトに公表するとともに，2年以上連続してその実績が改善していること． ●下段の★印に掲げる基準を全て満たすこと．
２段階目	●次ページに掲げる５つの基準のうち３つ又は４つの基準を満たし，その実績を厚生労働省のウェブサイトに毎年公表していること． ●満たさない基準については，事業主行動計画策定指針に定められた当該基準に関連する取組を実施し，その取組の実施状況について厚生労働省のウェブサイトに公表するとともに，2年以上連続してその実績が改善していること． ●下段の★印に掲げる基準を全て満たすこと．
３段階目	●次ページに掲げる５つの基準の全てを満たし，その実績を厚生労働省のウェブサイトに毎年公表していること． ●下段の★印に掲げる基準を全て満たすこと．

★【別紙】に掲げる基準以外のその他の基準

○事業主行動計画策定指針に照らして適切な一般事業主行動計画を定めたこと．

○定めた一般事業主行動計画について，適切に公表及び労働者の周知をしたこと．

○法及び法に基づく命令その他関係法令に違反する重大な事実がないこと．

（表 4－1）

【別紙】女性の職業生活における活躍の状況に関する実績に係る基準

評価項目	基準値（実績値）
①採用	男女別の採用における競争倍率（応募者数／採用者数）が同程度（※）であること （※ 直近 3 事業年度の平均した「採用における女性の競争倍率（女性の応募者数 ÷ 女性の採用者数）」×0.8 が，直近 3 事業年度の平均した「採用における男性の競争倍率（男性の応募者数÷男性の採用者数）」よりも雇用管理区分ごとにそれぞれ低いこと）
②継続就業	ｉ）「女性労働者の平均継続勤務年数÷男性労働者の平均継続勤務年数」が雇用管理区分ごとにそれぞれ 7 割以上であること 又は ii）「10 事業年度前及びその前後の事業年度に採用された女性労働者のうち継続して雇用されている者の割合」÷「10 事業年度前及びその前後に採用された男性労働者のうち継続して雇用されている者の割合」が雇用管理区分ごとにそれぞれ 8 割以上であること
③労働時間等の働き方	雇用管理区分ごとの労働者の法定時間外労働及び法定休日労働時間の合計時間数の平均が，直近の事業年度の各月ごとに全て 45 時間未満であること
④管理職比率	ｉ）管理職に占める女性労働者の割合が別に定める産業ごとの平均値以上であること （※ 産業大分類を基本に，過去 3 年間の平均値を毎年改訂.） 又は ii）直近 3 事業年度の平均した「課長級より 1 つ下位の職階にある女性労働者のうち課長級に昇進した女性労働者の割合」÷直近 3 事業年度の平均した「課長級より 1 つ下位の職階にある男性労働者のうち課長級に昇進した男性労働者の割合」が 8 割以上であること
⑤多様なキャリアコース	直近の 3 事業年度に，以下について大企業については 2 項目以上（非正社員がいる場合は必ず A を含むこと），中小企業については 1 項目以上の実績を有すること A 女性の非正社員から正社員への転換 B 女性労働者のキャリアアップに資する雇用管理区分間の転換 C 過去に在籍した女性の正社員としての再雇用 D おおむね 30 歳以上の女性の正社員としての採用

注）雇用管理区分ごとに算出する場合において，属する労働者数が全労働者数のおおむね 1 割程度に満たない雇用管理区分がある場合は，職務内容等に照らし，類似の雇用管理区分とまとめて算出して差し支えないこと（雇用形態が異なる場合を除く）.

出所）厚生労働省.

表4-2 「えるぼし」認定の取得状況（平成29年6月30日現在）

単位：社

	認定企業数	設定段階1		設定段階2		設定段階3	
		301人以上企業数	300人以下企業数	301人以上企業数	300人以下企業数	301人以上企業数	300人以下企業数
北海道	4	0	0	1	0	3	0
青森県	3	0	0	1	0	2	0
岩手県	5	0	0	0	0	4	1
宮城県	4	0	0	3	0	1	0
秋田県	0	0	0	0	0	0	0
山形県	1	0	0	0	0	1	0
福島県	4	0	0	2	0	1	1
茨城県	4	0	0	0	0	4	0
栃木県	1	0	0	0	0	1	0
群馬県	3	0	0	1	0	0	2
埼玉県	15	0	0	2	0	11	2
千葉県	13	0	0	2	0	8	3
東京都	181	2	0	62	7	93	17
神奈川県	13	0	0	2	0	10	1
新潟県	3	0	0	2	0	0	1
富山県	3	0	0	0	0	3	0
石川県	0	0	0	0	0	0	0
福井県	3	0	0	0	0	3	0
山梨県	1	0	0	1	0	0	0
長野県	6	0	0	0	0	3	3
岐阜県	3	0	0	1	0	2	0
静岡県	4	0	0	1	0	3	0
愛知県	18	0	0	9	0	5	4
三重県	0	0	0	0	0	0	0
滋賀県	1	0	0	1	0	0	0
京都府	5	0	0	1	0	2	2
大阪府	27	1	0	7	0	18	1
兵庫県	11	0	0	4	0	7	0
奈良県	1	0	0	0	0	1	0
和歌山県	0	0	0	0	0	0	0
鳥取県	0	0	0	0	0	0	0
島根県	2	0	0	1	0	1	0
岡山県	2	0	0	1	0	1	0
広島県	3	0	0	2	0	1	0
山口県	1	0	0	0	0	1	0
徳島県	2	0	0	0	0	2	0
香川県	1	0	0	0	0	1	0
愛媛県	0	0	0	0	0	0	0
高知県	0	0	0	0	0	0	0
福岡県	6	0	0	2	1	3	0
佐賀県	1	0	0	1	0	0	0
長崎県	0	0	0	0	0	0	0
熊本県	2	0	0	0	0	2	0
大分県	1	0	0	1	0	0	0
宮崎県	0	0	0	0	0	0	0
鹿児島県	1	0	0	0	0	1	0
沖縄県	1	0	0	0	0	1	0
合計	360	3	0	111	8	200	38

出所）厚生労働省.

で、常時雇用労働者３０１人以上の企業のうち71・１％が届け出ていたのに対し、２０１７年６月時点では、99・５％に上昇し、ほとんどの企業が行っている。しかし、「えるぼし」認定の取得状況に関しては、２０１７年６月に全企業数（常時雇用労働者３０１人以上）が、１万５９６６であるのに対して、認定企業数は、認定段階１～３の全てを合わせても３６０企業のみにとどまっている（表４－２）。認定制度は、企業の自主的な取り組みを促すことにより女性の雇用環境の改善を図るものであるが、法的な義務を超えた自主的取り組み状況に関しては企業間に大きなバラツキが存在することが示唆される。

四　企業における雇用環境

前節では、雇用環境を改善するための法律の一つとして、女性活躍推進法とその状況を概観した。本節では、自主的な取り組みとして企業が採用している雇用制度のうち、いくつかを取り上げて、上場企業・大企業に焦点を当てながら、各企業の雇用・人材活用、ＣＳＲ、及び、環境に関する情報を収録している『ＣＳＲ企業総覧２０１４年度版』を用いて企業における職場環境と女性の働き方について分析した研究結果（Sakudo 2017）の一部を紹介し、以下の3点を明らかにしていく。[2]（１）再雇用制度がある企業では従業員に占める女性比率が高い傾向がある。（２）育児休業復職比率が高いと女性が離職せずに継続的な就業をする傾向がある。また、保育設備・手当のある企業や、多様な人材の能力活用・登用を目的とした部署を設置している企業では、女性の平均勤続年数が長い傾向がある。しかし、休業取得率と勤続年数には正の相関、つまり、取得率が高いと勤続年数が長いという関係は観測されない。(3)多様な人材を活用するための部署を設置することにより、女性の指導的地位への登用が進む傾向はみられない。

1 仕事への参画

就業という点では、上場企業・大企業における女性の従業員比率は21・7%と低く、全職業の平均値(2015年43・2%、総務省「労働力調査」)と比べて半分程度の水準でしかない。その中で、妊娠・出産・育児・介護・転勤などを理由に退職した社員の再雇用制度がある企業では、その制度がない企業と比べて女性比率が3・8%ほど統計的に有意に高い傾向がある。これは、再雇用制度などの企業の取り組みは女性の仕事への参画の一助となっている可能性を示唆している。

他方で、残業時間の長い企業では、女性従業員比率が統計的有意に低くなる傾向が観測された。図4−6は、月平均残業時間と女性従業員比率の関係を企業ごとにプロットし、赤い線は局所加重回帰推定により得られた関係を表している。平均残業時間が約15時間を超えると、女性比率は20%以下に下がっていることが分かる。これは、家庭の家事分担は女性が多くを担っている傾向があるため、長時間労働を前提とする職場では女性の比率が低くなる可能性を示している。

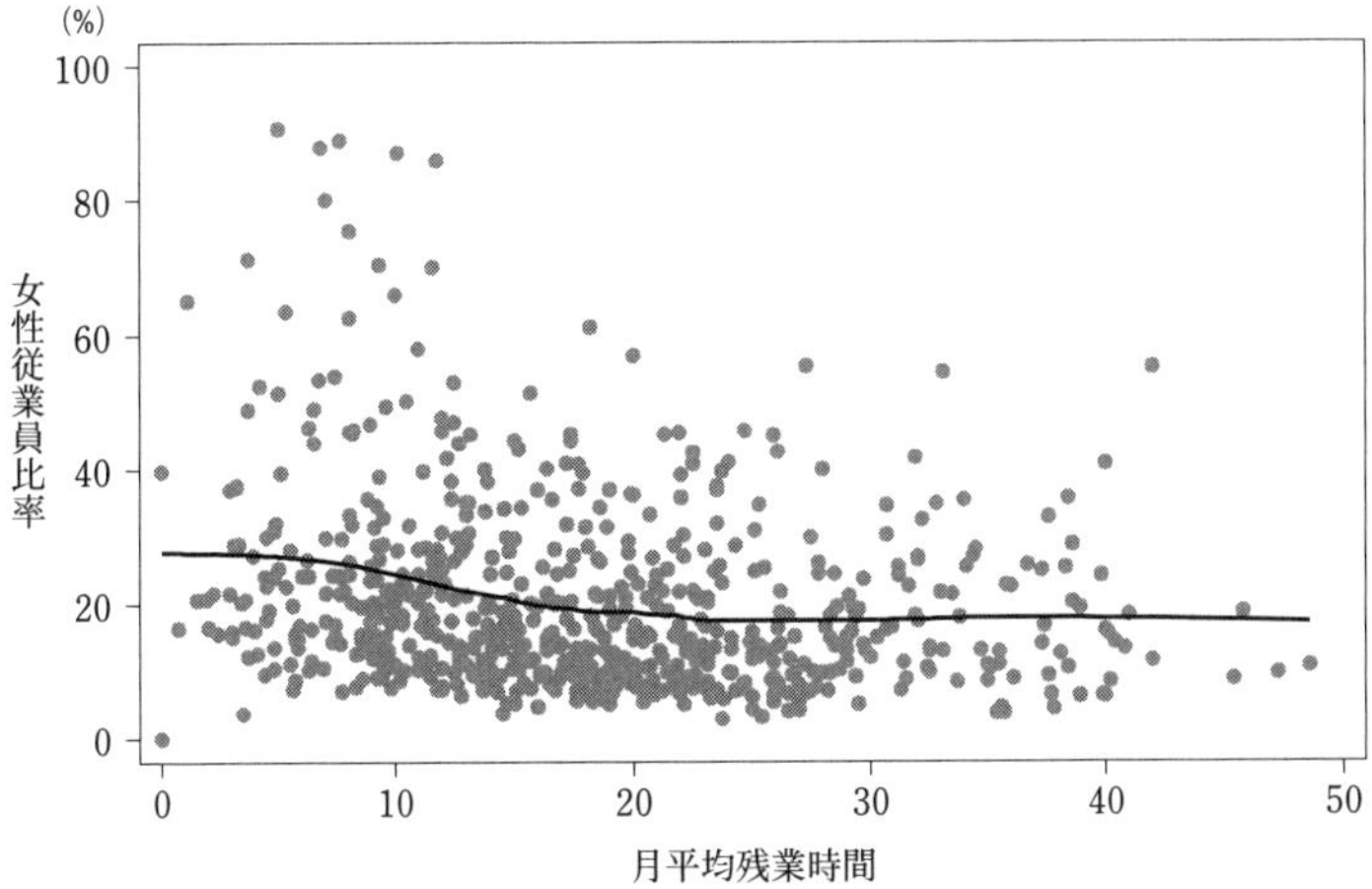

図4－6　月平均残業時間と女性従業員比率（上場企業・大企業，2012年）

出所）『CSR企業総覧2014年度版』より筆者作成.

2　継続的な就業

勤務している企業でどれだけ長く働き続けるかという点でも、男性と女性の働き方には違いがみられる。男女別に勤続年数の分布を推定した結果によると、図4－7にあるように男性の平均値に比べて女性の平均値は3・3年短く、11・9年付近をピークとした左寄りに位置した分布となっている。先に述べたように、女性は働き始めてから10年程度の30歳代で育児・出産を契機に就業を継続することが困難である場合が多いことが影響していると考えられる。しかし、こうした離職を契機に勤続年数が短くなると、職場における人的資本の蓄積が少なくなり、賃金が低くなってしまう

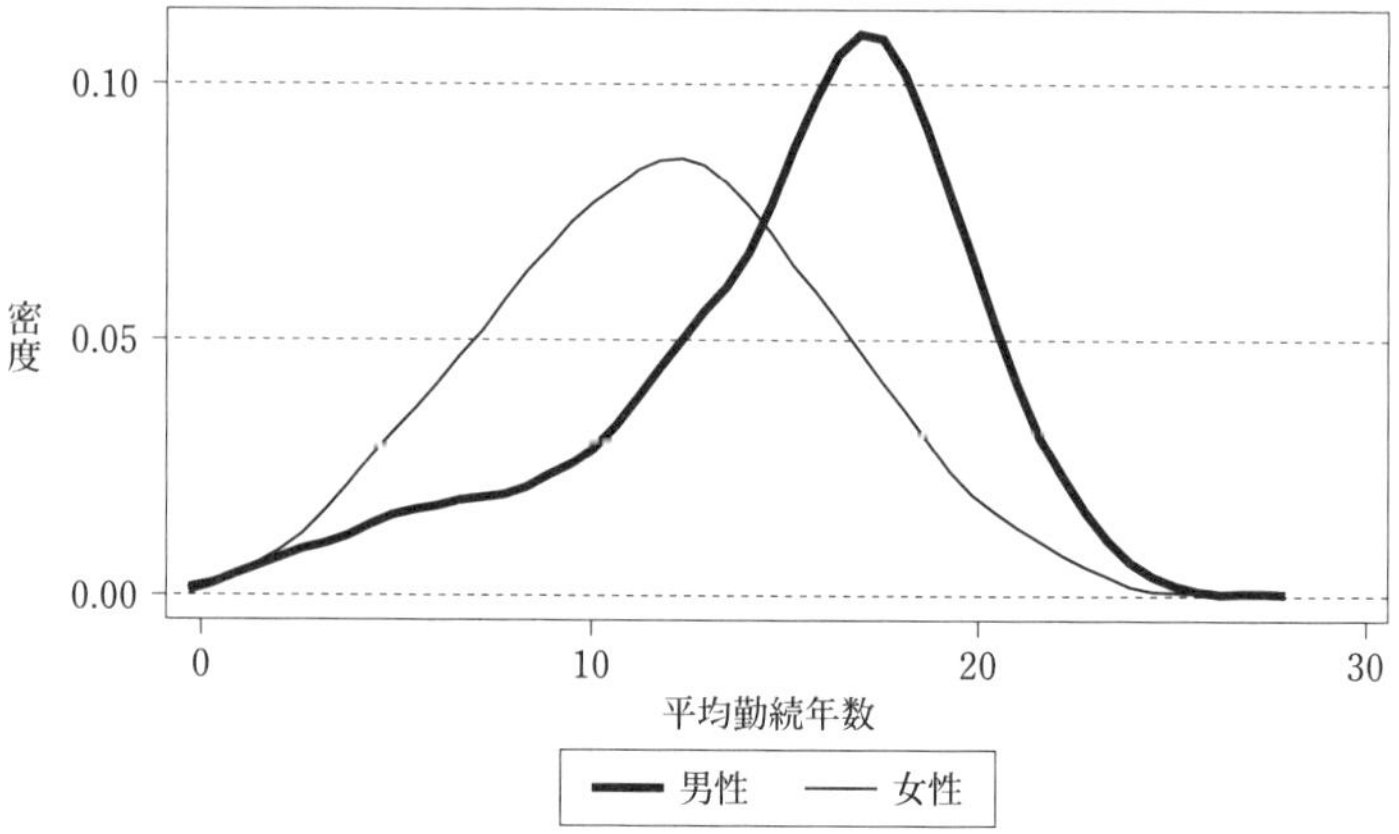

図4－7　男女別平均勤続年数の分布（推定値）
（上場企業・大企業，2012年）

出所）『CSR企業総覧2014年度版』より筆者作成.

可能性がある。もちろん、解釈には他の要素も考慮した厳密な分析が必要となるが、この男女の働く年数の差は、女性従業員比率が高い企業では平均年間給与がやや低い傾向が観測されることの一因となっている可能性がある。図4－8は、企業ごとの女性従業員比率と平均年間給与のプロットと、その関係について推定した直線及び95%信頼区間を表したグラフであるが、女性の比率が半分以上である企業では年間給与が相対的に低くなる傾向が観測される。

では、出産前後での雇用継続を支援するような制度、及び、取り組みは、実際に女性が現在働いている職場で継続して就業することの助けになっているのだろうか。単純な相関をみると、育児休業復職率が高い企業では女性の勤続年数が統計的有意に長くなる傾向があった。さらに、保育設備・手当がある企業は、それらのない企業と比べて、平均勤続年数が統計的有意に長く（11・9年から12・8年に）な

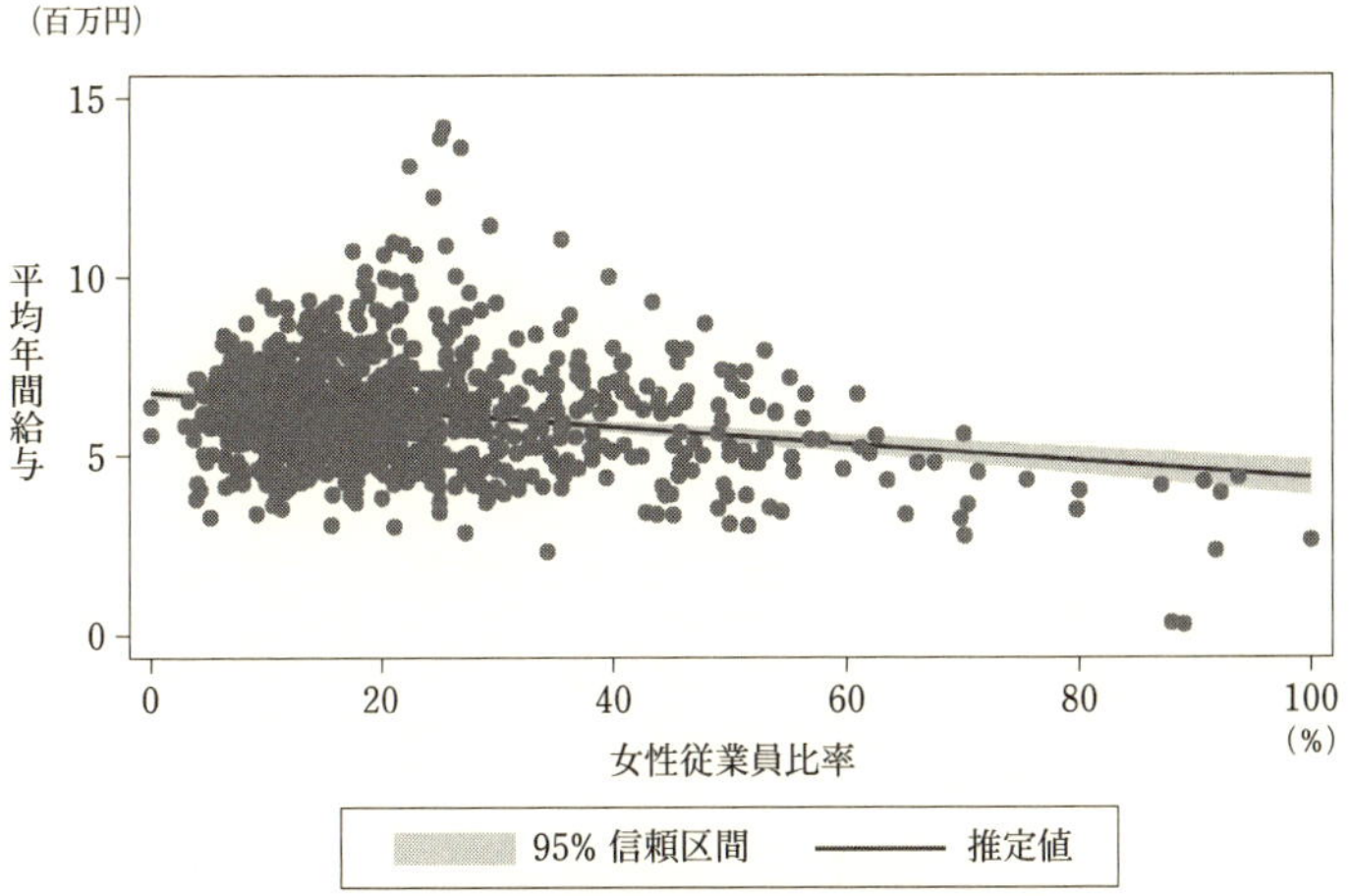

図 4-8　女性従業員比率と平均年間給与（上場企業・大企業，2012 年）

出所）『CSR 企業総覧 2014 年度版』より筆者作成.

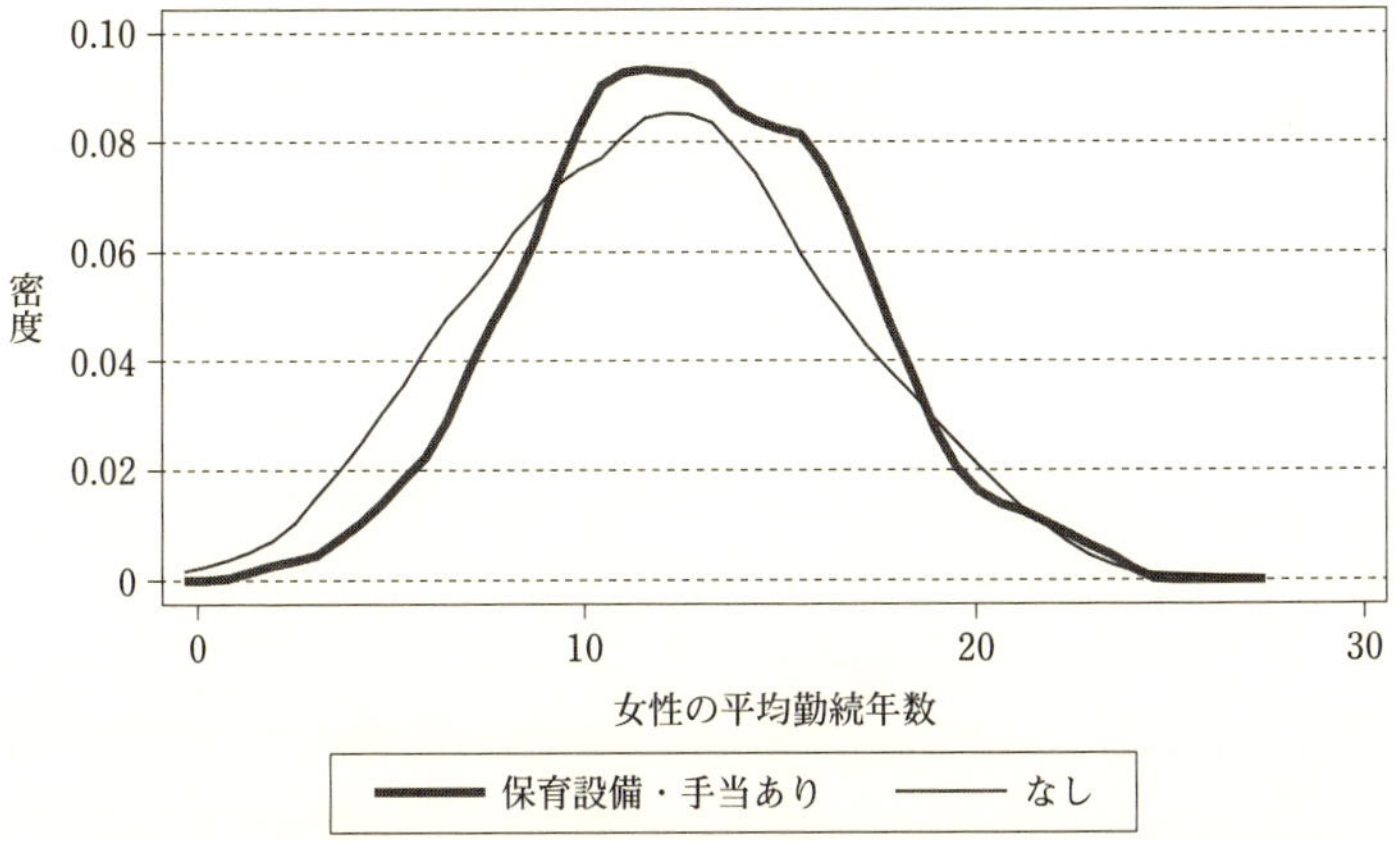

図 4-9　保育設備・手当のある企業とない企業における女性平均勤続年数の分布（推定値）（上場企業・大企業，2012 年）

出所）『CSR 企業総覧 2014 年度版』より筆者作成.

っている。

図4-9は、保育設備・手当のある企業のグループとそれらのない企業のグループにサンプルを分けて、女性の平均勤続年数の分布を推定したグラフである。前者の分布は、後者に比べて右寄りに位置しており、勤続約10年目以降の女性が出産・育児に直面しやすい時期の密度が高くなっていることが分かる。これは、保育所の整備など、復職のための環境を整備することは、女性が出産前に働いていた会社を離職せずに継続して働くことの一助となる可能性を示唆している。また、多様な人材の能力活用・登用を目的とした専任部署がある企業では、女性の勤続年数の平均値が長くなる傾向がみられ、部署設置による取り組みは、女性の継続就業にプラスの効果を与えている可能性が観測された。

ただし、出産・育児休業を取得できるのは多くの場合正規雇用者に限られており、働く女性の約半数（2015年全職業で56・3％、総務省「労働力調査」）、25～34歳女性でも40・9％が非正規雇用者として働いていることから、育児休業の利用は一部の女性に限定されているといえるだろう。実際、育児休業取得率には女性の勤続年数との正の相関は観測されなかった。

3　指導的地位への女性の登用

働き方についての男女の違いは、職場における仕事の役割分担に最も顕著に表れている。先に日本の全職業での女性管理職比率をみたが（図4-4参照）、上場企業・大企業に限ると図4-10が示すように、２０１２年時点で管理職の女性の平均的割合は４・６％、そのうち部長以上では１・99％、さらに、役員で１・62％、執行役員では１・29％となり、より上位の指導的地位での女性の登用比率がより低水準となっている。日本の全職業では女性の比率が就業者全体に対して管理職では３・５分の１（43・２％に対し12・５％）に縮小したが、上場企業・大企業では４・７分の１（21・７％に対し４・６％）とさらに大幅な縮小、すなわち、女性管理職比率がさらに低くなる傾向がある。

では、どのような企業で女性が指導的地位で働く比率が高いのだろうか。女性の平均勤続年数が比較的長い企業では経験を積んだ女性の人的資本の蓄積が進み、女性が管理職に就く傾向があるのだろうか。実際には、女性の勤続年数（離職率）と女性管理職比率にはむしろ負（正）の相関があり――つまり、管理職に占める女性の比率が高い企業では、離職率が高く、女性の平均勤続年数が短い傾向があり――女性が指導的地位に就くのはその職場での仕事の経験とは別の要因が大きい可能性がある。

他の要素をみると、まず、予想される関係として、図４－11が示すように、女性従業員比率が高い企業では女性管理職比率が高い傾向がみられる。米国における状況のように就業者全体と管理職に占める女性比率にあまり差がなければ（図４－４を参照）、図４－11の45度線近くの相関関係が観察されるはずだが、日本の場合は管理職における女性比率がより低い水準であるため、企業サンプルのほとんどが45度線の下に点在していることが分かる。また、男性の平均年齢が低い企業では管理職の女性比率が高い傾向があった。これらは、女性の指導的地位への登用については、仕事の経験よりも組織の人材構成が関係している可能性があることを示唆している。また、多様な人材の能力活用・登用

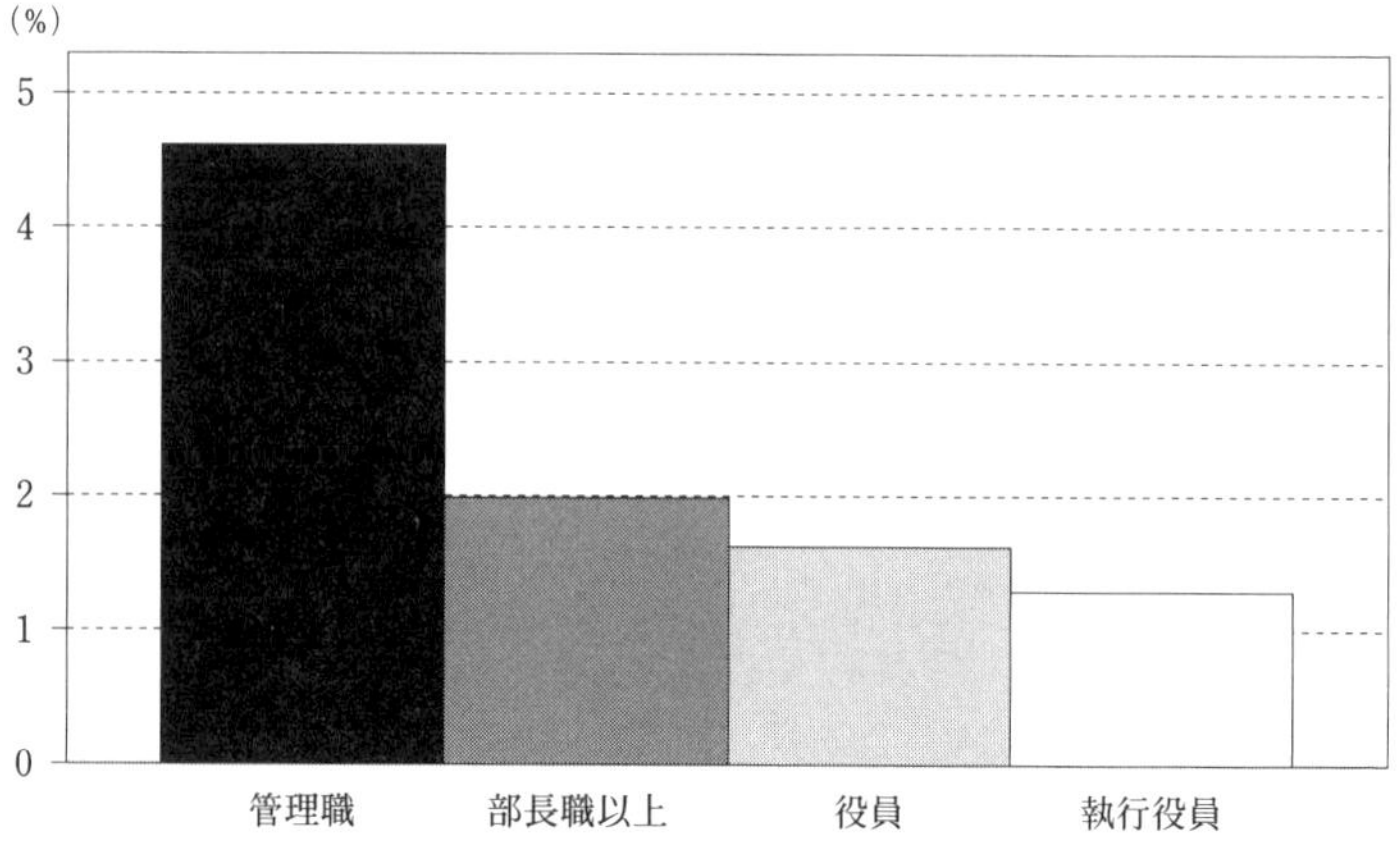

図４－10　上場企業・大企業における管理職に占める女性比率（2012 年・平均値）

出所）『CSR 企業総覧 2014 年度版』より筆者作成.

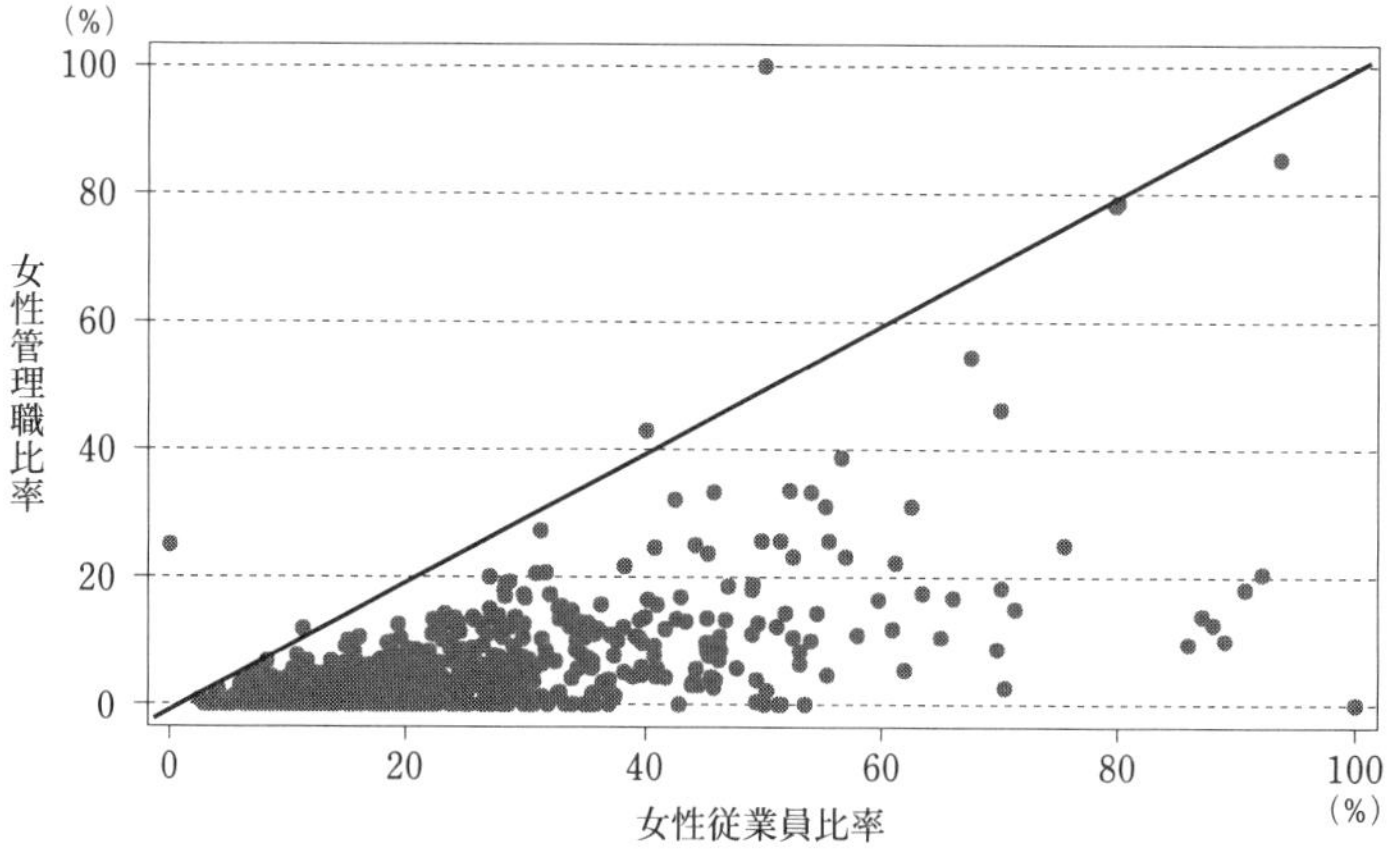

図４－11　従業員全体及び管理職に占める女性比率（上場企業・大企業，2012 年）

出所）『CSR 企業総覧 2014 年度版』より筆者作成.

を目的とした専任部署がある企業において女性管理職比率が高くなる傾向はなく、人材部署の設置は女性の指導的地位への登用・活用には貢献していないことが分かった。

五　おわりに

アベノミクス政策において「一億総活躍社会」の実現という目標の下、「すべての女性が輝く社会」は最重要課題の一つである。そこで、本章では、男女共同参画に関連して、データを用いた統計・推計分析から企業における職場環境をみてきた。上場企業・大企業では、他の職場と比べても女性の仕事への参画、および、指導的地位への登用が進んでいない傾向がある。女性は男性と比べて出産・育児などを契機とした離職率が高く、就業が中断される傾向があるが、再雇用制度などの企業の自主的な取り組みは、女性の就業率を高めることの一助となっている可能性がある。その一方で、多様な人材の能力活用・登用を目的とした部署の設置、保育設備・手当などの企業の取り組みや育児休業制度は、女性の就業継続に一定の効果をもたらしている可能性はあるが、その効果は限定的である。

なお、本章では出産・育児に関連した休業や離職についてのみ考察したが、日本では介護を理由として約10万人もの人が離職し、そのうち女性が7割以上（2015年、総務省「労働力調査」）を占める。女性の継続就業の観点から、出産・育児だけでなく、介護に関しても休業の取得やその後の就業継続のための環境を整備することが求められている。指導的地位における女性の登用に関しては、人材の能力活用・登用を目的とした部署の設置などの取り組みには効果が観測されず、企業の取り組み方法の改善・改革が必要である可能性を示唆している。

＊本章の作成にあたっては、日本経済研究センター研究奨励金、及び、日本学術振興会より学術研究助成基金助成金を賜ったことに感謝する。また、日本経済研究所の方々から有益なコメントを頂いたことに感謝する。

注

（１）「M字カーブ」は、女性が中等教育後から働き始めるが出産・育児のために離職し、育児がひと段落した後に家計補助的に働くことから再び労働力率が上昇するため、１９６０年代に形成された。近年はM字のくぼみが縮小してきているが、出産・育児期における労働力率の低下は現在も続いている。

（２）「ＣＳＲ企業総覧』２０１４年度版」は、『週刊東洋経済』が２０１３年6月から10月に上場企業全社及び主要未上場企業を対象に調査票を送付し、そのうち有効回答を得た企業、及び、個別調査を行った企業について、雇用・人材活用、ＣＳＲ、及び、環境に関する情報を収録している。企業のサンプル数は合計１２１０社である。

参考文献

Hersch, J. and L. S. Stratton (1994), "Housework, Wages, and the Division of Housework Time for Employed

Spouses," *American Economic Review*, Vol. 84 (2), Papers and Proceedings of the Hundred and Sixth Annual Meeting of the American Economic Association, pp. 120–125.
Sakudo, M. (2017), "A Firm-Level Study on Work-Family Policies, Women's Work Participation, and Promotions," Western Economic Association International, 92nd Annual Conference.
内閣府（２０１６）『男女共同参画白書　平成28年版』。

第 III 部

第3の矢——安心の社会保障

第5章　安心につながる社会保障とは

——財政的観点による世代間格差の解消

宮里　尚三

一　はじめに

本章では、アベノミクスが掲げる「新三本の矢」のうち、「安心につながる社会保障」について財政的な観点から検討する。社会保障制度は、我々の生活のいたるところで密接に関係し、多くの人の生活の支えになっている。安心できる社会保障制度の充実は誰もが望むところである。しかし、周知のように、わが国の社会保障制度を取り巻く財政的な環境は、他の主要先進国と比べてもきわめて厳しい。わが国の高齢者比率（65歳以上人口比率）は２０１０年で23・０％になり、２０３０年には31・６％、２０５０年には38・８％に達すると予想され[1]、今後の社会保障制度の支出圧力は一層高まる。一方、社会保障制度の支え手となる若年層は、第2次ベビーブーム世代が出産適齢期を過ぎ、合計特殊出生率の大幅な改善もみられないことから、今後大幅な増加は見込めない。財源的な裏打ちのない制度は、いずれ立ち行かなくなるのは自然のことである。日々の生活の中の様々なリスクに強固な安全網を整備することは成熟した社会のあるべき姿のひとつだが、それが実効性を持つためにはやはりその制度を支える財源の持続性は重要である。本章では、「安心につながる社会保障」を主に世代間格差に焦点を当てて財政的な観点から検討する。

わが国の社会保障制度は、現役世代が引退世代を支える賦課方式が基本となっている。このため、財源の持続可能性という観点から社会保障を考察する場合、将来世代の負担増による世代間格差の議論は避けられない。現行の賦課方式を前提とした社会保障制度が、少子高齢化の進行に伴って大きな世代間格差を生み出すことは、多くの論者によって指摘されている。しかし、世代間格差が定量的にどれくらいなのかに関する時系列的な分析は、実のところあまり研究が進んでいない。政府も、痛みを伴う社会保障制度改革を実施した場合に、どれだけ世代間格差が発生するかに関する議論を避けがちである。本章では、わが国における世代間格差がどのように推移してきたかを、社会保障制度の改革と関連させて検討することで、改めて社会保障による世代間格差の議論を行う。

世代間格差の推計には、多くの場合、「世代会計」と呼ばれる手法が用いられるが、これまでの研究では一時点での世代間格差がどの程度かを分析するものが多く、世代間格差がどのように推移するのかを分析したものは少なかった。しかし、社会保障制度改革が実際に世代間格差を縮小させるのか、あるいはどの年齢の世代の負担が世代間格差の縮小に寄与するかを分析するには、時系列的に世代間格差を検証することが重要となる。本章では、まずは世代間格差の時系列的な推移について分析を行い、社会保障制度の改革が世代間格差にいかなる影響を与えてきたかを考察する。

もっとも、今後の社会保障の支出増加を考えた場合、公的年金より公的医療の方が影響は大きいだろう。第2節で詳しく述べるが、公的年金に関しては、2004年の公的年金改革により年金財政の持続性が高められることになった。しかし、公的医療に関しては、医療財政の持続性を高める改革はいまだ進んでいない。そこで、本章の第3節では、公的医療制度の抜本的改革として医療貯蓄勘定の可能性についても検討する。

本章の構成は以下のとおりである。まず、第2節で世代会計の計算手法と世代間格差の推移について議論を行い、第3節で医療貯蓄勘定についての検討を行う。最後に第4節でまとめを行う。

二　世代間格差の推移

1　世代会計

賦課方式を前提とした社会保障制度のもとでは、少子高齢化の進展が世代間格差を生み出すことは多く指摘されてきた。ただ、実際にどれだけ格差が生まれているのかに関しては、これまでの研究でも議論が分かれている。そこで以下では、Auerback, Gokhale, and Kotlikoff（1991）において考案された世代会計という手法を用いて、世代間格差が時間とともにどのように変化したかを定量的に検証することにする。

世代会計では、家計が一般政府に支払うもの（直接税、間接税、社会保険料など）は家計にとってすべて負担とする一方、家計が一般政府から受け取るもの（補助金、医療のような現物社会給付、年金のような現金社会給付など）はすべて便益と考える。(2) その上で、世代ごとに家計の生涯にわたる政府からの純負担（＝負担－受取）の割引現在価値を計算する。世代会計は、家計がライフサイクル仮説にもとづいて行動することを前提としているため、遺産など世代間の所得移転が世代間格差に与える影響は捉えることはできない。しかし、世代会計は、現在から将来にかけての政府への支払いと受け取りを世代別に分解して、生涯を通じた負担の割引現在価値を世代別に算出したものであるから、世代間の負担の公平性について一つの有用な情報を提供できる。(3)

世代会計を計算する上での一つの問題は、政府の予算制約をいかにバランスさせるかということである。現在のわが国の社会保障制度は、いわゆる「中福祉・低負担」という特徴を持っており、現在の政府支出・収入構造が将来も続くとすると財政赤字が発生し続け、財政はいつか破たんしてしまう。このため、どの世代が不足分を負担するかで、世代間格差も異なってくる。以下では、不足分はすべて一括して将来世代が負担するものとする。この想定は、現在世代と将来世代で負担の断絶を起こし、将来世代の負担を過大評価する可能性はある。しかし、政府が消費税や社会保険料の引き上げをたび延期してきた経緯を鑑みれば、想定はある程度妥当なものである。

以上のような想定のもと、各時点における一般政府の時間を通じた予算制約式は、以下のように書き表される。

(1)現在世代の将来純負担の割引現在価値＋将来世代の将来純負担の割引現在価値
＝将来の政府支出の割引現在価値＋現在の政府の純資産

ここで、各時点の「現在世代」とは、その時点における20歳以上59歳以下の現役世代と、60歳から80歳以下の退職世代からなる(4)。また、「将来世代」とは、その時点における20歳未満の世代と、その時点ではまだ生まれていない世代からなる。

具体的な世代間格差の計算方法については、上式だけでは分かりづらいので、ややテクニカルになるが、世代会計の基本式を数式を用いて以下に表す。

(2) $\sum_{s=0}^{D} N_{t,t-s} + \sum_{s=1}^{\infty} N_{t,t+s} = \sum_{s=t}^{\infty} G_s (1+r)^{(t-s)} - W_t^g$

ただし、$N_{t,k}$ は k 年生まれ世代の t 年の純負担の割引現在価値、W_t^g は t 年の政府純資産（マイナスの場合は、純負債）、G_sはs年の家計への支払いを除く政府支出、rは利子率、Dは最大寿命（80歳）である。(2)式の左辺第1項は現在世代の将来純負担の割引現在価値、左辺第2項は将来世代の将来純負担の割引現在価値、右辺第1項は将来の政府支出の割引現在価値、右辺第2項は現在の政府の純資産に対応する。また、$N_{t,k}$は、次の式から導出される。

$$N_{t,k} = \sum_{s=\max(t,k)}^{k+D} T_{s,k} P_{s,k} (1+r)^{(t-s)} \quad (3)$$

ただし、$T_{s,k}$はk年生まれ世代のs年の1人当たり純負担、$P_{s,k}$はk年生まれ世代のs年における人口である。

2　世代間格差の計算手法

世代会計では、各時点での現存する各世代の純負担の割引現在価値と、将来世代の純負担の割引現在価値を求めることが重要となる。以下では、Miyazato（2015）にもとづいて、世代別の生涯純負担額の推移を分析する。[5] まず、各年齢層の現在世代の生涯の純負担額の割引現在価値は、各種の政府統計のデータをもとに、名目経済成長率を2%、名目利子率を4%と仮定して算出する。[6] 具体的には、まず、各年の家計の政府への支払い額、家計の政府からの受け取り額を、『国民経済計算年報』の

「一般政府の部門別勘定」から求める。次に、それを『家計調査』および『全国消費実態調査』の「世帯主の年齢階級別収支」を用いて、各世代別（20歳代、30歳代、40歳代、50歳代、60歳以上の5つの年齢区分）に按分する。さらに『国勢調査』の年齢階級別人口数をもとに1人当たりの受益（受け取り）・負担（支払い額）を算出する。このように算出した現在世代の1人当たり受益・支払い額に、一定の経済成長率と利子率を仮定し、将来の受益・支払いの割引現在価値を算出する。(2)式の左辺第1項で表される現在世代の生涯の純負担額の割引現在価値は、こうして算出された年齢別1人当たりの純負担の値に年齢別人口をかけたものである。

一方、(2)式の左辺第2項にあたる将来世代の純負担額の割引現在価値は、(2)式の右辺の値から左辺の第1項を差し引いた残差として求める。そのため、まず(2)式の右辺第1項を、現時点における1人当たりの政府支出額、将来人口の推計値（国立社会保障・人口問題研究所の「将来人口推計」の中位人口推計）、上記の経済成長率や利子率をもとに求める。次に、(2)式の右辺第2項は、現時点における一般政府の純債務残高から算出する。最後に、以上のようにして求めた右辺の2つの項の合計額から、先に求めた(2)式の左辺第1項の金額を差し引くことで、将来世代の純負担額の割引現在価値を算出する。世代会計は、財政赤字や累積債務を将来世代が追加的に一律に負担した場合、将来世代は現在世代に比べどの程度多く負担しなければいけないかを計算しているといえる。

以上の方法によって、現在の支出構造を前提とした場合、将来世代の負担がどのくらいかを知ることができる。これで現在世代の負担と将来世代の負担を比較することが可能となる。つまり世代会計の手法は現在の政府の支出・収入構造が将来も続くことを前提として、将来世代や現在世代の今後の純負担額を計算することになる。

なお、今後の純負担額を推計する際には、直近の新しい人口推計を用いることが多い。本章では新しい人口推計(2002年推計)だけではなく旧人口推計(1992年推計や1997年推計)も用いた分析も行う。それら旧人口推計を用いた将来世代の生涯純負担額の推計は、仮に1992年や1997年の人口推計が実現した場合の将来世代の生涯純負担額ということになる。それらの推計を通じて、人口推計の予測値の修正が将来世代の生涯純負担額にどの程度影響するのかも検討する(7)。

3　世代間格差の推移

これまでに述べた世代会計の手法で求めた数値をもとに、2007年における世代別の生涯純負担額をみてみると、20歳代で2431万円、30歳代で1834万円、40歳代で855万円の負担超過となっているが、50歳代では逆に840万円の受益超過、60歳代で2897万円の受益超過となっている。一方、将来世代は8489万円の負担超過となっており、世代間格差が浮き彫りになる。特に将来世代(現在の20歳未満とまだ生まれていない世代)は現在の20歳代と比べてみても約3・5倍の負担超過となっており、将来世代の負担は深刻なものになっている。しかも、このような世代間の不平等は、2004年頃までは時間を通じて拡大する傾向があった。

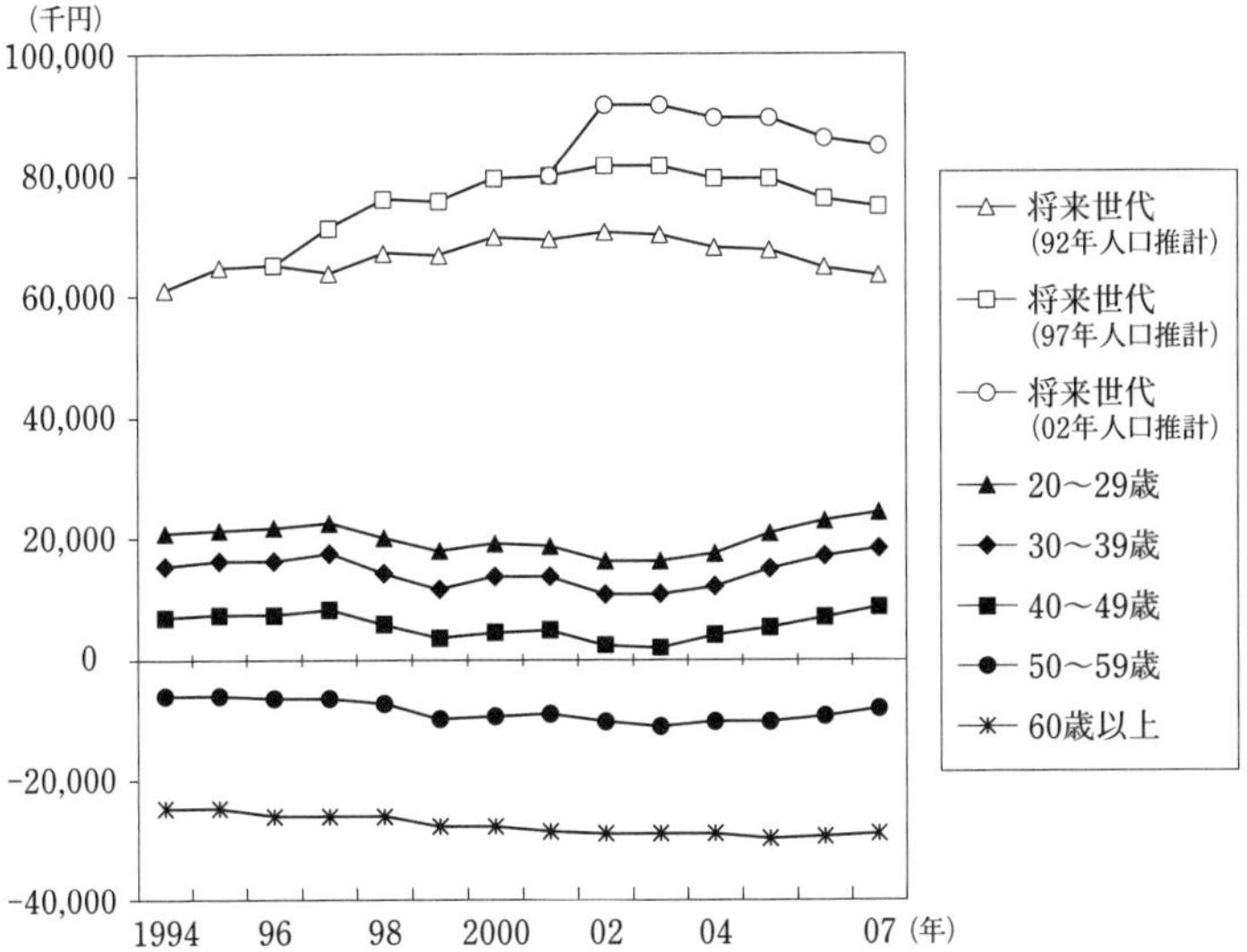

図５－１　世代間格差の推移

注）1. 将来世代（92 年人口推計）は 1992 年の人口推計を基にした将来世代の生涯純負担額，将来世代（97 年人口推計）は 1997 年の人口推計を基にした将来世代の生涯純負担額，将来世代（02 年人口推計）は 2002 年の人口推計を基にした将来世代の生涯純負担額を示している．

2. 1996 年から 1997 年にかけてと，2001 年から 2002 年にかけての将来世代の生涯純負担が急に増加している．これは，1997 年と 2002 年に少子高齢化がより進んだ将来推計人口に改定されたことの影響を受けたものである．

出所）筆者推計．

図５－１では、１９９０年以降の世代ごとの生涯純負担額の推移を示している。はじめに１９９０年代の生涯純負担額の推移をみると、20歳代の世代を含む現在世代の生涯純負担額が年々低下していく一方で、将来世代の生涯純負担額は年々増加していったことが分かる。この結果は、１９９０年代の税制や社会保障制度による世代間再分配政策が密接に関連している。

まず、公的年金と公的医療を中心とした社会保険料は、１９９０年代を通じて上昇傾向にあった。特に１９９４年と１９９６年の上昇は比較的大き

表5-1　1990年から2007年の社会保険料の推移

単位：‰

年	厚生年金		医療保険		介護保険		合計	
	旧保険料	新保険料	旧保険料	新保険料	旧保険料	新保険料	旧保険料	新保険料
1990	143.0		84				227.00	
1991	145.0		84				229.00	
1992	145.0		82				227.00	
1993	145.0		82				227.00	
1994	165.0		82				247.00	
1995	165.0		82				247.00	
1996	173.5		82				255.50	
1997	173.5		85				258.50	
1998	173.5		85				258.50	
1999	173.5		85				258.50	
2000	173.5		85		6.0		264.50	
2001	173.5		85		10.9		269.40	
2002	173.5		85		10.7		269.20	
2003		135.80		82		8.9	(279.60)	226.70
2004		139.34		82		11.1	(284.74)	232.44
2005		142.88		82		12.5	(291.51)	237.38
2006		146.42		82		12.3	(296.64)	240.72
2007		149.96		82		12.3	(300.62)	244.26

注）1. 2003年の総報酬制の導入により賞与（ボーナス）も社会保険料が課されることになった．それ以前については社会保険料は毎月の給与（月給）のみに課されるものであった．ここで旧保険料は総報酬制導入前の保険料を示し，新保険料は総報酬制導入後の保険料を示している．

2. 括弧内の数値は仮に2003年以降も総報酬制が導入されていなければ，毎月の給与に課せられていた保険料を計算したものである．

3. 医療保険は政府管掌健康保険，または全国健康保険協会（協会けんぽ）の保険料を示している．

4. 介護保険料は全国の市区町村の平均値である．

出所）厚生労働省資料．

表5－2　所得税率

1989年〜		1995年〜	
課税所得	税率（%）	課税所得	税率（%）
300万円以下	10	330万円以下	10
300万円超，600万円以下	20	330万円超，900万円以下	20
600万円超，1000万円以下	30	900万円超，1800万円以下	30
1000万円超，2000万円以下	40	1800万円超，3000万円以下	40
2000万円超	50	3000万円超	50

1999年〜		2007年〜	
課税所得	税率（%）	課税所得	税率（%）
330万円以下	10	195万円以下	5
330万円超，900万円以下	20	195万円超，330万円以下	10
900万円超，1800万円以下	30	330万円超，695万円以下	20
1800万円超	37	695万円超，900万円以下	23
		900万円超，1800万円以下	33
		1800万円超	40

出所）国税庁.

い（表5－1参照）。一方で、1995年と1999年に所得税率が引き下げられた（表5－2参照）。1995年の所得税改正では、税率区分はこれまでの5区分と変わらず、またそれぞれの税率も変わらないが、課税対象となる所得区分がそれぞれ変更され、多くの所得階級で限界税率が低下することになった。1999年の所得税改正では、最高税率が適用される課税所得が3000万円から1800万円に引き下げられるとともに、最高税率が50%から37%に引き下げられた。所得税率の引き下げと、90年代の景気後退により、直接税負担が低下することになるが、その直接税負担の低下が社会保険料負担の上昇を相殺する形になったのが、1990年代の負担側の特徴と言える。給付側では、1人当たり年金給付額が１９９０年代を通じて大きく上昇した。現役世代の負担増がほとんどないにもかかわらず、年金給付額を大幅に増加するには、負担を将来に先送りするしかない。つまるところ、１９９０年代の世代間再分配政策は20歳代を含めた現在世代の負担を軽くする一方で、一貫して将来世代に負担を先送りする政策がとられていたと言える。

次に、２０００年代の生涯純負担額の推移をみると、２００３年までは現在世代の負担が軽減され、将来世代の負担が重くなることで、世代間格差が拡大する傾向が続いていた。しかしながら、２００４年から世代間格差の推移に変化がみられ、50歳代の世代や60歳以上の世代の生涯純負担額は一定で推移する一方で、20歳代、30歳代、40歳代の世代の生涯純負担額は上昇し始めた。それに伴って、将来世代の生涯純負担額は低下し始め、世代間格差はやや是正された。この結果は、２０００年代の税制や社会保障制度による世代間再分配政策が密接に関連している。

２０００年に介護保険制度が導入されたが（表５－１参照）、これは65歳以上の退職世代の給付増につながった一方で、介護保険制度は40歳以上から保険料を徴収するので、40歳以上の負担増につながった。２００３年には社会保険料の算出基準が、ボーナスを含む年収ベースである総報酬制度へ変更された。総報酬制度への変更は、社会保険料を１％ポイント上昇させるものとなった（表５－１参照）。また、年金支給開始年齢の引き上げ（60歳から65歳への引き上げ）が、２００１年から段階的に進められるようになった。さらには、２００４年の公的年金改革により、年金保険料が２００４年から２０１７年まで毎年引き上げられるようになった（表５－１参照）。２００７年の所得税改正では、課税対象となる所得区分が6区分に増え、最高税率も37％から40％に引き上げられた。他の所得区分の多くでも税率が引き上げられている（表5－2参照）。

まとめると、2003年からの社会保険料への総報酬制の導入、2001年からの支給開始年齢の段階的引き上げ、2004年公的年金改革以降の年金保険料の引き上げ、これらの政策はいずれも世代間格差を改善する方向へ働く。特に、総報酬制の導入による社会保険料の上昇や2004年からの年金保険料の上昇は、現在世代の保険料負担を即座に高めるため、世代間格差縮小の方向に寄与したことが分かる。2004年の公的年金改革といった2000年代に入ってからの一連の改革は、これまでの世代間格差の推移のトレンドを変え、年金財政の持続性を高めた点で、高く評価できるだろう。

なお、図5－1には2002年推計、1997年推計、1992年推計の人口推計をもとにしたそれぞれの将来世代の生涯純負担が示されている。1997年将来人口推計と2002年将来人口推計にもとづいた将来世代の生涯純負担額の比較では、2002年将来人口推計の下方修正は将来世代の生涯純負担額を平均で11・2％上昇させる結果となっている。さらに、1992年将来人口推計と2002年将来人口推計の比較では、人口推計の下方修正は平均で31・8％、将来世代の生涯純負担額を上昇させる結果となっている。(8) このように想定以上の少子高齢化は将来世代の負担額を上昇させることになるが、2004年の公的年金改革では、平均寿命の延びや労働人口の減少に応じて年金給付額が調整されるマクロ経済スライドが導入された。この改革は、想定以上の少子高齢化による将来世代の負担の上昇をある程度抑え、世代間格差が悪化することを防ぐ効果がある。その点からも、

２００４年の公的年金改革は高く評価できる。

4　公的年金改革の評価

以上みてきたように、わが国の世代間格差は、２００３年までは拡大傾向にあったものの、２００４年以降は縮小している。その意味で、２００４年の公的年金改革は高く評価できるものである。しかし、課題が残っていないわけではない。

例えば、図５－２では20歳代の世代の生涯純負担額と、その他の世代の生涯純負担額の比較を示している。図５－２から20歳代と30歳代、40歳代の生涯純負担額の差は２０００年代後半もそれほど変わらない一方で、20歳代と60歳以上の差は広がっていることが読み取れる。これは、２０００年代後半の将来世代の生涯純負担の軽減は、退職世代の便益を削減するのではなく、20歳代から40歳代の負担を増加させることによるものであったのを意味している。２００４年の公的年金改革の際、マクロ経済スライドが導入されたことは先に述べたとおりだが、わが国経済がデフレ基調から完全に抜け出せないこともあり、２０１５年に一度発動された以外はその他の期間で発動されていない。そのため、マクロ経済スライドによる年金給付の調整はほとんど行われていない。将来世代の生涯純負担の軽減のためには、現在世代の負担増が必要となる。その負担増に退職世代も含めるには、デフレ時におけるマクロ経済スライドの適用は避けられないであろう。なお、２０１８年度からキャリーオーバーと

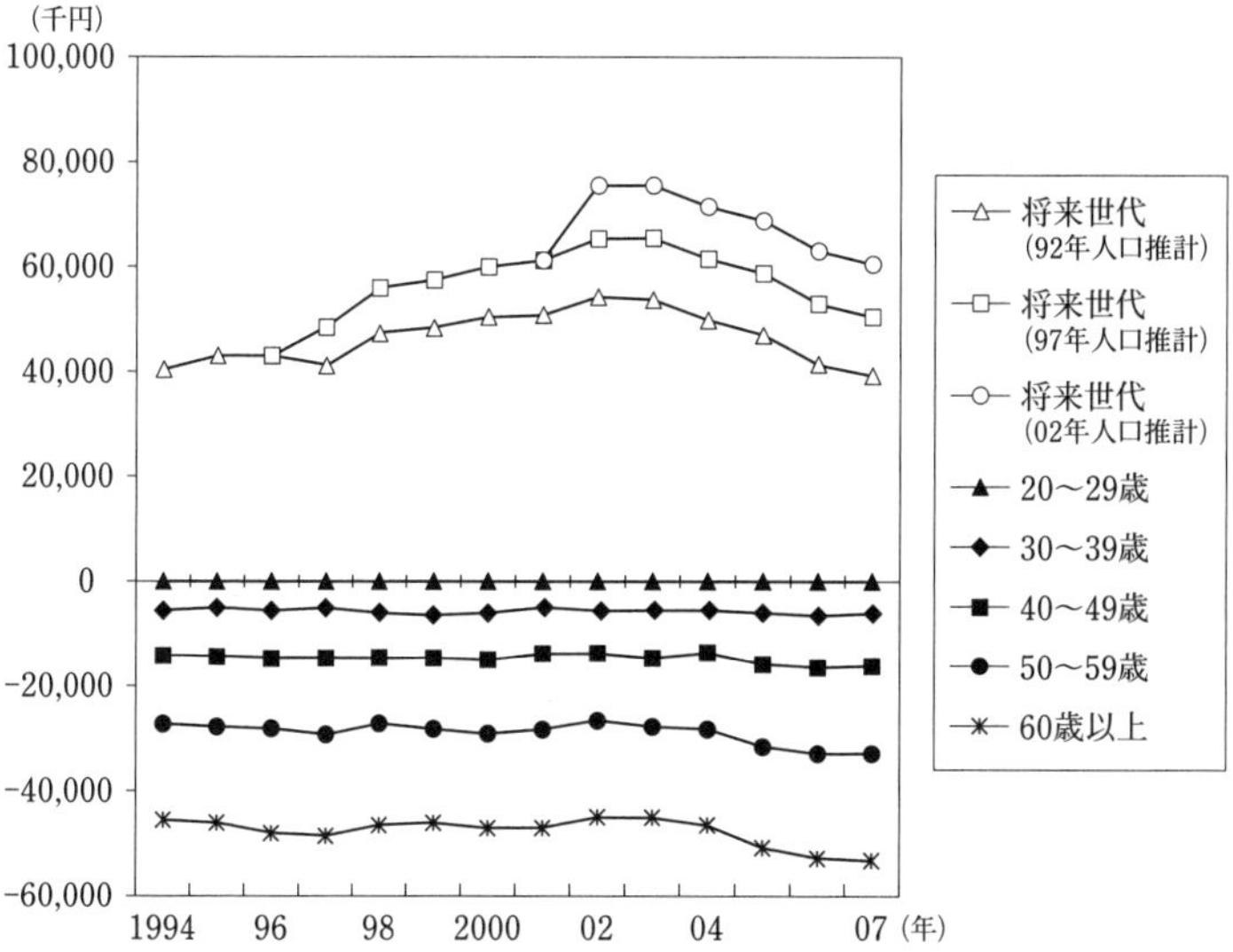

図５-２　世代間格差の推移：20歳代との比較

注）1. 将来世代（92年人口推計）は1992年の人口推計を基にした将来世代の生涯純負担額，将来世代（97年人口推計）は1997年の人口推計を基にした将来世代の生涯純負担額，将来世代（02年人口推計）は2002年の人口推計を基にした将来世代の生涯純負担額を示している．

2. 1996年から1997年にかけてと，2001年から2002年にかけての将来世代の生涯純負担が急に増加している．これは，1997年と2002年に少子高齢化がより進んだ将来推計人口に改定されたことの影響を受けたものである．

出所）筆者推計．

呼ばれる年金給付未調整分の調整の仕方が、従来のマクロ経済スライドに加わることになった。これは、景気後退期やデフレ時に年金給付の調整が不完全だった分について（未調整部分）、賃金や物価が上昇した時に未調整部分を調整する仕組みである。この改良されたマクロ経済スライドを着実に実行することにより、公的年金の給付調整面での課題はクリアできると考えられる。

一方、将来の医療費の算出については、慎重に検討しなければいけない点がある。医療費の増大は高齢化の要因だけではなく、医療の技術進歩による高額医療費によってもたらされる要因も大きい。内閣府の将来医療費では、社会保障国民会議サービス保障分科会「医療・介護のシミュレーション」を参考に、医療の高度化（技術進歩）による上昇要因と医療の効率化による下落要因がちょうど相殺されるものとしている。本章の分析においても、暗黙に同様な仮定が置かれている。しかし、この仮定は将来の医療費増大について楽観的だと思われる。ＰＥＴ（陽電子放射断層撮影法）やオプジーボにみられるように、近年、がん検診やがん治療の技術革新が目覚ましいが、いずれもかなり高額な費用を必要とする。今後も医療の技術進歩による医療費の増大は続くと思われるが、それを医療の効率化で吸収できると考えるのはやはり楽観的であろう。そのため、将来の医療費については過少推計の可能性がある点は注意する必要がある。

三　医療貯蓄勘定についての検討

わが国の社会保障制度改革を概観すると、公的年金については、２００４年の公的年金改革による保険料の引き上げやマクロ経済スライドの導入等により、年金財政の持続性を高めるなど、改革は進んでいる。しかし、公的医療についての抜本的改革は依然として進んでいないように思われる。後期高齢者が本格的に増え始め、高齢化要因による医療費増大の圧力がより一層増すことが予想される。

今後も医療の技術進歩による医療費の増加は続くだろう。社会保障全体の財政の持続性を高めるには、今後の医療費の増大に何らかの歯止めをかける必要がある。

そこで以下では、社会保障費の中で、医療保険の受益と負担の関係に焦点を当てて検証を行う。具体的には、公的医療の抜本的改革の一つの試みとして、各個人の生涯を通じた医療保険の受益と負担をそれぞれ計算し、両者の関係をみる「医療貯蓄勘定」について分析を行い、勤労者の医療費の維持可能性を考察する。医療貯蓄勘定は、どれだけの加入者本人が積み立てたもの（支払う保険料総額）から自身が支払う医療費を独立採算で賄えるかを考察するものであり、様々なシミュレーションをみることで、医療費に関する過度な世代間の所得移転を抑制するための目安となるものとして期待されている。

医療貯蓄勘定の議論については米国で先行してきた。Pauly and Goodman（1995）では米国の医療貯蓄勘定を念頭に、高額医療費への保険に対する税制改正が議論され、Eichner, MaClellan, and Wise（1997）は個票データによる分析をもとに、米国で独立採算の医療貯蓄勘定が実行可能であると述べられている。医療貯蓄勘定は米国をはじめ、シンガポール、中国、南アフリカでも実際の導入に至っている。[9] 本章では実際のレセプトデータをもとに、日本において独立採算の医療貯蓄勘定が可能かを考察してみる。ここでは、国立社会保障・人口問題研究所（２００４）で調査が行われた千葉県の政府管掌健康保険（政管）レセプトデータをもとに議論を行う。

調査の対象は１９９７年から２００１年の間の千葉県のある地域の政管レセプトデータであるが、

表５－３　異時点間にわたる医療費の条件付き期待値

点数		1998年					合計
		1～3,000	3,001～6,000	6,001～12,000	12,001～36,000	36,001～	
1997年	1～ 3,000	0.413	0.261	0.204	0.103	0.019	1.000
	3,001～ 6,000	0.277	0.289	0.272	0.140	0.022	1.000
	6,001～12,000	0.162	0.220	0.344	0.243	0.032	1.000
	12,001～36,000	0.061	0.087	0.210	0.550	0.092	1.000
	36,001～	0.036	0.045	0.083	0.359	0.477	1.000
合計		0.216	0.201	0.244	0.269	0.070	1.000

注）点数は，１ポイント10円の換算．
出所）筆者推計．

個人の医療費を追えるデータセットとなっている。そのデータセットをもとに、個人単位で医療費（自己負担分だけではなく、実際にかかった医療費すべて）をエピソード化（パネル化）することによって、個人の前の年にかかった医療費とその年にかかった医療費のクロス表が作成できる。その作業により個人の異時点間にわたる医療費の条件付き期待値（医療費の遷移確率）を知ることができる。

政管レセプトデータに多く含まれるのは、会社勤めをしている22歳から64歳のデータである。それらの年齢の勤労者個人のエピソード化された医療費のデータを用いて、異時点間の医療費の条件付き期待値を求めた値を表５－３に示している。表５－３から、例えば１９９７年に医療費が10円から３万円（表５－３の点数を１ポイント10円で換算）かかった人が、１９９８年にも10円から３万円である確率は41・３％、３万10円から６万円である確率は26・１％、６万10円から12万円である確率は20・４％、12万10円から36万円である確率は10・３％、36万10円以上である確率は１・９％となっていたことが分かる。表５－３の医療費の遷移確率からは、医療費が低かった人は次の年も低く、医療費が高かった人は次の年も高い傾向にあることが分かる[10]。

医療貯蓄勘定を考察する上では、まず、先ほどの医療費の遷移確率を用いて、各個人の現在から退職までの医療支出の総額（勤労者個人が生涯支払う医療費の期待値の割引現在価値）を求める。次に「賃金構造基本統計調査」のデータから平均的な賃金プロファイルを求め、その賃金プロファイルに保険料をかけることで保険料額を求め、各個人の現在から退職までの保険料総額（勤労者個人が生涯を通じて積み立てた保険料の割引現在価値）を求める[11]。以上のようにして求められた各個人の医療支出の総額が、個人が引退まで支払う保険料総額を上回るかどうかを調べることで、どれだけの勤労者個人が世代間の所得移転や税による補てんを伴わない独立採算の医療貯蓄勘定が可能かどうかを検討する[12]。

シミュレーションの結果を簡単にまとめると、現行の保険料に近い12％の保険料設定の場合、医療貯蓄勘定が黒字のまま退職する人の割合は50％となった。次に、保険料を15％に設定すると、医療貯蓄勘定が黒字のまま退職する人の割合は60・5％という結果になった。ただし、今回のシミュレーションの基になった医療費の遷移確率は、１９９７年から２００１年の5年間、恒常的に病院に行っている人のデータが基になっており、医療費が０のデータは含まれていない。その為、今回のシミュレーションの結果は、恒常的に医療費のかかる人を基にしたという点で、医療支出の総額を過大評価している面がある。その一方、今回のシミュレーションは、データの制約上64歳までのものであり、医療貯蓄勘定もそれまでのものに過ぎない。このため、退職後に医療支出が増加する傾向が高いことを考慮すると、仮に75歳以上の後期高齢者医療制度を別勘定で考えても、74歳までの医療貯蓄勘定が赤字になる人の割合はさらに多くなることが容易に予想できる。その点を勘案すれば、今回のシミュレーションの結果は、医療支出の総額を大幅に過小評価している面がある。

どういう人であれ何らかの病気を患うだろうし、また、一旦、大きな病気を患うと、表5－3の医療費の遷移確率からも分かるように、少なくとも数年は大きな医療費の支出が必要となる。その上、いつ大きな医療費が必要になるのか予測が難しいところもある。それらを考慮すると、仮に独立採算の医療貯蓄勘定の導入が可能であっても、現行の公的医療保険が重要であることは言うまでもない。とはいえ、今後は年金分野より医療分野の財政への影響が増すことが予想されるため、独立採算の医療貯蓄勘定といった急進的な改革ではないにせよ、高齢者層全体に対する自己負担率の引き上げや、高額医療費の償還に対するある程度の制限など、医療費抑制への施策は必要になるであろう。

わが国の社会保障制度の現状は「中福祉・低負担」となっており、しっかりとした財源の裏付けなしには「中福祉」を今後も維持するのは難しいだろう。公的医療の財政の持続性は高くなく、今受けている医療サービスの質・量を維持するためにも、高齢者層全体の自己負担率の引き上げに加え、勤労者層の保険料引き上げも必要だろう。また、高齢化の進展に加え、近年の医療技術の急速な進歩は医療費の増大要因になる。医療の技術進歩は人々のQOL（Quality of Life）を高め、生活の質の改善に貢献するだろう。それゆえ、医療の技術進歩自体は良いことであるが、医療財政という視点では医療費の増大要因となるため手放しでは喜べない。どのような高額医療も公的医療の保険適用とし、「高福祉・高負担」を目指す道もありうるが、中庸を好むと言われるわが国の国民性を鑑みると、わが国の社会保障制度は「中福祉・中負担」を目指すべきではないかと著者は考える。「中負担」で留めるためには、高額医療による医療費増大に歯止めをかける必要がある。そのためには、高額療養費制度の自己負担率引き上げや、高額医療への公的医療保険適用を慎重に行うなど、高額医療への公的負担の抑制策が必要であろう。

四　おわりに

本章では、「安心につながる社会保障」を主に世代間格差に焦点を当てて財政的な観点から議論を行った。第2節の世代会計を用いた分析では、1990年代の世代間再分配政策は20歳代を含めた現在世代の負担を軽くする一方で、一貫して将来世代に負担を先送りする政策がとられていたことを明らかにした。また、2003年までは現在世代の負担が軽減され、将来世代の負担が重くなることで、世代間格差が拡大する傾向が続いていた。しかしながら、2004年から世代間格差の推移にトレンドに変化がみられ、2004年からは将来世代の負担が軽くなる一方で、現在世代の負担が重くなっていた。これは、2004年の公的年金改革によるものと言える。2004年の公的年金改革は、これまでの世代間格差の推移のトレンドを変え、年金財政の持続性を高めた点で、評価できるだろう。

第3節では医療費の遷移確率をもとに、わが国で独立採算の積立型の医療貯蓄勘定が可能かどうかについて検討を行ったが、勤労者に限定した場合でも、医療保険料が現行に近い12%では、大多数の人が医療支出の総額が保険料総額を下回り黒字のまま退職するという結果には必ずしもならなかった。特に、高額な医療費が必要になった場合、積立型の医療貯蓄勘定だけでは医療費を賄えないことが予想される。高額医療に関しては、加入者間でリスクをシェアする保険の枠組みで対処するのが望ましいと考えられるが、その保険提供主体が国である必要は必ずしもない。今後の社会保障関連の支出増は、公的年金よりも公的医療の比重が高まるであろう。公的医療費の増大は年金のケースと同じように結局のところ若年世代や将来世代の負担増となる。そのため、公的医療保険における高額療養費制度の自己負担限度額を引き上げることで、高額医療費に対する公費支出をある程度抑えることが必要になるだろう。それとともに、高額医療費に対する保険として、民間の提供するガン保険などの高額医療に対応する保険の購入を後押しする税制上の優遇策も必要であろう。

なお、世代間格差の解消には、公的年金や公的医療を賦課方式ではなく積立方式、あるいは個人勘定方式に移行するという議論もある。しかし、現行の社会保障制度が賦課方式である限り、積立方式あるいは個人勘定方式に移行する際に巨額な国民負担が発生するため、議論の本質は変わらない。わが国の社会保障制度は、現行の賦課方式を前提として、その望ましいあり方を考察することが重要である。

注

（1）国立社会保障・人口問題研究所（２０１６）「人口統計資料集」より。
（2）以下の分析で「政府」は、特に断りがない限り、「一般政府」を指す。一般政府は、中央政府、地方政府、および国の社会保障基金を含む広義の政府の概念である。なお、民間の対政府負担という点では、法人部門の純負担も存在するが、世代会計では価格転嫁部分を除き、家計部門に一定のルールで按分している。
（3）世代会計を用いた世代間格差の推計は多くの国で行われている。例えば、Auerbach, Kotlikoff, and Leibfritz (1999) では17カ国（アルゼンチン、オーストラリア、ベルギー、ブラジル、カナダ、デンマーク、フランス、ドイツ、イタリア、オランダ、ニュージーランド、ノルウェー、スウェーデン、タイ、日本、ポルトガル、米国）の推計を行っている。各国の１９９０年代の推計の中で最も世代間格差が大きいのは日本となっており、将来世代は現在世代より１６９・３％重い負担をする結果となっている。逆に負担が最も軽いのはスウェーデンで、将来世代は現在世代より22・２％軽い負担ですむ結果となっている。
（4）分析を簡単にするために、寿命を80歳と設定している。
（5）より詳細なデータや計算については、Miyazato (2015) を参照のこと。
（6）仮定されている利子率４％は、近年の日本の利子率より高いように思われる。しかし、例えば名目経済成長率と名目利子率の差が同じであれば、より低い利子率を仮定した場合でも分析結果の含意は大きくは変わらない。例えば名目経済成長率１％、名目利子率３％を仮定し、シミュレーションを行っても分析の結果の大きな変更はみられない。なお、内閣府による世代会計の試算では、２０２３年までの実質・名目成長率等の値は、内閣府（２０１１）「経済財政の中長期試算」の「慎重シナリオ」の値を用い、それ以降の中長期の値として実質経済成長率１・５％、物価上昇率１・０％、実質利子率３・５％と設定している。内閣府の世代会計の試算では、マクロ経済変数について「慎重シナリオ」の値をベースに試算されることが多く、本章においてもそれらに近い値をもとに試算している。
（7）ただし、仮に旧人口推計にそって人口構造が推移した場合、とられた政策も変わっていたかもしれない。本章では、人口構造が政策に与える影響については考慮していないため、旧人口推計を用いた推計には一定の留意は必要である。
（8）なお、将来世代の生涯純負担額の推計の際に、1994年から1996年までの推計には1992年将来人口推計の人口予測を用いている。また、1997年から2001年までの将来世代の生涯純負担額の推計には、1997年将来人口推計の人口予測を用いている。また、2002年から2007年の将来世代の生涯純負担額の推計の際には、2002年将来推計人口を用いている。
（9）各国の医療貯蓄勘定の詳細については、Wouters *et al.*（2016）で述べられている。
（10）なお、40歳時の医療費の遷移確率でも、傾向は表5－3と同じである。
（11）保険料は、公表されている賃金を用いているので事業主負担は入っておらず、個人の負担分だけとなっている点には注意が必要である。
（12）今回の分析では計算を簡単にするために、医療費の伸び率や賃金の伸び率をゼロとした。つまり、現時点の各年齢の医療支出額や、保険料額を積み上げる形で退職までの医療支出総額と保険料総額を計算している。また割引率もゼロとして計算を行っている。

参考文献

Auerbach, A. J., J. Gokhale, and L. J. Kotlikoff（1991）, “Generational Account: A Meaningful Alternative to Deficit Accounting,” *Tax Policy and the Economy*, Vol. 5, pp. 55–110.

Auerbach, A. J., L. J. Kotlikoff, and W. Leibfritz（1999）, *Generational Accounting around the World*, Chicago: University of Chicago Press.

Eichner, M. J., M. B. MaClellan, and D. A. Wise（1997）, “Health Expenditure Persistence and the Feasibility of Medical Savings Accounts,” *Tax Policy and the Economy*, Vol. 11, pp. 91–128.

Miyazato, N.（2015）, “Intergenerational Redistribution Policies of the 1990s and 2000s in Japan: An Analysis Using Generational Accounting,” *Japan and the World Economy*, Vol. 34–35, pp. 1–16.

Pauly, M. V. and J. C. Goodman (1995), "Tax Credits for Health Insurance and Medical Savings Accounts," *Health Affairs*, Vol. 14(1), pp. 126–139.

Wouters, O. J., J. Cylus, W. Yang, S. Thomson, and M. Mckee (2016), "Medical Savings Accounts: Assessing Their Impact on Efficiency, Equity and Financial Protection in Health Care," *Health Economics, Policy and Law*, Vol. 11(3), pp. 321–335.

国立社会保障・人口問題研究所（２００４）「個票データを利用した医療・介護サービスの需給に関する研究」厚生労働科学研究費補助金政策科学推進研究事業報告書。

国立社会保障・人口問題研究所（２０１６）「人口統計資料集２０１６」人口問題研究資料第３３４号。

内閣府（２０１１）「経済財政の中長期試算（平成23年8月12日）」中長期の経済財政政策に関する試算公表資料。

第6章　少子高齢化社会における社会保障のあり方

——介護離職と労働力問題

田中　隆一

一　はじめに

少子高齢化が急速に進む日本において未来を見据えた国づくりを推進するために、安倍晋三首相は2015年9月24日の記者会見で「ニッポン一億総活躍プラン」を提唱した。それとともに、アベノミクス第2ステージとして「希望を生み出す強い経済」、「夢をつむぐ子育て支援」、そして「安心につながる社会保障」という、いわゆる「新三本の矢」を掲げた。本章では第三の矢である「安心につながる社会保障」のうち、介護に関する問題について考える。

少子高齢化の進展により、高齢者人口とその総人口に占める割合は大きくなってゆくことは確実で

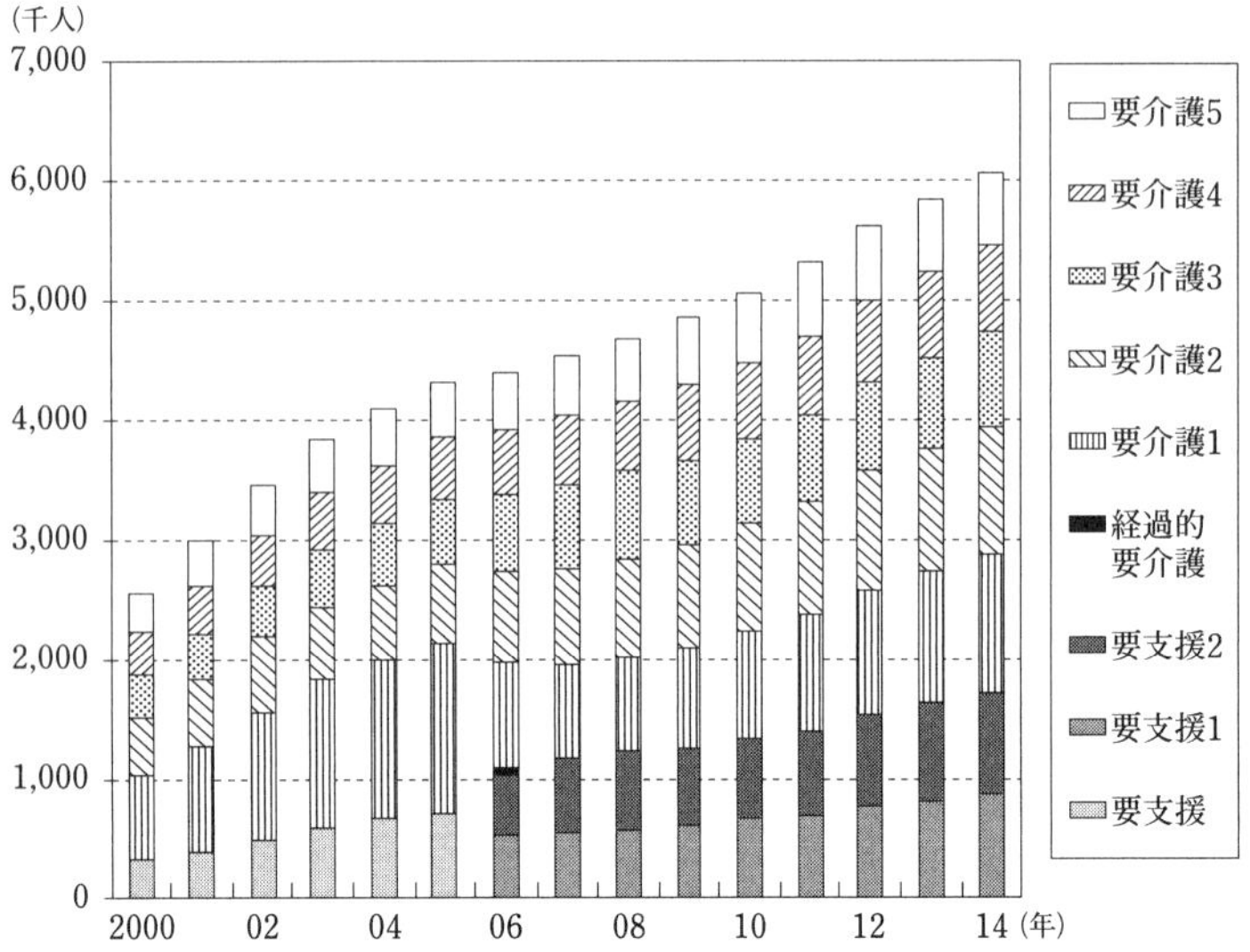

図6－1　要介護認定者数の推移

出所）厚生労働省「介護保険事業報告（年報）」より作成.

ある。また、高齢者人口の増加に伴い、要介護人口も増えてゆくことが予想される。図6－1は厚生労働省の介護保険事業状況報告（年報）より作成した要介護度別認定者数の推移のグラフである。2000年には約256万人だった要介護要支援認定者数は、2014年には約606万人にまで増え、この15年の間におよそ2・4倍にまで増えたことがこのグラフより読み取れる。また、「ニッポン一億総活躍プラン（2016年6月2日閣議決定）」（首相官邸 2016）によると、2015年に要介護3以上であった人数は約213万人であったが、2060年では421万人と約2倍になる見通しであるとされている。

要介護者の増加により介護サービスへの需要が高まる一方、介護サービスの供給が十分でない場合には親族等による在宅介護が必要となり、介護のために離職する人々が増えてしまうことになる。総務省による平成24年就業構造基本調査の結果では、２０１２年において実際に年間約10万人が介護のために離職している。さらに、そのうちの約15％の人が介護離職の理由として「介護サービスの利用ができなかったこと」をあげている。このように考えると、介護サービス供給を拡大し、介護離職者を減らすことは、少子高齢化による労働力人口の減少への対策の1つと考えることもできる。

また、介護による離職を抑制するためには、介護サービスの利用しやすさを向上することも重要である。介護サービスにかかる費用の大半は、医療サービスと同様に保険で賄われている。そのため、介護需要と介護供給は、介護保険という社会保障制度の設計に依存して大きく異なりうる。どのような介護保険制度を設計するのかは、介護と就業を両立させる上で非常に重要な政策である。

本章では、まず第2節で、介護の環境整備を考える上で重要な介護労働市場と介護保険制度の現状を確認する。次の第3節では、介護と就業の関係についていくつかの研究結果を概観し、介護は就業、特に女性の就業を抑制していたことを確認する。第4節では、介護施設の潜在定員率と就業の関係を調べた研究を紹介し、介護サービスの供給を充実させるだけでは中年世代の就業を大幅に促進するのは容易ではないことを確認する。第5節では、介護と就業の関係が介護保険制度によってどう変化したのかを調べた研究を紹介し、介護保険制度の整備充実は、就業の促進にとって重要であると論ずる。第6節では、介護政策と保育政策のポリシーミックスの重要性を指摘する。第7節で結語を述べる。

二　介護保険制度と介護サービス市場

介護保険サービスの体系は（1）介護老人福祉施設や介護老人保健施設といった「入所系サービス」、（2）特定施設入居者生活介護や認知症共同生活介護といった「居住系サービス」、（3）短期入所生活介護などの「短期滞在系サービス」、（4）通所介護や通所によるリハビリテーションなどの「通所系サービス」、（5）訪問介護や訪問入浴介護などの「訪問系サービス」に分けられる（図6－2）。2000年4月に導入された公的介護保険制度のもと、これらの介護サービスの供給は公的な介護保険制度を前提としてなされているといえる。

公的介護保険制度の導入の主な目的は、介護の社会化（清水谷・野口 2004）である。高齢化により要介護高齢者の増加や介護期間の長期化が予想される一方、核家族化の進行や介護者の高齢化などにより、親族による在宅介護が困難な状況が生じてきた。そのため、高齢者の介護を社会全体で支え合う仕組みを作る必要があったのである。

介護保険制度の財源は、被保険者から徴収した保険料と市町村、都道府県、国の税金からなり、その財源の内訳は保険料が50％と税金が50％となっている（図6－3）。被保険者は65歳以上のものからなる第1号被保険者と、40歳から64歳までのものからなる第2号保険者に分けられ、平成25年度に

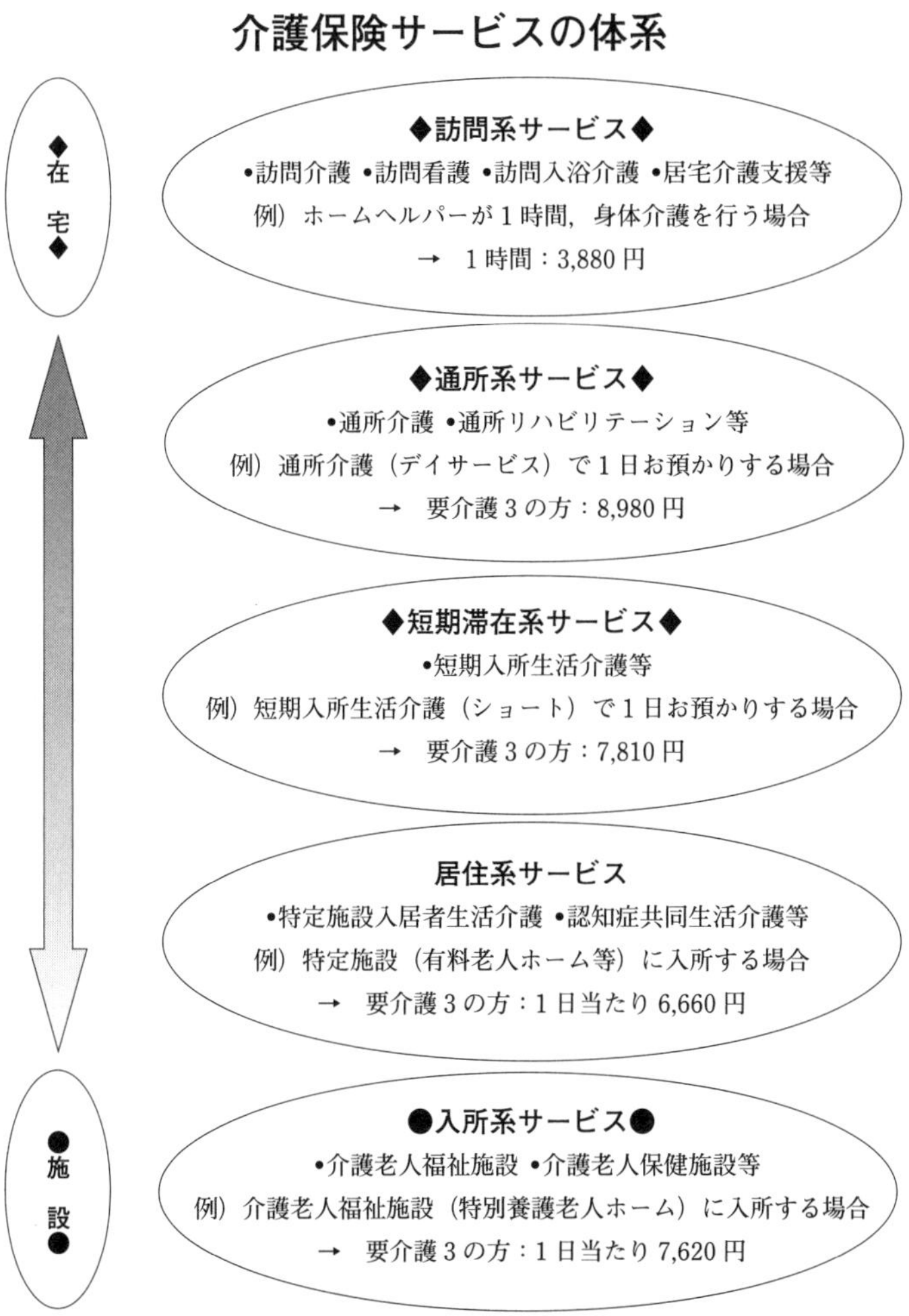

利用者負担額は目安です．お住まいの市町村やお使いになる事業所によって異なります．

図6－2 介護保険サービスの種類

出所）厚生労働省老健局総務課「公的介護保険制度の現状と今後の役割（平成27年度）」．

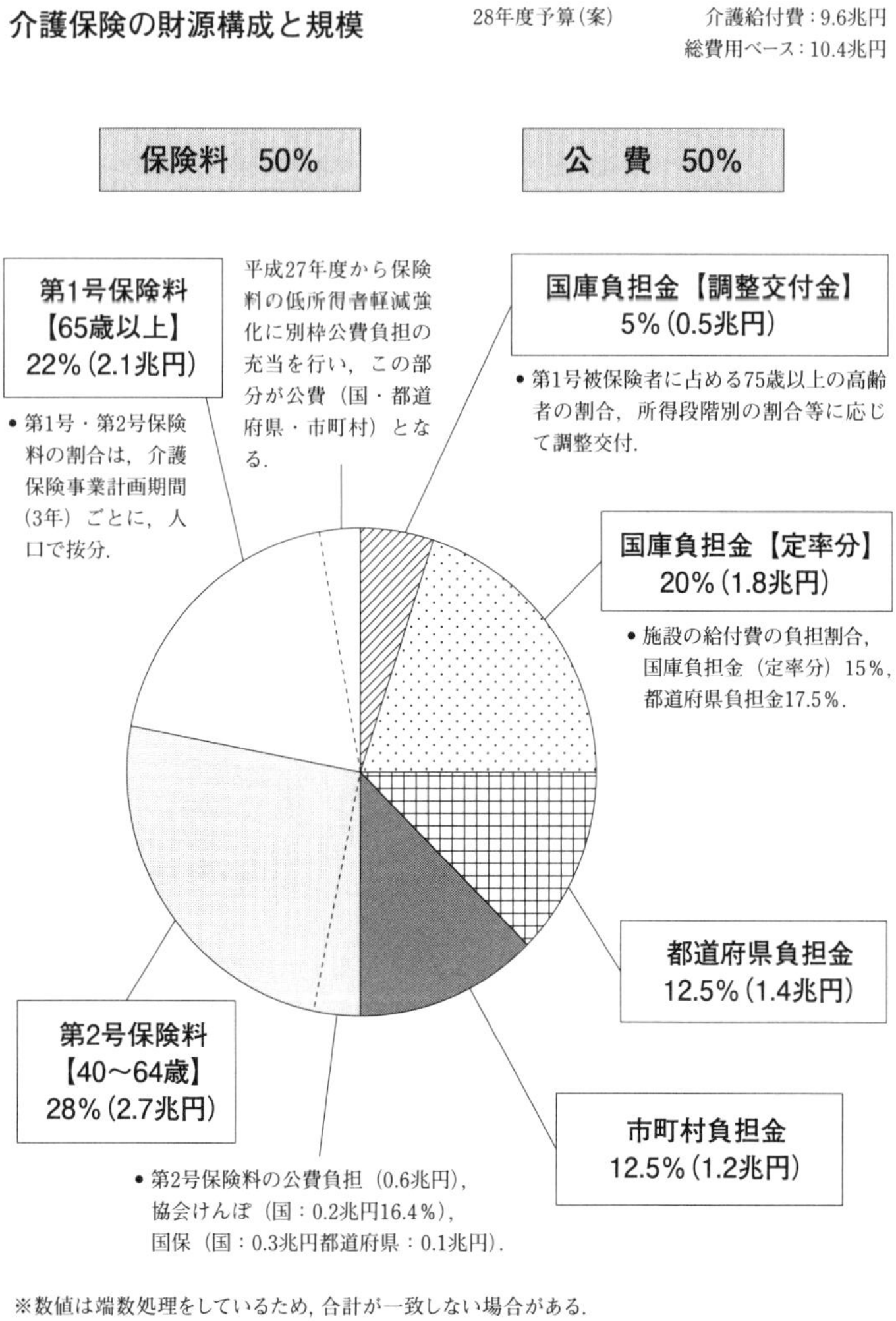

図6－3　介護保険の財源

出所）厚生労働省老健局総務課「公的介護保険制度の現状と今後の役割（平成27年度）」．

おいては、それぞれ３２０２万人と４２４７万人であった（厚生労働省老健局総務課 ２０１５）。

公的介護保険制度のもとで介護サービスを利用するためには、要介護認定を受ける必要がある。介護保険の利用を希望するものはまず市町村の窓口に相談し、必要に応じて要介護認定申請を行う。要介護認定は、介護の必要量を全国一律の基準に基づき判定する。市町村の認定調査員による心身の状況調査および主治医の意見に基づき1次判定を行い、その結果を受けて介護認定審査会により2次判定が行われる。その結果、要介護状態であることが認定されれば、その必要量に応じ1から5の要介護度（5が最も必要度が高い）が付される。平成25年度において、第1号被保険者のうち、17・8％の人々が要介護（要支援も含む）に認定されている（厚生労働省老健局総務課 ２０１５）。要介護と認定されると、支給限度額までは1割の自己負担で介護サービスを利用できる。

社会全体で介護費用を負担する介護保険制度は、介護サービスの需要者（利用者）とサービスの供給者の両方に多大なる影響を与えてきた。清水谷・野口（２００４）によると、まず、介護サービス需要者に対しては、今まで福祉上の「措置」として与えられてきた介護サービスが、市場での取引を通じて利用可能になるために選択の幅が広がり、よりニーズにあったサービスを選択できるようになるという影響を与えた。また、それまでは家族、特に女性家族による介護が非常に大きな割合を占めていたが、介護サービスの市場化および保険制度化によってこれらの介護サービスを市場で調達することができるようになり、家庭外での労働供給を可能にしたとされている。

他方、介護サービスの供給主体の多くはそれまで区市町村や社会福祉協議会などの公的主体であったが、訪問介護サービスへの営利企業の参入を始め、新規に介護サービスを提供する事業者が参入し、業者間の競争を通じてサービスの質の向上も見られたとされている。また、介護を理由とする長期入院（社会的入院）を解消するという意味においては、医療費の効率化という側面も見られたとされている。

労働者によるサービスの提供が中心的な介護サービス部門においては、サービスの量と質を保つ上で介護人材の確保が最も重要である。介護保険制度導入後は、介護サービスの供給主体の増加を受けて、その供給量を増やしてきた。しかしながら、近年は人材の確保が極めて困難であり、要介護人口の増加による介護離職者をなくすために介護の受け皿の整備拡大を目標としている政府にとっても悩ましいところである。介護人材の確保が困難な理由としては、介護労働者の賃金が他の対人サービスに比べて低いことが指摘されている。また、介護労働者の離職率は高く、全産業の離職率が15・5％であるのに対して、介護職では16・5％となっている。その結果として、勤続年数も相対的に短くなっている（首相官邸 2016）。

これらの現状を受けて、政府は介護基盤の供給体制を整備し、在宅介護352万人、居住系サービス38万人、介護施設95万人分の整備を目指している。さらに、2015年末の緊急対策において、介護の受け皿を38万人分以上から50万人分以上へ拡大することを盛り込み、さらなる介護環境整備を加速させている。また、介護人材の確保と育成を目的として、介護職をより魅力のある選択肢にするための制度設計を行うことが検討すべき方向性として考えられている。首相官邸（2016）によると、

「介護人材の処遇については、競合他産業との賃金差がなくなるよう、平成29年度（２０１７年度）からキャリアアップの仕組みを構築し、月額平均１万円相当の改善を行う」とし、さらなる介護人材の確保に努めている。

三　介護と就業

要介護の高齢者がいる世帯では、介護者の就業が抑制されているのであろうか。この問いに対して、いままで数多くの研究がなされている。例えば、岩本（２００１）では、１９９２年、１９９５年および１９９８年の国民生活基礎調査の個票を使って、どれだけの介護者が介護を理由として離職しているのか、さらには要介護者が発生した場合に、同居世帯員の誰が介護者となるのかを調べている。それによると、在宅介護の必要な要介護者10人当たりに１人の介護者が、介護を理由に就業を断念していることが明らかにされている。さらに、要介護者が発生するとその家計にいる女性が介護者として選ばれやすい傾向があり、それは就業すれば得られる所得としての機会費用が女性の方が低いという経済的要因のみで説明されるわけではないことが明らかにされている。

前述の研究と同様に、介護と就労の関係を調べたものとして、Fukahori, Sakai, and Sato（２０１５）がある。この研究では、ニッセイ基礎研究所が実施した「中高年パネル調査（暮らしと生活設計に関する調査）」の1997年から2005年までの50歳から64歳までの中高年15002人のデータを用いて、世帯の中に介護の必要な人がいることは就業に影響を与えているのかを調べている。

この研究では、中高年者の経年変化を追うことのできるパネルデータと呼ばれる詳細なデータを用いた分析が行われている。就業するかどうかは、もともと個々人の特性に大きく依存している。世の中にはもともと外で働きたいと思う人と、そうでない人がいるであろう。外で就業する気があまり強くなく、もともと就業していない人が進んで介護を行うというのであれば、そのようなケースをもってして介護が就業を抑制しているとは言い難い。パネルデータを使うと個人の経年変化を観測できるので、要介護者が発生することによって、以前就業していた人が離職したかどうかを調べることができるのである。

パネルデータを用いた分析の結果、介護の必要な人が世帯の中にいると、夫と妻の両方の就業確率が7％ポイントから10％ポイント低くなることが明らかにされている。しかしながら、働いている夫に限ってみると、就業時間は変化がないことから、介護の必要が発生した場合には、男性は仕事を辞めることによって介護に当たっている可能性を示唆している。

このほかにも介護と労働供給の関係については数多くの研究がなされており、多くの研究において、介護には就労抑制効果があるという結果が得られている。しかしながら、近年においてはこの就労抑制効果が弱まってきていることを示唆する研究結果もみられ、この点については公的介護保険制度との関係で述べることにする。

四　介護サービス施設整備と就業

「介護離職ゼロ」という目標を達成するために、介護人材を育成し、新たな介護サービスの供給を実現することによって、介護と仕事が両立できる環境を整備することの重要性に対して異を唱えるものはいないであろう。しかしながら、「介護離職ゼロ」という目標を達成するためにどのくらいの介護サービス供給の拡大が必要とされているのかという問いに対しては、明確な答えを持ち合わせているものは多くはないというのが現状である。

この問いに1つの答えをあたえるのがKondo（2017）である。この研究では介護施設の潜在定員率が中年男女の就業選択に与える影響を計測しており、介護施設の整備拡充政策によりどの程度労働参加を促進できるのかを推測する上で非常に重要なものである。

介護施設の数は、都道府県や医療圏ごとに大きく異なる。表6－1は、厚生労働省の「介護サービス施設・事業所調査」より作成した、2002年と2010年における東京圏、関西圏とその他の地域における平均的な介護施設の1人当たり潜在定員率（介護施設の定員を75歳以上人口で割った値）をまとめたものである（Kondo 2017 の Table 1 から作成）。この表をみると、2003年において

表６－１　75歳以上人口１人当たりの介護施設利用可能性

2002年

	東京地区	関西地区	その他
通所介護施設	0.7955	0.9772	1.2128
短期入所生活介護施設	0.0053	0.0068	0.0065
居住系サービス施設	0.0017	0.0019	0.0029
入所系サービス施設	0.0504	0.0740	0.0780

2010年

	東京地区	関西地区	その他
通所介護施設	1.1334	1.2546	0.6083
短期入所生活介護施設	0.0054	0.0056	0.0075
居住系サービス施設	0.0273	0.0206	0.0197
入所系サービス施設	0.0509	0.0550	0.0593

注）東京地区には埼玉県，千葉県，東京都，神奈川県が含まれる．関西地区には京都府，大阪府，兵庫県が含まれる．
出所）Kondo（2017）のTable 1より作成．

は東京や大阪といった都市圏では、他の地域に比べて介護施設の潜在定員率が低い傾向があったことがわかる。また、介護施設の潜在定員率が年々変化していることもこの表からわかる。例えば、通所介護施設や居住系サービス施設の潜在定員率は、すべての地域において増加している。特に都市圏における居住系サービス施設の増加は著しく、２０１０年においてはその他地域の潜在定員率よりも高くなっている。このように、介護施設の潜在定員率は、施設やサービスの形態、地域、さらには年度によって異なることがわかる。

　この研究において検証する仮説は以下のものである。もし介護施設の潜在定員率が労働参加の意思決定に重要な影響を与えるのであれば、（人口当たりの）介護施設数の多い地域に住んでいる人々の方が、そうでない地域に住んでいる人々よりもより就業する傾向が見られるはずである。この仮説を検証するために、都道府県および医療圏ごとの介護施設の潜在定員率の情報を、居住地と年度の情報を使って、総務省の労働力調査および就業構造基本調査の中年男女の個票データとマッチさせた上で、地域ごとの介護施設の潜在定員率と個人の就業状態との関係を回帰モデルを用いて分析している。回帰分析においては、各介護施設・サービスごとの潜在定員率をはじめとして、年齢および年齢の2乗、6歳未満の子と同居していることを示唆するダミー変数、同居している75歳未満の大人の数、さらには都道府県や医療圏の固定効果および年度固定効果が制御されている。なお、本来であれば要介護状態の高齢者の有無に関する情報を考慮することが重要であるが、データの制約上要介護状態の高齢者の有無を考慮できないため、誘導形を推定することで介護施設の潜在定員率が就業に対して与える平均的な効果を推定している。

２００２年から２０１０年までの労働力調査、および２００６年から２０１２年までの就業構造基本調査を用いて回帰分析を行った結果、いくつかの介護施設の潜在定員率が中年男女の労働参加に対して正の関係を持つものもあったが、総じて強い関係は検出されなかった。Kondo（2017）も言及しているように、さらに細かい地域での介護施設の潜在定員率や、要介護状態の高齢者の有無に関する情報を利用することが必要ではあるが、介護施設の潜在定員率と就業の関係を、男性、女性、有配偶者、独身者のそれぞれについて調べてもほぼ一貫して統計的に意味のある関係を検出することができなかったことは、介護施設整備政策のみでマクロ経済全体の就業率を大きく引き上げることは容易ではないことを示唆している。介護サービス施設拡充政策が就業率を引き上げる上で効果的かつ効率的なものとなるためには、少なくともそのようなサービスを必要としている人々にターゲットを十分に絞って実施することが重要であると考えられる。

五　介護保険制度と就業

介護と就業の関係を考える際には、介護サービスの需要側に対しても目を向ける必要がある。特に介護サービスの市場は医療サービスと同様に保険制度のもとで価格が規制されているため、介護保険制度そのものが介護サービスの需要に対して直接的な影響を与えることになっている。その結果、介護保険制度と就業の意思決定は切っても切り離せない関係を持っていると考えられる。社会保障としての介護保険制度は就業、特に女性の就業に対して影響を与えるのであろうか。この問いに対して答えを与える研究として、Shimizutani, Suzuki, and Noguchi（2008）があり、以下でその内容を紹介する。

この研究の目的は、２０００年4月に施行された公的介護保険制度が、女性の就業選択に与えた影響を明らかにすることである。公的介護保険制度が女性の就業に与える因果関係の意味での効果を検証する有効な方法の1つは、介護保険制度施行の前後における女性の就業状態の変化を、保険制度の影響を受けるグループと影響を受けないグループ間で比較する差の差の推定法（Difference-in-Differences法）と呼ばれるものである（差の差の推定法については、田中（2015）を参照のこと）。介護保険制度の影響を調べるためには、要介護の高齢者のいる世帯といない世帯を比べる必要がある。2000年4月以前から要介護の高齢者のいた世帯では、介護保険制度の施行以前は介護の大きな部分を在宅で行っていたと推察される。伝統的に女性が在宅介護に当たってきたことを鑑みると、在宅介護サービスはその世帯の女性、つまり要介護の高齢者の娘や義理の娘によって行われていたと考えられる。それが2000年の公的介護保険の導入によって介護サービスを「外注」できるようになった。もし介護が女性の就業を抑制していたのであれば、要介護の高齢者のいる世帯では、制度導入後に就業者数が増えることが予想される。

他方、2000年前後で要介護の高齢者のいない世帯では、公的介護保険制度の影響を受ける可能性が比較的低いので、平均的な就業者数の変化は（高齢者のいる世帯に比べて）小さいことが予想される。もしマクロ的な要因で全体的な就業者数が変わっていたとしても、その要因による就業者数の変わり方は要介護の高齢者のいる世帯でも同じであると考えられるので、公的介護保険制度に女性の就業促進効果があるとすれば、要介護の高齢者のいた世帯の方が、要介護の高齢者のいなかった世帯よりも就業者が増えているはずである。

このような比較を行うために、まず要介護の高齢者のいる世帯のデータとして、内閣府が独自に行った「高齢者の介護利用状況に関するアンケート調査」の個票データを利用している。この調査では、主な介護者の就業状態についての情報が集められている。また、高齢者でありながら、要介護状態にない世帯に関しては、日本経済研究センターが実施した「高齢者の医療保険に関するアンケート」の個票データから情報を収集している。この調査は２００２年に行われ、持病を持つ70歳以上の高齢者のいる日本全国の世帯を対象としており、回答者は通院中の持病を持つ高齢者と同居している家族である。

差の差の推定法を用いて介護保険制度導入の女性の就業促進効果を計測した結果、２０００年の公的介護保険制度の導入は２００２年度の女性介護者の就労確率を８％ポイント上昇させ、１週間当たり就労日数および１日当たり就労時間を10～20％ポイント増加させたことが明らかにされた。介護保険制度が導入されると、今までは在宅で自ら介護に当たっていた女性が、市場で供給される介護サービスを利用しやすくなる。その結果、労働力として家庭外で就労することを選択しやすくなったことが、この分析結果から明らかにされたといえる。

前述の結果をさらに説得的なものにする最近の研究に Fu *et al.*（2016）がある。この研究では、２００６年に行われた介護保険制度の変更を利用して、介護保険制度が就業へ与える影響を計測している。２００６年以前には、要介護までではないものの支援の必要な場合には、要支援と認定され、介護保険制度のもとで支援的なサービスを受けることができた。しかしながら、２００６年の制度変更によりこの要支援が要支援度１と要支援度２に細分化され、要支援度１に分類されると受けられるサービスが減ることとなった。この変更によって、一部の世帯にとっては、介護保険の利用可能性が悪化した。他方で、２００６年以前に要介護度２以上であった世帯は２００６年の制度変更の影響を受けないので、これらの世帯を比較する差の差の推定法により、その効果を検証することができる。検証の結果、２００６年の介護保険制度変更で保険の利用可能性が悪化した世帯では、女性の就業確率が６・６％下がり、女性の就業が抑制されたことが明らかとなった。

公的介護保険制度の導入が介護と就業の関係に与えた影響について、より長い期間のデータから検証したものとして、Sugawara and Nakamura（2014）がある。この研究では、先に紹介した研究と同様に、公的介護保険制度の導入は介護をしている女性の就業を促し、就労時間を長くする効果があることを明らかにしている。さらに重要な発見として、公的介護保険の導入以前においては介護の必要な高齢者がいる世帯では就労確率が16％、また導入直後では就業確率が10％低くなっており、その差は統計的にも意味のある差であったが、公的介護保険制度の導入から10年経った２０１０年時点では、介護の必要な男性高齢者が世帯にいる家庭とそうでない家庭の就業確率は統計的には意味のないものとなっており、要介護の男性高齢者が世帯にいること自体は女性の就業を抑制しなくなっているということを明らかにしている。この結果は、公的介護保険制度の導入が女性の労働参加を促進したという結果と整合的である。

また、近年は介護が労働参加に与える影響が弱くなってきていることを示唆する研究結果も存在する。経済産業研究所（ＲＩＥＴＩ）では、「暮らしと健康の調査（Japanese Study of Aging and Retirement, 以下 JSTAR)」を実施し、詳細な個人のパネルデータを収集している。そのデータを用いて、Oshio and Usui（2016）は女性の就業と在宅介護との関係を分析している。この研究では、

２００９年から２０１１年に少なくとも１人の親または義理の親が存命である女性に分析の対象を限定して、親または義理の親の在宅介護はこれらの女性の就業を抑制するのかを統計的に検証したものである。対象としている人数は、最も多いサンプルで２６３人と必ずしも大きくはないが、親の要介護度や潜在的な介護者数といった重要な情報を用いた分析が行われている。

Oshio and Usui（2016）も先行研究と同様に親の在宅介護と女性（娘）の就業の関係を調べている。それによると、在宅介護をしている女性の就業確率はそうでない女性に比べて低いことが確認されている。しかしながら、パネルデータを使って個人差を考慮し、さらに「就業をしているので介護をしない」という逆の因果関係を考慮するために要介護度と潜在的な介護者の数を用いた操作変数法を用いた詳細な分析においては、介護と女性の就業の関係の統計的な有意性がなくなることを発見している（操作変数法については、田中（２０１５）を参照のこと）。この詳細な分析の結果に基づいて、Oshio and Usui（2016）は近年では在宅介護が女性の就業に対して与える影響は大きくないと結論づけている。この結果は先に紹介した先行研究の結果とも整合的なものである。

以上の結果から、介護者の就業、特に女性の就業を促す上では、介護サービスに対する需要に影響を与える要因も大切であると言えよう。有効な政策的対応を考える上では、需要側の要因と供給側の要因の両方が重要であることは間違いないであろうが、就業の意思決定を行う個人に直接訴えかけることのできる政策としては、需要に影響を与える政策の方が高い有効性を持つ可能性を示唆しているとも見える。社会保障費の増大が社会問題となっている今日において、限られた予算を選別的に配分しながら政策目標の達成を目指すことは必要不可欠である。就業促進を政策目標とするのであれば、受益者である高齢者の応能負担を増やしたり、不必要な介護保険サービスの乱用を抑制することなどで財源の確保を進めつつ、介護により就業が抑制されている人々のいる世帯を優先的な対象とした政策にその予算を割り振ることがより重要になってくるであろう。

六　保育問題と介護問題の関連について

介護問題とともに就業、特に女性の就業に重要な影響を与えるのが保育問題である。現在、保育施設の整備は待機児童解消にとって急務であり、保育事業の実施主体である基礎自治体にとっても喫緊の課題となっている。介護サービスと保育サービスの供給は、それぞれ異なる目的があるものの、女性の就業率を高めることが期待されているという共通点もある。

保育施設の整備が、女性の就業率と正の関係を持つことを実証的に報告する研究もある。例えば宇南山（２０１１）では、保育所定員を20歳から39歳までの女性人口で割った「潜在定員率」が都道府県で大きく異なることに着目し、潜在定員率の高い都道府県では結婚・出産による離職率が低くなっていることを２００５年の国勢調査を用いて見出している。図６－４は２０１５年の国勢調査を用いて、都道府県ごとの潜在定員率と20歳から64歳までの男性と女性それぞれの就業率との関係を表した

(1) 保育施設利用可能性と女性就業率

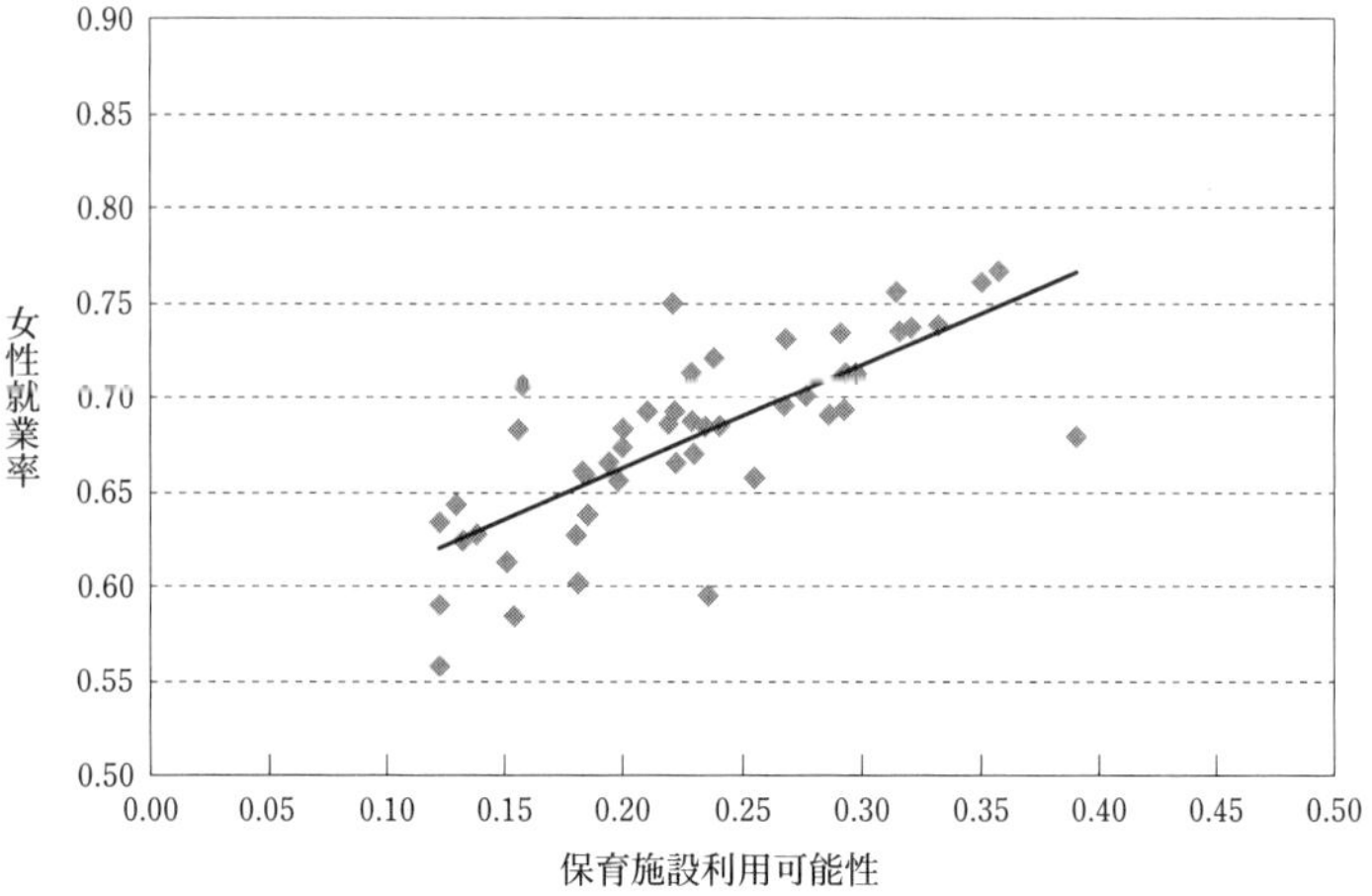

(2) 保育施設利用可能性と男性就業率

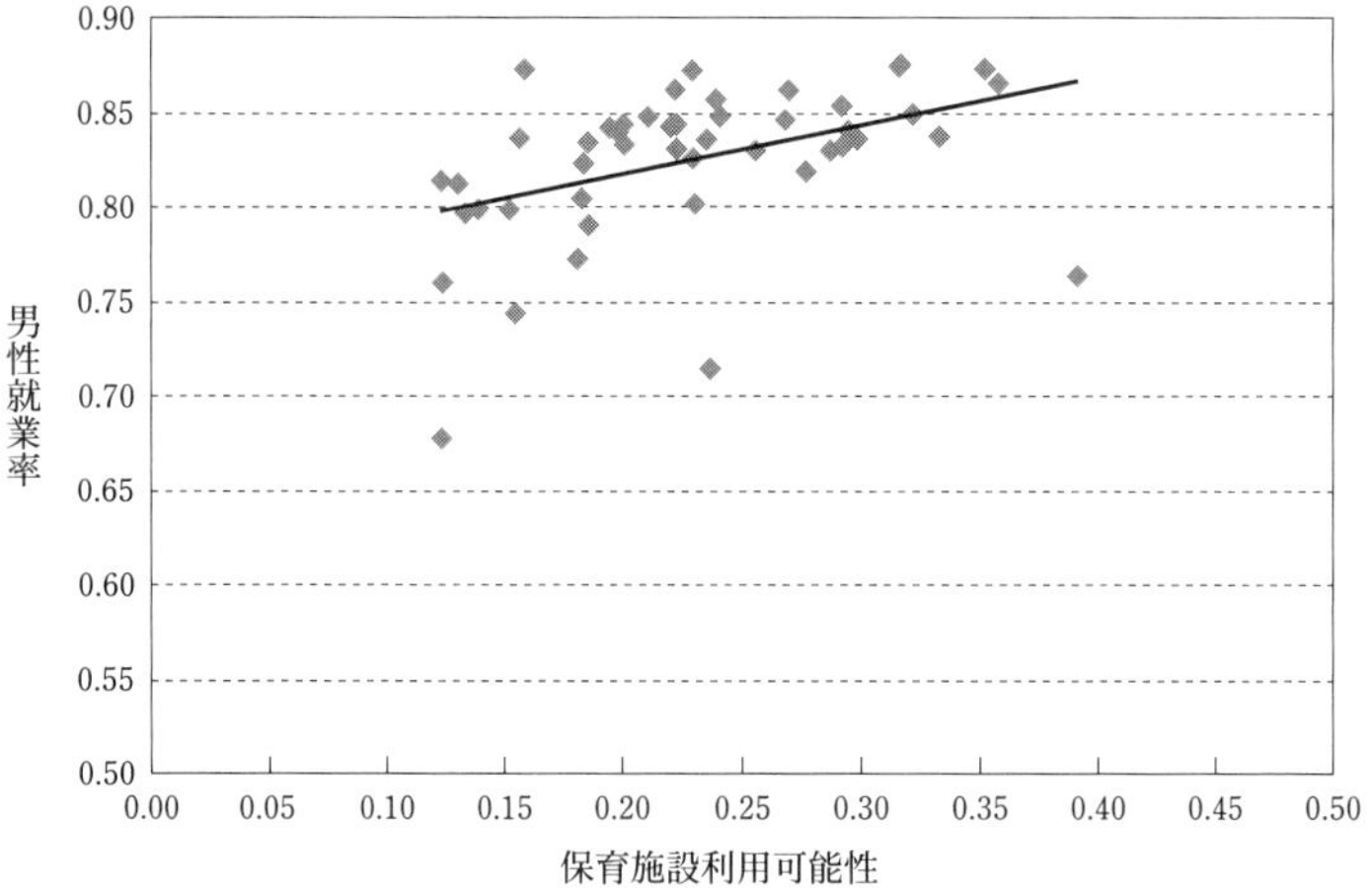

図 6－4　保育施設の潜在定員率と就業率

表6－2　変数の定義と記述統計

変数名	平均	標準偏差	最小値	最大値
介護施設潜在定員率	0.159	0.015	0.125	0.199
保育施設潜在定員率	0.228	0.069	0.122	0.390
女性就業率（20～64歳）	0.678	0.050	0.557	0.768
女性就業率（20～39歳）	0.681	0.054	0.542	0.788
女性就業率（40～64歳）	0.677	0.048	0.569	0.757
男性就業率（20～64歳）	0.826	0.042	0.678	0.877
男性就業率（20～39歳）	0.798	0.053	0.609	0.866
男性就業率（40～64歳）	0.844	0.035	0.728	0.889

標本サイズは47

定義名	定義と出典
介護施設潜在定員率	介護施設定員／75歳以上人口 （介護サービス施設・事業所調査および国勢調査2015）
保育施設潜在定員率	保育施設等総定員数／20～39歳女性数 （社会福祉施設等調査および国勢調査2015）
就業率	各年齢層別総人口に占める就業者割合 （国勢調査2015）

ものである。この図によると、保育施設の潜在定員率が高い都道府県においては就業率が高い傾向が見られ、特に女性就業率との関係においてはっきりとした正の相関関係が確認できる。

それでは、近年における介護施設の潜在定員率と就業率の関係はどのようになっているのだろうか。この関係を確認するために、2015年の国勢調査のデータから計算された就業率と、厚生労働省が毎年行っている「介護サービス施設・事業所調査」の2015年のデータから得られる介護施設の定員との関係を見てみる。「介護サービス施設・事業所調査」における介護老人福祉施設、介護老人保健施設、介護療養型医療施設、地域密着型介護老人福祉施設、および居宅サービス（通所介護、通所リハビリテーション（介護老人保健施設）、通所リハビリテーション（医療施設）、短期入所生活介護、特定施設入居者生活介護）の定員総数を75歳以上人口で割ったものを介護施設の潜在定員率と定義し、都道府県ごとの値を計算した。表6－2にその記述統計が掲載されているが、最も潜在定員率の高い沖縄県では、最も低い東京都の1・6倍になっていて、都道府県間でばらつきがあることが確認できる。

介護施設の潜在定員率と、20歳から64歳までの女性と男性それぞれの就業率との関係を表したものが図6－5である。この図を見ると、保育施設の潜在定員率の場合と同様に、介護施設の潜在定員率の高い都道府県ほど就業率が高い傾向が見られ、その関係は女性就業率においてより強く見られる。

これらのグラフから見て取れる介護施設の潜在定員率と就業率の正の関係から、介護施設の整備によって就業率を引き上げることができると結論づけることはできるだろうか。このことを調べるために、男性と女性それぞれの就業率を被説明変数とし、介護施設の潜在定員率と保育施設の潜在定員率を説明変数とする回帰分析を行った。47都道府県のデータを使って、加重最小二乗法により推定した結果が表6－3に報告されている。

介護施設の潜在定員率のみを説明変数とした場合は、男性就業率、女性就業率の両方と統計的に有意な正の関係があることがわかるが、介護施設潜在定員率と保育施設潜在定員率の両方を同時に説明変数として含めた場合には、保育施設の潜在定員率は統計的に有意な正の関係を持つものの、介護施設の潜在定員率の係数は小さくなり、統計的な有意性も失われてしまう。実際に、介護施設の潜在定

(1) 介護施設利用可能性と女性就業率

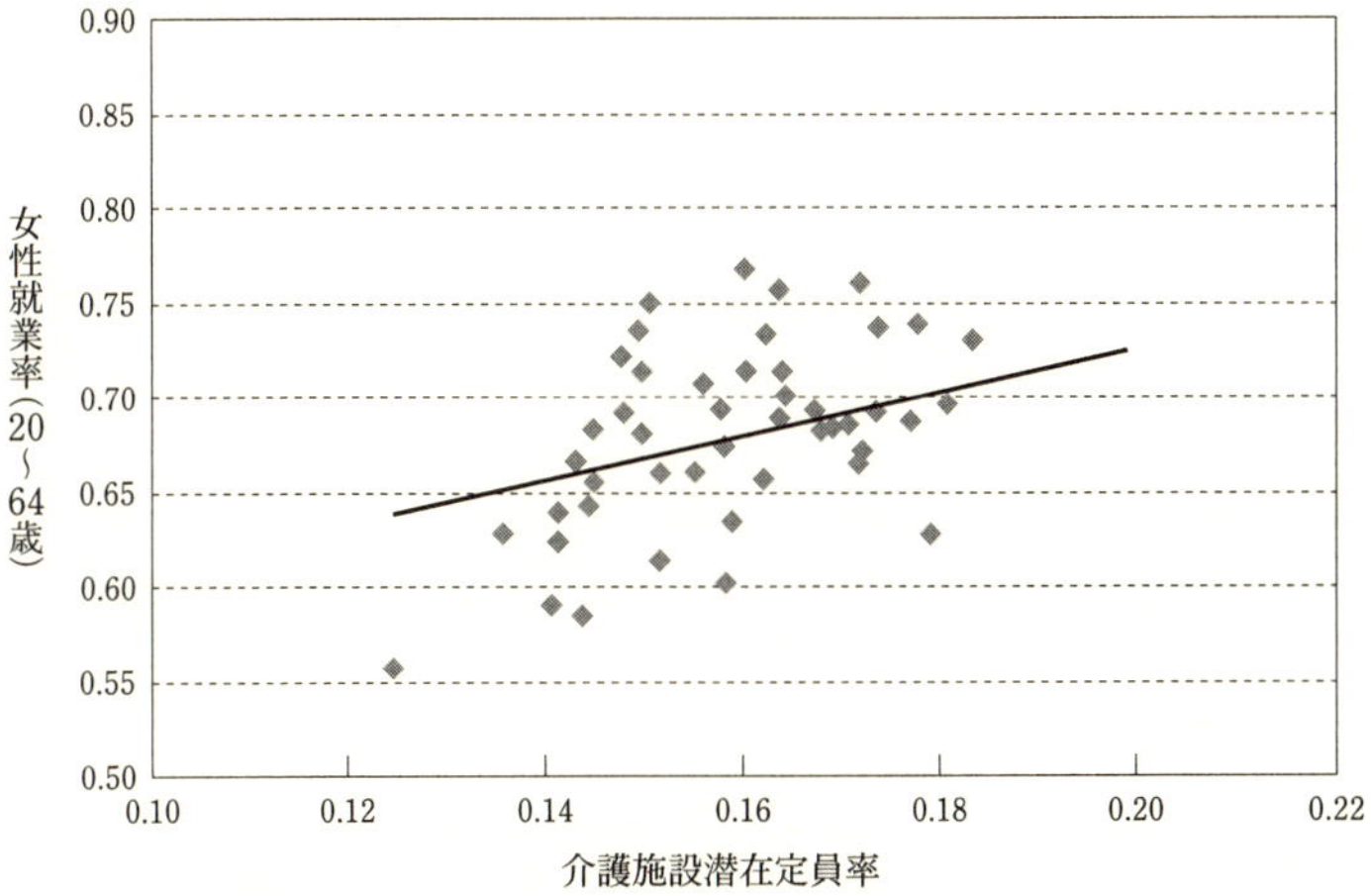

(2) 介護施設利用可能性と男性就業率

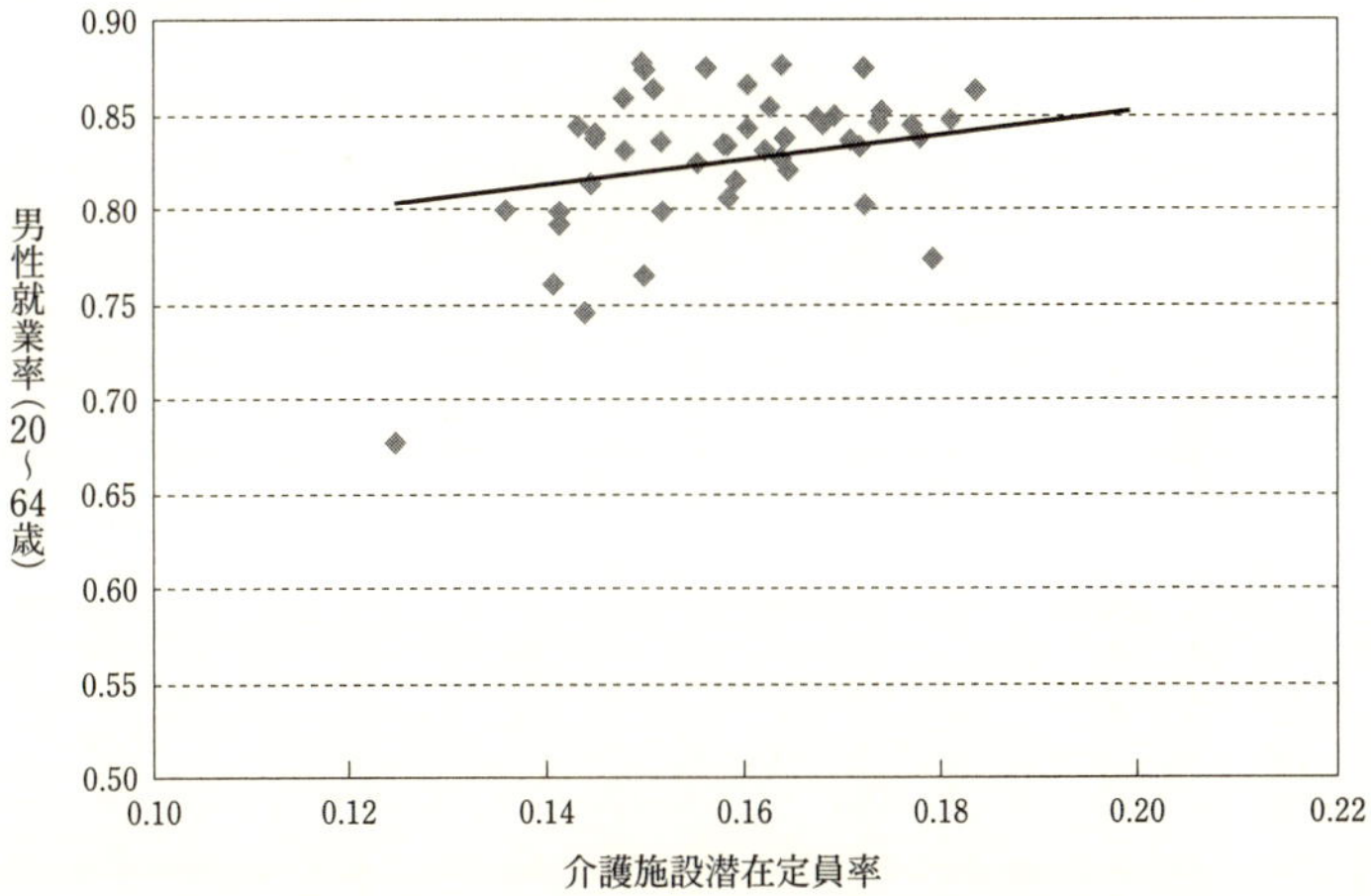

図６－５　介護施設の潜在定員率と就業率

表6-3　推定結果

	女性就業率			男性就業率		
介護施設	2.0017***		0.6459	2.0603**		1.2539
潜在定員率	(0.6242)		(0.5912)	(0.9909)		(1.0688)
保育施設		0.7116***	0.6121***		0.5548***	0.3619***
潜在定員率		(0.1025)	(0.0925)		(0.1864)	(0.1272)
定数項	0.3394***	0.5122***	0.4327***	0.4867***	0.6968***	0.5426***
	(0.0951)	(0.0244)	(0.0824)	(0.1549)	(0.0448)	(0.1561)
標本サイズ	47	47	47	47	47	47
決定係数	0.3551	0.6451	0.6695	0.3323	0.3490	0.4299

注）括弧内は頑健な標準誤差．*10%，**5%，***1% 有意．就業率を被説明変数とする回帰式は 20～64 歳の人口を用いて加重最小二乗法で推定した．

員率と保育施設の潜在定員率の相関係数は0・7と高く、介護施設の潜在定員率のみを説明変数として含めた場合は、保育施設と就業率との関係を拾っていた可能性が高いことがわかる。介護施設整備政策が就業率に与える効果を評価するためにはより精緻な分析が必要であるが、少なくとも都道府県単位で集計された介護施設の潜在定員率と就業率の関係が強いとは言えないであろう。

　これらの結果を総合的に解釈すると、就業率、特に女性の就業率を高めることを目的とするのであれば、保育施設整備が介護施設整備よりも有望なようにも思われる。仮に保育施設の潜在定員率と就業率の関係を因果関係と読むことができるのであれば、たとえ保育施設および介護施設の定員が現在の水準に止まったとしても、少子高齢化の進展により保育施設の潜在定員率は上がり、介護施設の潜在定員率は下がってゆくため、就業率は上がってゆくかもしれない。しかしながら、少子高齢化が進む中では、就業率ではなく就業者数そのものが重要であるため、介護を理由とする離職者がいる限りにおいては、介護離職者を減らすことの重要性が低くなることはない。むしろ、介護サービスと保育サービスの供給には、多くの共通点があるため、今後は保育政策と介護政策の両方を統合的な枠組みで考えることの重要性が高まるであろう。例えば、待機児童解消のための保育施設の新規建設は、少子高齢化が急速に進行している現状から考えると中長期的に非効率的である可能性を持っている。これらの保育施設を事後的に介護施設へと転用することを前提とした整備であれば、施設の有効活用が可能となるであろう(1)。

七　おわりに

以上、社会保障としての介護問題を、介護離職や就業といった観点から概観した。介護離職を減らすことは、少子高齢化の進む中で労働力人口を維持するために重要であることは論を俟たない。しかしながら、介護離職そのものを減らすだけでは、少子高齢化による労働力人口の減少への対策として十分であるとも言えないであろう。さらに、介護サービスの供給側の環境整備を進めること自体は重要な政策であることは間違いないが、そのために介護保険制度の対象を制限するといった政策により制度自体を縮小させるようなことが仮に起こったとすると、逆に就業を大きく抑制してしまう恐れもある点は指摘しておきたい。

また、本章で概観した研究の多くでは、介護と就労、特に女性の就労との関係に焦点を当てたものであったが、今後は就業形態や職種といった仕事の「質」も考慮してゆく必要があると思われる。真の意味での「総活躍社会」を目指すためには、個々の能力を発揮し、高い労働生産性を生み出すことのできる職への就業を促すことが必要となってくる。介護保険制度は就労の意思決定に大きな影響を与えるので、慎重な制度設計によって、より多くの人材が活躍できる社会を構築してゆくことが目指すべき方向の一つと言える。

最後に、介護サービスと保育サービスとのポリシーミックスの重要性についても指摘した。介護サービスと保育サービスの供給には、多くの共通点があるため、政策的な対応も多くの類似点を持っていると考えられ、これらの政策を統合的な枠組みで考え、今後の施設整備計画を立てることが必要となると思われる。少子高齢化による社会変化が引き起こす問題は複雑ではあるが、政策の目的と対象を明確にした上で、可能な限り効果的かつ効率的な対応が求められる。

注

（1）ポリシーミックスの可能性については、Tanaka（2017）も参照のこと。

参考文献

Fu, R., H. Noguchi, A. Kawamura, H. Takahashi, and N. Tamiya (2016), “Spillover Effect of Japanese Long-

Term Care Insurance as an Employment Promotion Policy for Family Caregivers," Report at the Japanese Economic Association, 2016 Autumn Meeting.

Fukahori, R., T. Sakai, and K. Sato (2015), "The Effects of Incidence of Care Needs in Households on Employment, Subjective Health, and Life Satisfaction among Middle-aged Family Members," *Scottish Journal of Political Economy*, Vol. 62 (5), pp. 518–545.

Kondo, A. (2017), "Availability of Long-term Care Facilities and Middle-aged People's Labor Supply in Japan," *Asian Economic Policy Review*, Vol. 12 (1), pp. 95–112.

Oshio, T. and E. Usui (2016), "Informal Parental Care and Female Labor Supply in Japan," *Applied Economics Letters*, Vol. 24 (9), pp. 635–638, published online: 05 Aug. 2016.

Shimizutani, S., W. Suzuki, and H. Noguchi (2008) "The Socialization of At-home Elderly Care and Female Labor Market Participation: Micro-level Evidence from Japan," *Japan and the World Economy*, Vol. 20 (1), pp. 82–96.

Sugawara, S. and J. Nakamura (2014), "Can Formal Elderly Care Stimulate Female Labor Supply? The Japanese Experience," *Journal of the Japanese and International Economies*, Vol. 34, pp. 98–115.

Tanaka, R. (2017), "Comment on 'Availability of Long-term Care Facilities and Middle-aged People's Labor Supply in Japan'," *Asian Economic Policy Review*, Vol. 12 (1), pp. 115–116.

岩本康志（２００１）「要介護者の発生にともなう家族の就業形態の変化」岩本康志編『社会福祉と家族の経済学』東洋経済新報社、１１５－１３８頁。

宇南山卓（２０１１）「結婚・出産と就業の両立可能性と保育所の整備」『日本経済研究』第65号、１－22頁。

厚生労働省老健局総務課（２０１５）「平成27年度　公的介護保険制度の現状と今後の役割」。http://www.mhlw.go.jp/file/06-Seisakujouhou-12300000-Roukenkyoku/201602kaigohokenntoha_2.pdf

清水谷諭・野口晴子（2004）『介護・保育サービス市場の経済分析――ミクロデータによる実態解明と政策提言』東洋経済新報社。
首相官邸（2016）「ニッポン一億総活躍プラン（平成28年6月2日閣議決定）」。http://www.kantei.go.jp/jp/singi/ichiokusoukatsuyaku/index.html
田中隆一（2015）『計量経済学の第一歩――実証分析のススメ』有斐閣。

終　章　構造改革としての「新三本の矢」

福田　慎一

一　はじめに

本書では、新たなステージに入ったアベノミクスを「新三本の矢」を中心に多角的に検証してきた。アベノミクスの「旧三本の矢」では、第1の矢である異次元の金融緩和が円安・株高がスタートダッシュを演出した一方で、潜在成長力を高めることが期待された第3の矢の成長戦略は「道半ば」といわれ続けた。（1）希望を生み出す強い経済（⇒2020年の名目GDPを600兆円に）、（2）夢を紡ぐ子育て支援（⇒合計特殊出生率を1・8に回復）、（3）安心につながる社会保障（⇒介護離職ゼロに）、の3項目からなる「新三本の矢」は、成長戦略に重きを置くことで日本経済の潜在成長力を高め、「デフレ経済」からの脱却を目指したものである。２０１７年12月にはその実現に向けた「生産性革命」と「人づくり革命」の経済政策パッケージも取りまとめられた。

新しいアベノミクスが掲げる目標は、誰もが活躍できる「一億総活躍社会」を実現するために日本社会の構造的課題である少子高齢化の問題に真正面から挑戦したという点では評価できるものである。しかし、それらを実現するには、さまざまな分野で「構造改革」を一つ一つ行っていくことが必要で、それは容易に実現できるものではない。「失われた20年」といわれてきた日本経済が長期低迷から脱却する上で、いかなる政策が必要なのかの議論を一層深めていくことが求められている。本書では、このような観点から、全体を第Ⅰ部（第1の矢――強い経済）、第Ⅱ部（第2の矢――子育て支援）、第Ⅲ部（第3の矢――安心の社会保障）の3つのパートに分け、各章で新たなステージに入ったアベノミクスを多角的に考察し、今日の日本における成長戦略が抱える課題をあらためて整理してきた。

第Ⅰ部では、**第1章「設備投資活性化の条件を探る――企業の保守的投資財務行動の変革」（中村純一）**が、企業部門の設備投資を活性化するには何が必要かを論じた。アベノミクス開始以降、企業セクターでも、収益の大幅な増加は顕著で、株価は大きく上昇してきた。しかし、「企業収益増が設備投資の増加に」という好循環は十分ではなく、企業部門の資金余剰は高止まりしている。第1章では、その原因をさまざまな角度から検討し、不完全な企業統治よりも、予備的な動機にもとづく保守的な投資行動が大きな要因であったことが指摘された。

第2章「これからの「人材活躍強化」――リカレント教育に関する分析」（田中茉莉子）は、リカレント教育による人材活躍強化の取り組みを論じた。急速な少子高齢化による労働人口の減少が見込まれるわが国では、今後は労働力の量的な確保には限界がある。そうしたなかで、労働の質的向上、特に中高年を対象とした再教育（＝リカレント教育）の促進が急務の課題となっている。しかし、わが国では、他の先進国と比べてリカレント教育の普及は大きく遅れてきたのが実情である。第2章では、そうした観点から、わが国のリカレント教育を促進する上で何が必要かが議論され、望ましい政策は高等教育と代替的か補完的かによって大きく異なることが示された。

第Ⅱ部では、**第3章「出生率向上の政策効果——子育てと就業の両立支援策」（宇南山卓）**が、出生率向上のためにいかなる政策が必要かを、子育てと就業の両立支援という観点から論じた。わが国では、少子化対策としてこれまでにも多くの政策が試みられてきたが、少子化の進行に歯止めをかけることができなかった。そうしたなかで、第3章では、女性の活躍と子育てとの間のトレードオフ関係を解消することこそがわが国では効果的であるとの認識に立って、有効な両立支援策が模索された。その結果、保育所の整備が最も効果的な支援策であるものの、そこでは費用負担の問題に課題があることが指摘された。

第4章「家庭・職場環境と働き方——企業における女性就業」（作道真理）は、家庭や職場における環境整備が、わが国の女性の働き方を促進する上でいかに重要であるかを論じた。諸外国と比較した場合、わが国では家庭における家事・育児の負担が女性に大きく偏っており、それが労働市場における女性の役割を制限する一因となってきた。第4章では、そうした観点から男女共同参画に関する分析を行い、再雇用制度など女性の就業率を高める取り組みはあるものの、大企業では女性の仕事への参画、特に指導的地位への登用が進んでいないことが指摘された。

第Ⅲ部では、**第5章「安心につながる社会保障とは――財政的観点による世代間格差の解消」（宮里尚三）**が、わが国の社会保障制度のあり方を、年金と医療を中心に財政面での世代間の解消という視点から論じた。わが国の社会保障制度は、現役世代が引退世代を支える賦課方式が基本となっている。このため、財政の持続性という観点からは、世代間格差の議論は避けて通れない。第5章では、まず公的年金制度が取り上げられ、世代間格差はかつて拡大する一方であったが、２００４年の改革によってその拡大に歯止めがかかったことが示された。その一方、医療制度に関しては、依然として積立型の医療貯蓄勘定だけでは医療費は賄えないとし、抜本的な改革が必要であることが指摘された。

第6章「少子高齢化社会における社会保障のあり方――介護離職と労働力問題」（田中隆一）は、社会保障としての介護問題を、介護離職や就業といった観点から論じた。わが国では、高齢者人口の増加に伴い、要介護人口も急速に増えていくことが予想されている。そうしたなかで、介護離職をいかに減らすかが、労働人口を維持する上でも重要である。第6章では、まず介護が就業、特に女性の就業を抑制してきたことが示された。その上で、その解消に向けて介護保険制度の整備充実が重要であるばかりでなく、介護政策と保育政策のポリシーミックスが有効であることが指摘された。

二　なぜ構造改革は必要か

成長戦略として構造改革を行うことに関しては、仮に適切に行われたとしても、日本経済の当面の課題である「デフレからの脱却」の実現には有効ではないという批判がある。その根拠として、供給サイドの改革である構造改革では需要不足の解消に役立たないという考え方がある。構造改革は、供給能力の向上には有効であっても、それ以上に需要が増えない限り、デフレの解消にはつながらないというのである。また、構造改革は、その成果が実現するには長い時間がかかり、「デフレ」という足元の問題を解決する上では向いていないという見方もある。構造改革は、あくまで中長期的な課題を解消するもので、それは「デフレ脱却」という日本経済の喫緊の課題には適切な処方箋とはいえないというのである。

確かに、「デフレ」が需要不足に起因する場合、その不足分を補うために総需要を刺激する政策が必要で、伝統的なケインズ経済学では金融政策と財政政策によっていかに総需要（有効需要）を刺激するかが論点になっていた。海外で長期停滞論を主張する論者（特に、米国の研究者）の間でも、大胆な金融緩和や財政拡張を速やかに実施することが長期停滞からの脱却には最も有効であるとする考え方が一般的である（詳細は、福田（２０１７）を参照）。しかし、日本経済が直面する深刻な構造

図終－1　最近の消費者物価指数（コアコア）の上昇率

注）インフレ率は，食料（酒類を除く）及びエネルギーを除く総合の対前年同期比．2015年基準，消費税の影響を除いたベース．平成27年基準．

出所）総務省『消費者物価指数月報』．

問題を鑑みた場合、わが国で求められる政策は、極端な金融緩和政策や財政支出の拡大だけでは不十分である。むしろ、最も深刻な構造問題に抜本的にメスを入れ、それを大胆に変革していくことによって多くの人々が持つ将来不安を解消していくことこそが今の日本には求められているといえる。

日本経済では、労働人口の減少に伴って人手不足が顕在化するなど、労働市場では完全雇用の状態が続いている。企業業績も大幅に改善し、株価も大きく上昇した。他方、人手不足の下でも、賃金は伸び悩んでいる。また、マイナス金利など超金融緩和政策が続く中でも、食料及びエネルギーを除いたベース（いわゆるコアコア）のインフレ率の推移は、アベノミクスによって一時は1％近くまで上昇したものの、2017年前半では再びマイナスに下落するなど、「デフレ」を伴う長期停滞からの本格的な脱却には程遠い状況が続いている（図終－1）。このため、新たなステージに入ったアベノミクスでも、日本経済のプラス面だけでなく、不都合な側面にも目を向けて、なぜ構造改革が必要なのかをあらためて考察していくことが必要である。

その際に重要となるのが、過去の成長経路から考えて、現在の所得水準が依然として低いのではないかという視点である。確かに、成長率でみれば、2008年秋のリーマン・ショックで一時的に落ち込んだ後、経済は回復を続けている。しかし、そこでの回復は過去の成長経路からみればまだ不十分で、所得水準は依然として本来あるべき水準には戻っていない（詳しくは、福田（2018）を参照）。そして、その原因は、21世紀になって顕在化したさまざまな構造的な問題が複雑に相互作用したことで生み出されてきた面がある。頻繁なバブルの発生と崩壊、世界的貯蓄過剰、人口減少、所得格差の拡大などの現象は、それぞれそのような構造的な問題の一つと考えられる。また、わが国の場合、リーマン・ショックだけでなく、1990年代初頭のバブルの崩壊やその後の不良債権問題の処理が遅れたことも負の遺産となっている。さらに、中長期的な観点から日本経済を俯瞰すれば、今後も急速に進行する少子高齢化や累積を続ける財政赤字の拡大など、事態は非常に深刻である。これらわが国が直面する構造的問題を慎重に見極め、その解決にターゲットを絞った改革が求められている。

三　長期停滞という視点

サマーズ（Summers 2014）が提起した長期停滞論は、日本が「失われた20年」で経験したような長期にわたる経済の低迷が、他の先進国でも顕在化しつつあると警鐘を鳴らすものであった。今日、長期停滞は、日本のみならず、世界経済全体でも懸念材料となり、「日本化」現象と呼ばれる長期停滞のメカニズムの解明は多くの先進国の共通のテーマとなっている。しかし、長期停滞の持続性という点からすると、日本が先進主要国の中で最も低迷が深刻な国の一つであることには変わりがない。このため、わが国で必要となる処方箋は、同じように長期停滞が懸念される海外の主要国とは同じ基準で考えるべきではない。

バブル崩壊後の日本経済では、それ以前に規模や業務範囲を拡大した日本企業の多くが、不良債権問題や金融危機という負のショックが長引く中で、縮小・撤退を余儀なくされていった。しかも、2000年代前半には、金融システムの機能不全が続く中で、そのような規模や業務範囲の縮小・撤退は、「ゾンビ企業」だけでなく、平時であれば正常な利潤を上げることができるはずの企業でも幅広く起こった。その結果、2000年代半ばに金融システムが回復し、経済が正常化した後も、規模や業務範囲の縮小・撤退が定着したことにより、本来であれば正常な利潤を上げることができる企業ですら活動が縮小されたままで、元に戻ることがないという事態が起きてしまった。

しかも、経済の回復期に策定された再建計画は、多くの場合、コスト削減によって企業が潜在的に抱える下方リスクを減らすことを目指したものが多く、成長につながる将来を見据えた投資計画などは重視されない傾向にあった（たとえば、Fukuda and Nakamura（2011）を参照）。その結果、2000年代に日本経済の再生が行われる中で、再建を目指す多くの日本企業では、人件費や研究開発費の削減などコスト削減が行われる一方で、新技術や高度な知識を軸に創造的・革新的な経営を展開するための前向きの改革は進まなかった。

日本経済を再生し、長期停滞から脱却するには、バブル崩壊後長らく続いてきたこのような一連の悪循環を断ち切り、日本経済が抱える構造問題を一つ一つ解決していくことが強く求められている。その際に大事なのは、経済が発するプラスのシグナルではなく、マイナスのシグナルを注意深くとらえる視点である。近年の長期停滞は、戦前期の恐慌のように生産の大幅な落ち込みや大量の失業者の発生を伴うわけではない。むしろ、経済成長率だけをみればプラス成長が続き、経済指標の中には大幅な改善を示すものすら存在している。しかし、そうした成長の中でも、日本経済には多くの不都合な真実が横たわっていることを決して忘れてはならない。そのような不都合な真実がなぜ発生しているのかを丁寧に検証し、その解決に向けてどのような処方箋が望ましいのかを真剣に考えていくことこそが重要である。

四　日本経済の構造的問題

今日、先進主要国はさまざまな構造的問題を抱えており、それらが各国の成長の足かせとなっている。しかし、わが国では、急速に進行する少子高齢化と巨額に累積した財政赤字が主要国の中でも突出している。減り続ける人口をこのままにして、日本経済が持続的な成長を実現できるとは到底考えられない。人口の急速な減少は、労働人口の面から潜在成長率を低下させるだけでなく、国内市場の縮小を通じて総需要を抑える恐れがある。巨額に膨らんだ財政赤字も、国と地方を合わせた債務残高がＧＤＰ（国内総生産）の2倍を超えるなど事態は深刻である。なかでも、少子高齢化の進展に伴って、社会保障関係費は着実に拡大を続けており、財政赤字拡大の大きな要因となっている。今後も社会保障の給付が経済成長を上回って増大すると予想される中、将来にわたって持続可能な財政収支を維持していくには、取り組まなければならない多くの高いハードルが横たわる。

ただ、ここで注意すべき点は、これら構造的問題が成長をより大きく制約するのは、今現在ではなく、これから数十年先のことであるということである。このため、構造的問題が深刻であればあるほど、これからの日本経済の成長見通しがますます悲観的なものとなる。より大きな問題は、将来の成長見通しが悲観的になればなるほど、家計部門の消費や企業部門の設備投資が足元において慎重になることである。

将来の成長鈍化や巨額な財政赤字の累積は、家計部門にとっては将来受け取る可処分所得（所得から税金や社会保険料を差し引いたもの）が伸び悩む可能性が高いことを意味する。このため、家計が将来を見据えた人生設計をもとに消費計画を行う限り、日本経済の構造的問題に対して深刻な見方が広がれば、それだけ現在の消費行動を控える傾向が強くなる。とりわけ、この傾向は、これからの人生が長い若者世代で顕著になると考えられる。

企業部門にとっても、将来の労働人口の減少や成長鈍化は、生産と販売の両面で日本市場の魅力を低下させる。このため、国内市場の成長に十分な確信が持てなければ、企業は新しい利潤機会を求めて海外事業の拡大を模索する一方で、国内事業を縮小する傾向が強まる。その結果、企業による国内向けの設備投資は伸び悩むことになる。

図終‐2は、国内経済が将来にわたって構造的な問題を抱えていることが、結果的に現在の総需要にマイナスの影響を与え、「デフレ」の長期化につながるメカニズムを図解したものである。そこでカギとなっているのが、少子高齢化や財政赤字の累積といった本来は中長期的な課題が、日本経済の将来に対する悲観論を高めることを通じて、足元の国内消費や国内設備投資を低迷させ、需要不足による「デフレ」の起因となっていることである。このようなメカニズムは、今日の日本経済の長期停滞を考察する上で極めて重要である。

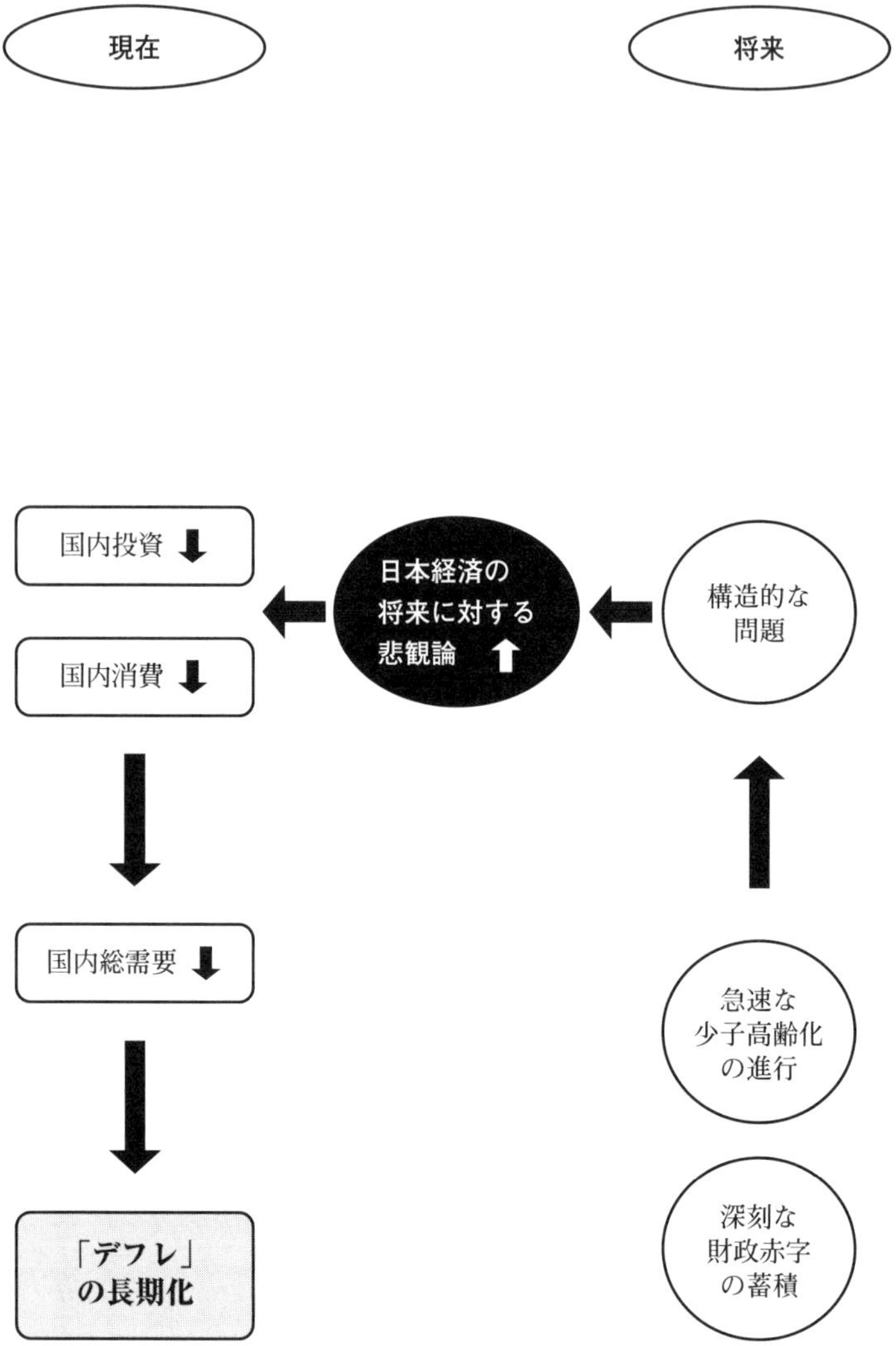

図終－2　「デフレ」長期化の原因

五　需要不足の原因

「デフレ」が顕在化した2000年代、日本企業の設備投資は、更新投資を反映する減価償却費にすら達しないことが少なくなかった。図終－3は、『法人企業統計調査』（財務省）のデータを使ってソフトウェアを除く設備投資（当期末新設固定資産）と減価償却（当期末資金需給）を全規模・全産業ベースで示したものである。1990年代初頭までは設備投資が更新投資を反映する減価償却費を大幅に上回り、資本ストックの量的拡大が顕著であった。しかし、1990年代前半には両者の差が急速に縮まり、1990年代後半はほぼ同じとなった。とりわけ、1999年以降は、設備投資がしばしば減価償却費を下回り、この時期、平均すると更新投資以外の設備投資はほとんど行われていなかったことがうかがえる。この傾向は、対象を資本金1億円以上の大企業に限定しても、同じように成立する。1990年代後半以降、設備投資の低迷が大企業でも一般的であったことが読み取れる。

近年の日本企業の設備投資に対する保守的なスタンスは、さまざまなアンケート調査でも顕著である。たとえば、日本政策投資銀行調査部が毎年実施している『全国設備投資計画調査（大企業）』をもとに、年度当初の設備投資計画と各年度のその実績が毎年どれだけ乖離していたかを計算すると、2000年代を通じて、いずれの年も実績が当初の計画を大きく下回っていたことが確認できる。特に、リーマン・ショック以降は製造業でその乖離が顕著で、2011年度や2013年度は、非製造業では実績の計画からの乖離がほとんどなかったのに対して、製造業では10％近い乖離が観察される。アベノミクスが始まった後でも、製造業では必ずしも計画通りの設備投資が進捗していないことが示唆される。

日本企業に設備投資が低迷している原因をヒアリングした場合、急速に進行する人口減で国内市場の魅力がこれから小さくなる可能性が高いからと答えるケースが多い。設備投資には不可逆性があり、実行してしまった後にそれを元に戻すには大きなコストがかかることが知られている。このため、将来の日本市場に対する不確実性が高ければ高いほど、企業は国内向けの設備投資に消極的となる傾向が高くなる。人口減少の影響は、既に地方経済で顕在化し始めているが、このままでは都市部でも大きな問題となることは確実である。問題を抜本的に解決して悲観論を払しょくすることなくしては、企業の国内向けの設備投資の本格的な拡大を期待することは難しい。

国内消費に関しても、勤労者世帯の個人消費で低迷が顕著であったといえる。日本経済全体でみた場合、2000年代の国内消費は、高齢者世帯の消費の増大や人口構成の変化などを反映して増加傾向にあった。しかし、対象を勤労者世帯に限定した場合、その個人消費は低位で推移している。図終-4は、『家計調査』（総務省統計局）のデータを使って、勤労者世帯（2人以上の世帯）における1980年以降の消費支出および可処分所得の推移を示したものである。図からまず読み取れることは、1980年代を通じて上昇を続けていた勤労者世帯の個人消費は、1990年代前半から後半に

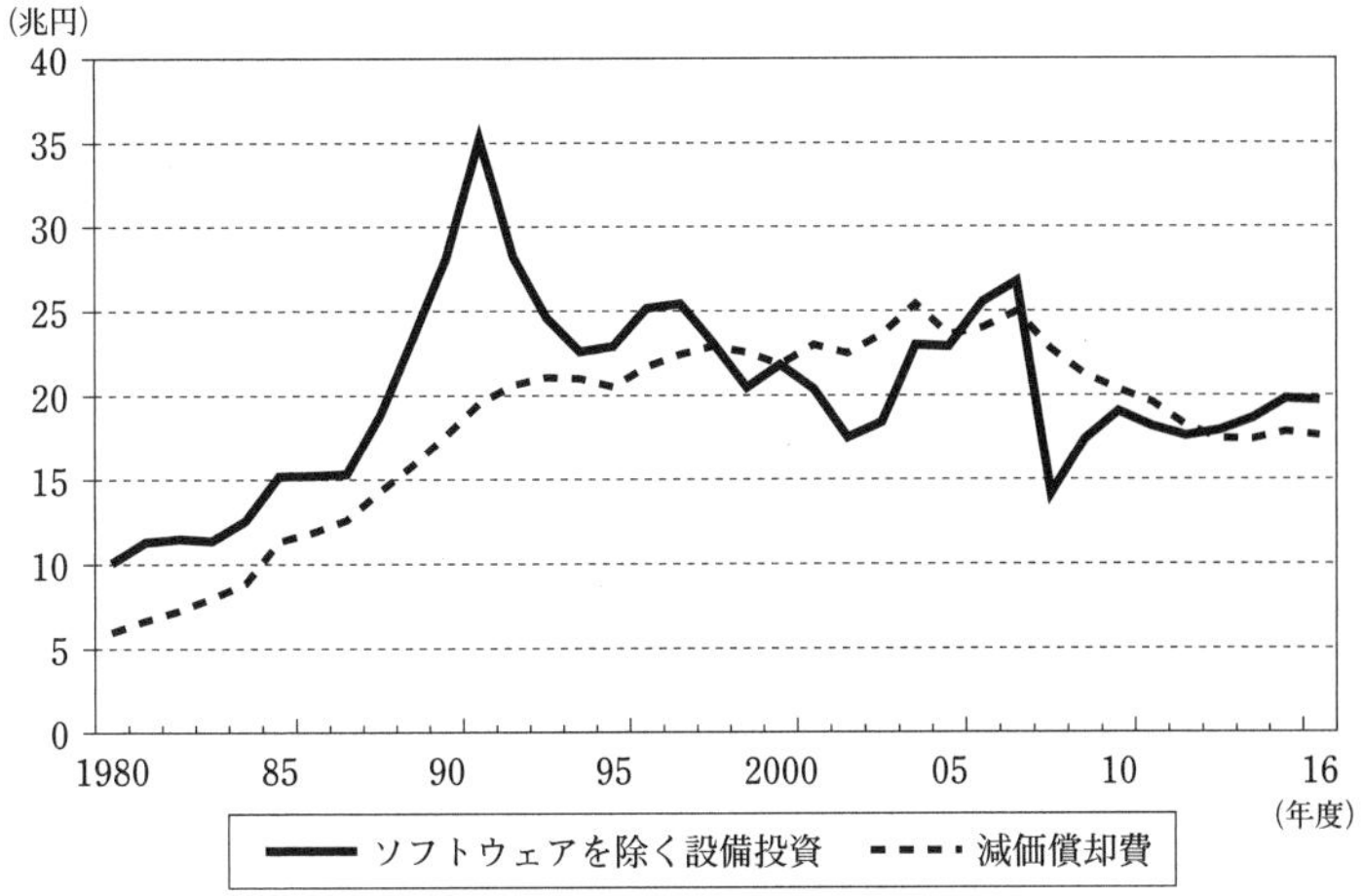

図終－3　設備投資と減価償却の推移

注）全産業（除く金融保険業），10億円以上の企業.
出所）財務省『法人企業統計調査』.

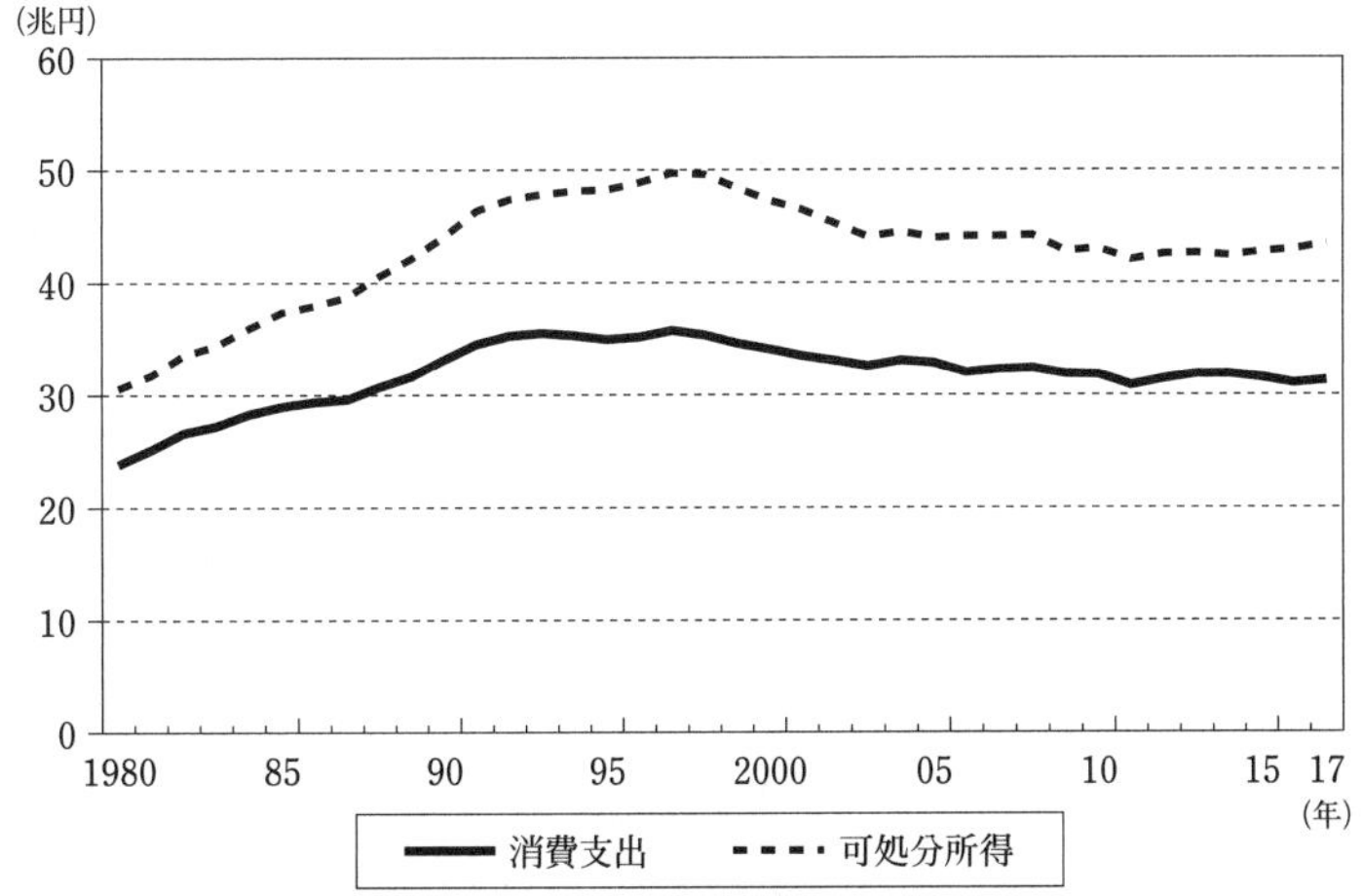

図終－4　勤労者1世帯当たりの消費支出と可処分所得

注）2人以上の世帯のうち勤労者世帯（農林漁家世帯を除く）.
出所）総務省統計局『家計調査』.

かけて横ばいとなり、1990年代末以降は、ごく一部の年を除いて、下落傾向が続いていることである。

1990年代末から2000年代にかけての勤労者世帯の個人消費の下落は、同じ時期に可処分所得が下落したことを反映したものである。ただ、もう一つ注意すべき点は、この時期、勤労者世帯の平均消費性向（可処分所得に対する消費の比率）も低迷していたことである。勤労者世帯の平均消費性向は、1980年代前半は80％近かったが、1980年代半ば以降に下落が始まり、1990年代半ば以降は70％台半ばで推移している。消費性向の低迷は、所得が増加してもそれが消費に向けられる比率が小さいことを意味する。とりわけ、アベノミクス下では、勤労者世帯の可処分所得はわずかながら回復したが、勤労者世帯の消費支出はほとんど回復していない。将来に対する不安が十分に払しょくされない中で、勤労世帯の慎重な消費態度が国内消費をより低迷させる大きな要因となってきたといえる。

六　賃金の低迷とデフレ

わが国では、1990年代後半以降、労働市場で賃金の悩みが顕著となり、それが2000年代になって「デフレ現象」の一因となったことは幅広く指摘されている（たとえば、吉川（2013））。

1990年代以降のわが国の賃金の動向をみると、バブル崩壊後しばらくは賃金は一貫して上昇していたが、1990年代後半以降は賃金の上昇トレンドがストップし、2000年代になると賃金が緩やかに下落する傾向がみられるようになった。このような賃金下落の動きは、同時期に進行した物価の低迷、すなわち「デフレ」の動きとも合致する。今日、〝経済の好循環〟の実現を目指す「アベノミクス」の下で、〝デフレ脱却〟を確実なものとするために「いかに賃金の引き上げを実現するか」は最大の政策課題の一つである。

特に、賃金が消費行動に与える影響は、それを労働者が受け取るあらゆる報酬を示す「現金給与総額」でみるか、所定内労働時間数に対して支払われる基本給に相当する「所定内給与」でみるかによって、その特徴が大きく異なることには注意が必要である。ミルトン・フリードマンの「恒常所得仮説」が示す通り、人々の消費は、残業代やボーナスなど一時的な所得の増加よりも、「所定内給与（基本給）」など恒常的な所得の増加により大きく反応すると考えられている。このため、デフレから脱却し、〝経済の好循環〟を実現するためには、賃金の中でもいかに「所定内給与（基本給）」の引き上げ（すなわち、ベースアップ）を実現するかがより重要な課題であるといってよい。

図終－5は、厚生労働省『毎月勤労統計調査』にもとづいて、30人以上事業所の一般労働者（フルタイムの労働者）の「現金給与総額」および「所定内給与」が、2000年から2017年の間にどのように推移したのかを示したものである。まず2010年までの動きをみると、2002年と2009年に「現金給与総額」は大きく下落したのに対して、「所定内給与」の下落は緩やかであっ

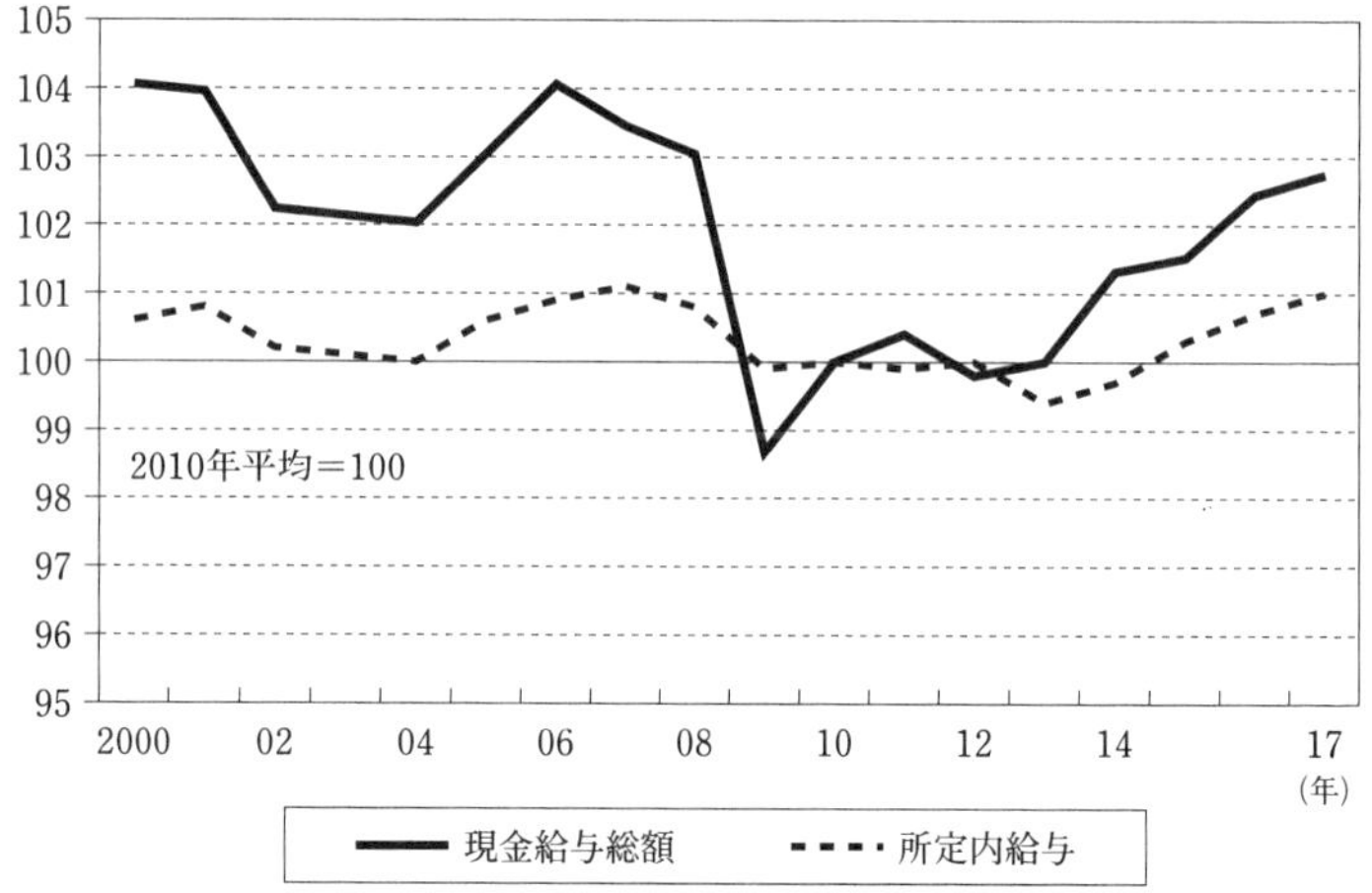

図終－5　2000年代の賃金の推移

注）賃金は，30人以上事業所の一般労働者（フルタイムの労働者）の「現金給与総額」，および「所定内給与」．2010年平均＝100.

出所）厚生労働省『毎月勤労統計調査』.

た。特に、２００９年はリーマン・ショックの影響で、「現金給与総額」は４％以上も下落したのに対して、「所定内給与」の下落幅は１％未満であった。このことは、２０００年代の不況期の賃金の下落は、主に「特別に支払われた給与」、すなわちボーナスで顕著で、基本給では目立った下落はなかったことを示している。しかし、リーマン・ショック後の動きをみると、「現金給与総額」は２００９年をボトムに着実に上昇を続けたのに対して、「所定内給与」の回復は極めて鈍く、それらの上昇が始まったのはアベノミクスが本格化した２０１４年以降であった。このことは、リーマン・ショック後に収益が回復する過程において、企業はボーナスの引き上げでは賃金の引き上げに応じたものの、労働者の恒常所得を高める定期昇給、いわゆるベースアップには慎重であったことを示している。

このように企業が、収益が回復したにもかかわらず「所定内給与（基本給）」の引き上げ（すなわち、ベースアップ）に消極的であった背景には、将来の日本市場に対する悲観的な見方が多くの企業の間で依然として根強かったことがあげられる。急速な人口減少が進行する限り、日本の国内市場の魅力はこれからますます小さくなる可能性が高い。その結果、企業は、ボーナスなど一時的な賃金引き上げは受け入れても、本格的な消費回復につながる賃金の定期昇給（いわゆるベースアップ）には消極的になりがちであったといえる。この傾向は、有効求人倍率が１・５を超え、完全失業率が３％を下回るなど、労働市場が完全雇用に近い状態であっても続いている。

ここで重要なのが、「デフレ」の真因を考察する場合、賃金と物価との間にどのような因果関係があるのかを構造的問題を踏まえて検討する必要があることである。政府主導で無理やり賃金だけを引き上げても、「デフレ」は解消するわけではない。将来に対する悲観論を解消することなく、企業に賃上げを強制したりすれば、逆に企業部門の悲観論は拡大し、設備投資の低迷等を通じて「デフレ」をより一層深刻にする可能性すらある。賃金の定期昇給（いわゆるベースアップ）を実現し、本格的な消費回復につなげるには、実効性のある構造改革を実行し、企業部門の悲観論を解消することが先決である。

七　日本経済復活に向けた処方箋

構造改革は、本来は供給サイドの問題への処方箋であり、かつその効果が現れるにはかなりの時間を要すると考えられることが多い。しかし、わが国では、家計と企業いずれの部門においても将来の成長見通しに悲観論が強く、それが現在の総需要の低迷につながっているという側面が強い。このため、政府が実効性のある構造改革を推進し、将来の日本市場への悲観論をいち早く払しょくすることが、需要不足による長期停滞から抜け出す最も有効な処方箋になる。

ここで注意すべきことは、構造改革の具体的な成果が実現するのはかなり先のことでもかまわないということである。重要なことは、政府が取り組む構造改革が信頼のおけるものであり、その成果が将来的に確実に実を結び、日本市場を魅力的なものにすることができるかどうかである。人々が構造改革の成果に確信さえ持つことができれば、改革が実を結ぶのがかなり先のことであっても、足元の設備投資は増えていくであろうし、賃金のベースアップにもつながっていくであろう。賃金のベースアップが拡大すれば、消費も活発となり、足元の総需要も増加していくはずである。

図終－6は、構造改革によって日本経済の将来に対する悲観論を解消することが、結果的に現在の総需要にプラスの影響を与え、「デフレ」の解消につながるメカニズムを図解したものである。そこ

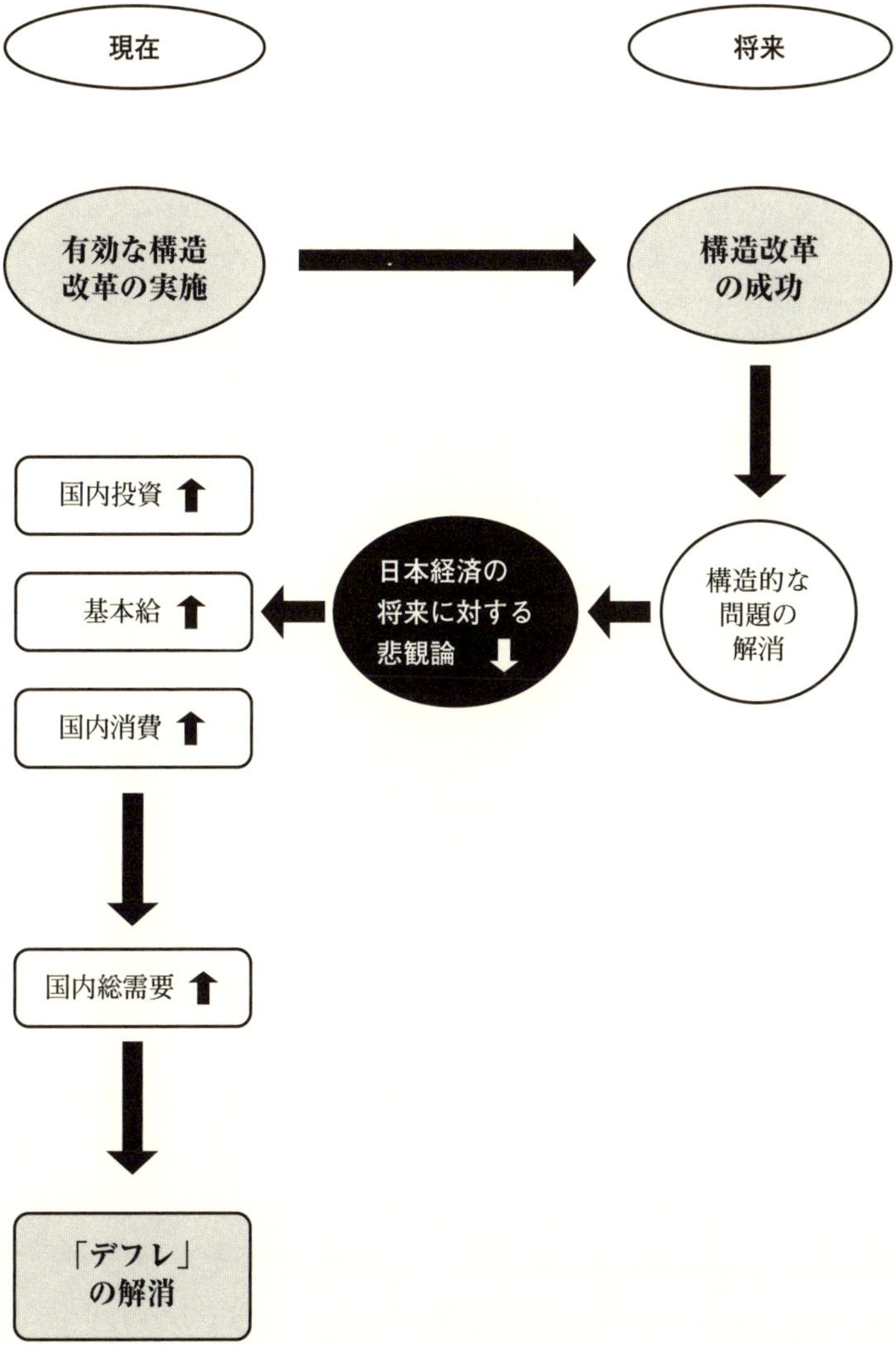
現在
将来
有効な構造改革の実施
構造改革の成功
構造的な問題の解消
日本経済の将来に対する悲観論
国内投資
基本給
国内消費
国内総需要
「デフレ」の解消

図終－6　構造改革の効果

で重要となるのが、構造改革の成果が現れるのがかなり先の将来であったとしても、それが実効性のあるものである限り、日本経済に対する悲観論を低下させ、それによって足元の国内消費や国内設備投資も回復する可能性が高いということである。足元の国内消費や国内設備投資が回復すれば、需要不足も解消され、それによって「デフレ」も解消に向かうと考えられる。

急速に進行する少子高齢化や巨額に膨らむ財政赤字など、日本が抱える構造的問題は、長期間にわたって緩やかに進行するものであり、短期的に是正することは決して容易でない。しかし、構造改革は、供給サイドの問題を時間をかけて解決するからこそ効果的な面があるのである。有効な改革のスキームを明確にすることで、構造的問題が将来確実に解消されていく筋道を示すことこそが「デフレ脱却」に最も必要な施策なのである。人々の将来の日本経済に対する悲観論が解消されれば、家計部門の消費や企業部門の設備投資は活発となり、その結果、現在の総需要が増加することで、「デフレ」が解消に向かうことが見込まれる。

「失われた20年」を経験したわが国において、人々の将来に対する不安を払しょくすることは決して容易なことではない。しかし、「デフレ」を解消して好循環を実現するには、構造改革達成への道筋を示すことで人々の「期待」を変えることが不可欠である。このため、政府が具体的な「行動」によって民間の人々の「期待」を変えるべく、横たわるさまざまな構造問題を解消し、日本の潜在力を最大限に引き出す「成長戦略」へ着実に踏み出すことが重要となる。新たなステージに入ったアベノミクスの「新三本の矢」は、そのような課題に取り組む試みとしてこそ意義がある。

「新三本の矢」で掲げられた3つの柱（希望を生み出す強い経済、夢を紡ぐ子育て支援、安心につながる社会保障）は、日本経済が閉塞感を打破し、持続的成長を実現する上で中核的な役割を担うべきものといえる。ただ、今後これらの3つの柱を実現していくには、少子高齢化と財政健全化に正面から向き合って日本経済の構造を改革して行くことが急務である。日本経済を復活させる上で、魔法の杖は存在しない。安易な財政支出の拡大や金融緩和に頼ることなく、大きな痛みを伴う規制緩和や構造改革も例外としない毅然とした姿勢が、わが国の長期停滞を回避するためには求められているといえる。本書の大きな目的も、そのための足掛かりを読者に一つ一つ順を追って提供することであったといえる。

参考文献

Fukuda, S. and J. Nakamura (2011), "Why Did 'Zombie' Firms Recover in Japan?" *World Economy*, Vol. 34 (7), pp. 1124–1137.

Summers, L. H. (2014), "U.S. Economic Prospects: Secular Stagnation, Hysteresis, and the Zero Lower Bound," *Business Economics*, Vol. 49 (2), pp. 65–73.

福田慎一（2017）「長期停滞懸念下におけるマクロ経済――最近の議論のオーバービューと日本経済への含意」『経済分析』第193号（特別編集号）、5－19頁。

福田慎一（2018）『21世紀の長期停滞論――日本の「実感なき景気回復」を探る』平凡社新書。

吉川洋（2013）『デフレーション――〝日本の慢性病〟の全貌を解明する』日本経済新聞出版社。

検証　アベノミクス「新三本の矢」
――成長戦略による構造改革への期待と課題

2018年6月25日　初　版

［検印廃止］

編　者　福田慎一

発行所　一般財団法人　東京大学出版会
代表者　吉見俊哉
153-0041 東京都目黒区駒場4-5-29
http://www.utp.or.jp/
電話　03-6407-1069　Fax 03-6407-1991
振替　00160-6-59964

印刷所　株式会社理想社
製本所　牧製本印刷株式会社

ISBN 978-4-13-040284-2　Printed in Japan

編者・執筆者紹介

［編　者］

福田 慎一（ふくだ・しんいち）　序章，終章

東京大学大学院経済学研究科教授．1960年，石川県生まれ．1984年，東京大学経済学部卒業．1989年，イェール大学よりPh. D.取得．1989年，横浜国立大学経済学部助教授．1992年，一橋大学経済研究所助教授．1996年，東京大学大学院経済学研究科助教授．2001年より現職．専門はマクロ経済学，金融．

〈主要業績〉

『21世紀の長期停滞論――日本の「実感なき景気回復」を探る』平凡社新書，2018年．

『金融システムの制度設計――停滞を乗り越える，歴史的，現代的，国際的視点からの考察』編著，有斐閣，2017年．

『「失われた20年」を超えて』（シリーズ世界のなかの日本経済：不確実性を超えて）NTT出版，2015年．

『金融論――市場と経済政策の有効性』有斐閣，2013年．

『なぜ金融危機は起こるのか――金融経済研究のフロンティア』共編著，東洋経済新報社，2013年．

［**執筆者**］（掲載順）

中村 純一（なかむら・じゅんいち）　第1章

日本政策投資銀行設備投資研究所副所長．1966年，東京都生まれ．慶應義塾大学経済学部卒業，東京大学大学院経済学研究科修士課程修了．修士（経済学）．日本政策投資銀行経営戦略部課長，設備投資研究所主任研究員，一橋大学経済研究所経済制度研究センター准教授等を経て，2014年6月より現職．専門は金融論，企業金融論．

〈主要業績〉

Japanese Firms During the Lost Two Decades: The Recovery of Zombie Firms and Entrenchment of Reputable Firms, Springer Briefs in Economics: Development Bank of Japan Research Series, Tokyo:

Springer Japan, 2016.

『日本経済　変革期の金融と企業行動』共編著，東京大学出版会，2014 年.

“Why Did ‘Zombie’ Firms Recover in Japan?” with S. Fukuda, *World Economy*, Vol. 34 (7), pp. 1124–1137, 2011.

田中 茉莉子（たなか・まりこ）　第 2 章

武蔵野大学経済学部経済学科准教授．1982 年，東京都生まれ．2005 年，東京大学経済学部卒業．2010 年，東京大学大学院経済学研究科博士課程修了．博士（経済学)．東京大学大学院経済学研究科附属日本経済国際共同研究センター（CIRJE）学術支援専門職員（Research Associate)，明海大学経済学部講師，武蔵野大学経済学部経済学科講師等を経て，2018 年より現職．2010 年～2013 年日本政策投資銀行設備投資研究所非常勤研究員．専門はマクロ経済学，金融論，国際金融論．

〈主要業績〉

「リカレント教育を通じた人的資本の蓄積」『経済分析』（内閣府経済社会総合研究所）第 196 号，49–81 頁，2017 年.

“Monetary Policy and Covered Interest Parity in the Post GFC Period: Evidence from the Australian Dollar and the NZ Dollar,” with S. Fukuda, *Journal of International Money and Finance*, Vol. 74, pp. 301–317, 2017.

“Currency Exchange in an Open-Economy Random Search Model,” *B. E. Journal of Theoretical Economics*, Vol. 16 (1), pp. 1–31, 2016.

宇南山 卓（うなやま・たかし）　第 3 章

一橋大学経済研究所准教授．1974 年，埼玉県生まれ．東京大学経済学部卒業，同大学院経済学研究科博士課程修了．博士（経済学)．慶應義塾大学講師，京都大学講師，神戸大学准教授，財務省財務総合政策研究所政策研究所総括主任研究官を経て，2015 年より現職．専門は日本経済論，経済統計．

〈主要業績〉

“Estimating the Impacts of Program Benefits: Using Instrumental Variables with Underreported and Imputed Data,” with Jr. M. Stephens, *Review of Economics and Statistics*, 2018, coming soon.

Introduction to Japanese Household Surveys, Singapore: Springer Singa-

pore, 2018.

“Measuring Intertemporal Substitution in Consumption: Evidence from a VAT Increase in Japan,” with D. Cashin, *Review of Economics and Statistics*, Vol. 98 (2), pp. 285–297, 2016.

作道 真理（さくどう・まり） 第4章

一般財団法人日本経済研究所主任研究員，早稲田大学環境経済経営研究所招聘研究員，日本政策投資銀行設備投資研究所副主任研究員．一橋大学経済学部卒業．University of Pennsylvania, Ph. D. in Economics. シカゴ大学経済学部，日本政策投資銀行，上智大学経済学部，東京大学経済学部，（一財）日本経済研究所，早稲田大学政治経済研究所等の研究職を経て現職．専門は，応用計量経済学．

〈主要業績〉

“Do Social Norms Matter to Energy-Saving Behavior? Endogenous Social and Correlated Effects,” with T. H. Arimura and H. Katayama, *Journal of the Association of Environmental and Resource Economists*, Vol. 3 (3), pp. 525–553, 2016.

“Testing Symmetry of Unknown Densities via Smoothing with the Generalized Gamma Kernels,” with M. Hirukawa, *Econometrics*, Vol. 4 (2), pp. 1–27, 2016.

“Nonnegative Bias Reduction Methods for Density Estimation Using Asymmetric Kernels,” with M. Hirukawa, *Computational Statistics & Data Analysis*, Vol. 75, pp. 112–123, 2014.

宮里 尚三（みやざと・なおみ） 第5章

日本大学経済学部教授．1971年，沖縄県生まれ．琉球大学法文学部卒業，東京大学大学院経済学研究科博士課程単位取得退学．博士（経済学）．国立社会保障・人口問題研究所研究員，日本大学経済学部専任講師，准教授を経て現職．専門は，社会保障論，財政学．

〈主要業績〉

「労働市場のデータを用いたValue of a Statistical Lifeの推計」『日本経済研究』第63号，1–28頁，2010年．

“The Optimal Size of Japan’s Public Pensions: An Analysis Considering

the Risks of Longevity and Volatility of Return on Assets," *Japan and the World Economy*, Vol. 22 (1), pp. 31–39, 2010.

"Intergenerational Redistribution Policies of the 1990s and 2000s in Japan: An Analysis Using Generational Accounting," *Japan and the World Economy*, Vol. 34–35, pp. 1–16, 2015.

田中 隆一（たなか・りゅういち） 第6章

東京大学社会科学研究所教授．1996年，東京大学経済学部卒業．1998年，同大学院経済学研究科修士課程修了．2004年，ニューヨーク大学大学院博士課程修了．Ph. D. in Economics. 大阪大学大学院経済学研究科COE特別研究員，大阪大学社会経済研究所講師，東京工業大学大学院情報理工学研究科准教授，政策研究大学院大学准教授，東京大学社会科学研究所准教授を経て現職．専門は，教育経済学，労働経済学，応用計量経済学．

〈主要業績〉

"Immigration, Assimilation. and the Future of Public Education," with L. Farre and F. Ortega, *European Journal of Political Economy*, Vol. 52, pp. 141–165, 2018.

『計量経済学の第一歩——実証分析のススメ』有斐閣，2015年．

"Does the Diversity of Human Capital Increase GDP? A Comparison of Education Systems," with K. Takii, *Journal of Public Economics*, Vol. 93 (7–8), pp. 998–1007, 2009.

索　引

ア　行

カ　行

サ　行

タ　行

ナ　行

ハ　行

マ　行

ヤ　行

ラ・ワ行